Sexo en el franquismo

MANUEL ESPÍN

Sexo en el franquismo

ALMUZARA

Primera edición: enero de 2025

Editorial Almuzara • Colección Historia
Editor: Daniel Valdivieso Ramos

www.editorialalmuzaracom
pedidos@almuzaralibros.com - info@almuzaralibros.com

Editorial Almuzara
Parque Logístico de Córdoba. Ctra. Palma del Río, km 4
C/8, Nave L2, nº 3. 14005 - Córdoba

Imprime: Liberdúplex
ISBN: 978-84-10524-99-6
Depósito Legal: CO-2102-2024
Hecho e impreso en España - *Made and printed in Spain*

A Adelina Lorenzo, mujer cosmopolita
entre distintas culturas y dos épocas.

Índice

Introducción

La «técnica de la cáscara de la cebolla» se utiliza para mejorar la percepción en torno al cuerpo, la mente y el entorno social, favoreciendo la toma de decisiones. En ella se separan y analizan las diferentes capas que componen un todo. El método puede servirnos para explorar un mundo que hoy puede parecernos exótico y obsoleto en el que las palabras alcanzaron un sentido diferente al actual. Donde en un recio paralelismo con el reino animal el género femenino solía ser representado en la doble condición de *mansa criatura* o *fiera dormida*, sumisa hasta renunciar a su identidad. O *seductora agazapada* predispuesta a tentar al varón; con licencia de engendrar para la continuidad de la especie, aunque siempre dentro del matrimonio. Así lo expresó este manual para la formación de las jóvenes:

> En el ochenta por ciento de los casos son ellas las que desperezan la fiera que duerme en la naturaleza del hombre con el ofrecimiento de su celo apetitoso.[1]

Un universo polarizado entre «viriles esposos» y «tiernas mujeres» en cuya secreta condición anida la tentación o el pecado. Sometidas a una estricta jerarquía donde, pese a sus

---

1 Padre Quintín de Sariegos (1960) *La luz en el camino. Ideario para las jóvenes de hoy*. Bilbao: Paulinas.

limitaciones cabían resquicios y huecos para una doble moral y excepciones dictadas por el privilegio económico o social. Bajo una rígida disciplina en la que la escenificación pública era fundamental, y el control se extendía de la esfera externa a la privada.

En España fueron empleados profusamente términos como *inmoralidad*, *pornografía*, *obscenidad*, *lascivia* o *escándalo* aplicados a contenidos que en nuestro tiempo apenas llaman la atención. Del mismo modo como se censuró el uso de sustantivos como *pecho*, *pene*, *braga*, *vagina*, *prepucio*, *clítoris* u *orgasmo* y una larga lista, reemplazados por anodinos recambios. Tiempos en que se multaba por dar besos en la calle, bailar agarrado, se metía en un calabozo a cualquier nacido en España, o se expulsaba al extranjero, por la «grave transgresión» de tomar el sol mostrando centímetros de piel en una recóndita playa, y se confundía pecar con delinquir. Mientras se inventaron términos como *relaciones prematrimoniales* (en vez de *tener sexo*), o *unión conyugal* (por *práctica sexual*). Cuando se controlaba con regla de medir la longitud de las faldas en los espectáculos teatrales, y los diálogos de los cómicos se fiscalizaban para evitar palabras impronunciables; aunque siglos atrás las usaran clásicos del Siglo de Oro y estuvieran en los diccionarios. El tiempo en que se censuraba un cantable por decir «tiene un lunar en el labio y otro donde yo me sé»; y una ola de pudibundez en nombre de la *decencia* y la *moralidad* impuso severas condiciones a las expresiones públicas. En los cuarenta en nombre de la moralidad, el obispo de Valladolid prohibió a las mujeres ir en bicicleta, de la misma manera que el Cardenal Segura, en Sevilla, hizo lo propio con la práctica de la gimnasia en los colegios femeninos.

> La mujer en pantalones es una mujer vestida de hombre, que adopta las formas de convivencia contrarias a su sexo y eso no es una elección baladí. Esa conducta incluye una especie de aberración del sexo que suscita fácilmente ideas de perversión y llamadas al pecado.[2]

---

2 Quintín de Sariegos, *Id.*

La dictadura no solo generó un sistema de vida pública regido por la verticalidad jerárquica, sino que tuvo una marcada influencia en la cotidiana, especialmente sobre la moral sexual, bajo una visión que representó una vuelta atrás respecto a los sistemas de contenido liberal aunque no totalmente democrático de la Restauración, y el de acentuado carácter laico de la Segunda República. Con la restitución a partir de 1939 de una sociedad bajo el control de una catolicidad seguidora de la Contrarreforma y los movimientos opuestos al Siglo de las Luces, la Revolución Francesa y las liberales del XVIII y XIX. Bajo un sistema de estrecho maridaje entre Iglesia y Estado mantenido hasta el impacto del Vaticano II, que en España llegó a causar verdadera turbación. El franquismo concedió a la institución religiosa la exclusiva interpretación sobre la moralidad pública y privada, asumida con vocación casi teocrática por ciertos prelados.

Para aproximarnos a esas claves hay que partir del desglose de las distintas capas de la cebolla.

La cesión de la moral y su control a una Iglesia preconciliar

Desde la Guerra Civil el papel de la institución fue decisivo en materias como la moralidad pública. A lo largo de sus cuatro décadas de existencia, el franquismo debió desenvolverse en una realidad exterior y bajo unas circunstancias económicas y sociales internas que forzosamente tenían que ser cambiantes; enfrentándose de una manera, en general más epidérmica que profunda, a transformaciones. Se pasó de la exigencia en 1939 de llevar la falda hasta media pierna para las camaradas de Auxilio Social y la Sección Femenina, las sanciones de los gobernadores civiles de los cuarenta y primeros cincuenta por no vestir el largo albornoz en la playa; a la expansión de la minifalda en la época de Fraga, y la forzada aprobación del bikini lograda personalmente del *Caudillo* por el falangista alcalde de Benidorm, Pedro Zaragoza, en el palacio de El Pardo, para favorecer la entrada de divisas por un turismo en riesgo de pasar de largo dadas las limitaciones relacionadas con el ocio y la vida cotidiana.

La focalización en torno a una concepción sobre la mujer, relegada a un papel complementario del varón

Precepto que venía de sociedades muy tradicionales, y cobraba nuevo impulso después de 1939, pese a los cambios que se habían producido en el mundo respecto a su papel tras la Gran Guerra y la época de entreguerras. Esa sumisión provocaba su renuncia desde el punto de vista del sexo:

> La esposa no tiene derecho alguno sobre el cuerpo; al casarse entregó el derecho a su marido y este es el único que puede hacer uso de ese derecho, en orden a la función reproductora; toda violación de ese derecho constituye verdadero adulterio.[3]

Una negación de la sexualidad fuera del matrimonio

Cualquier expresión ajena podía estar social y en muchos casos administrativamente sancionada. De la madre soltera a la «querida», de la homosexualidad y el lesbianismo a las formas de diversidad desde el punto de vista sexual. Bajo códigos estrictos de apariencia y rigidez exterior: las mujeres debían vestir «como tales» (extrañeza hacia el pantalón y los usos exteriores asimilados al hombre) y ellos no podían salirse de un rígido patrón. Un varón «con sensibilidad» o asumiendo tareas identificadas como *femeninas* —las del hogar o el cuidado y atención a mayores e hijos— podía ser catalogado como «menos» o «poco» hombre.

El dictado moral de una parte de la sociedad se hizo norma legal para la totalidad

En la siguiente capa de la cáscara estaba presente un sistema social y político que impuso códigos estrictos de control en

---

3 Santiago Navarro (1963) *Problemas médico-morales*. Madrid: Coculsa.

lo tocante a las expresiones exteriores, tanto desde el punto de vista de la producción cultural, la comunicación, como de los estilos de vida. Bajo un concepto de censura levemente relajada en la década de los sesenta cuando empezaron a cambiar las condiciones sociales y pasó a primer plano el interés por buscar una cierta homogeneidad, al menos externa, con las sociedades occidentales.

El «corazón» de la cebolla: la importancia de los matices

La rigidez en el control sobre la moralidad pública y como consecuencia en aspectos de la vida cotidiana considerados menores y a los que se daba una excesiva importancia dio lugar a sucesivos fenómenos:

a. La evidencia de tonalidades entre las diversas «familias» del Régimen.
b. La tolerancia con élites privilegiadas siempre que no trascendieran de forma pública sus formas vinculadas a aspectos de la vida sexual. Bajo el axioma de que «nada existe si no se transmite».
c. Una configuración de una doble moralidad a salvo de las fiscalizaciones de los controladores en función de la pertenencia a un grupo con poder o representatividad.
d. Un cierto malestar, incluso entre esa élite, respecto a los controles demasiado estrictos vinculados a la Iglesia de la época y sus expresiones.
e. La distancia relativa en un reducto cultural en los años más duros de la primera posguerra, sobre el rígido código moral y normativo. Pese a la radical y proclamada fidelidad a las esencias del sistema.

La perspectiva obliga a contemplar puntos de vista más completos, y a la vez complejos, que los de las urgencias de la Transición y su explosión de libertades en cascada. Sorteando el riesgo del estereotipo, presente a lo largo de la construcción del relato sobre años que contrastan de manera evidente con nuestra época. Hoy, con más distancia, necesitamos realizar análisis con más variables que las del tiempo de la Transición.

Más allá de la ironía, el humor o el esperpento no se puede olvidar que las circunstancias vividas lastraron y condicionaron existencias para el resto de sus años. Por ejemplo: podemos acercarnos con cierto tono de sarcasmo y comedia grotesca, bajo un perfil de costumbrismo o de tipismo, a la vida en los burdeles de posguerra. Aunque, es imprescindible considerar lo que debieron suponer como explotación sobre mujeres en alto grado de vulnerabilidad social, que además sufrían estigmatización.

Cuando la represión sexual empujó a la disidencia política

Una última capa en el tallo central de la imaginaria cebolla, bajo una expresión en la que al tratar de pelarla y cortarla a pequeños trozos, podemos encontrar cómo su contenido provoca no solo irritación en los ojos sino un malestar que deriva hacia imprevisto terreno. Debemos valorar el importante peso que iban a representar en la percepción y a la vez en la creciente disidencia, especialmente en el final del Régimen, aquellos contenidos relacionados con la vida cotidiana, las limitaciones, y la represión sobre temas ligados a la sexualidad. Fue la percepción de esa diferencia entre la España de la época y los países bajo sistemas liberal-parlamentarios lo que a partir de mediados los sesenta puso indirectamente el foco sobre la estructura política casi inamovible, pese a que se habían producido cambios en las formas, especialmente a partir de 1962 con la llegada de Manuel Fraga a Información y Turismo.

A la vez aparecía un hecho *sui generis* en el enfoque sobre la construcción y la imagen pública de esa dictadura, cuyo máximo referente personal en la figura de Franco se distanciaba en la esfera personal del estereotipo de los autócratas generado en la realidad, la leyenda o la ficción. Desde esa perspectiva, Franco tenía poco que ver con Primo de Rivera que bajo su directorio estuvo en el poder entre 1923 y 1930. Señorito, aristócrata, voluntarioso y abierto, Primo de Rivera llegó a reconocer públicamente en un homenaje: «De haber sabido que mi destino era llegar a ser jefe de gobierno, en mi juventud hubiera estudiado más y dedicado menos tiempo a las juergas». El locuaz y campechano militar se dejó ver por locales de diversión y con peculiares compañías femeninas.

Salgado-Araujo primo hermano de Franco y director de su Casa Militar de 1954 a 1956, anota en sus diarios[4] un comentario sobre un general en la época de la juventud del Generalísimo:

> Estando conmigo en París, se me ofreció para acompañarme a sitios de diversión y vicio, cosa que no quise aceptar, pues estaba allí dedicado al estudio y al trabajo profesional; así que le agradecí su ofrecimiento pero no lo acepté.

Lo que completa con este otro comentario del pariente de Franco:

> Ya sabemos que los jefes de Estado fueron siempre por parte de sus camarillas propensos a las adulaciones, y halagos para satisfacer sus debilidades o vicios. El aficionado al juego, a las mujeres, al vino, etc. Ya se sabe que se le denominaba por la parte más débil. Aquí la parte débil ha resultado la afición a la caza y a la pesca. Se le adula por esto y se le facilita satisfacer su afición. Me parece bien que lo haga los días festivos, incluso que haga semana inglesa, pero no este abuso que está ocurriendo, una semana entera y tres días de la otra [...].[5]

4 Francisco Franco Salgado-Araujo (1976) *Mis conversaciones privadas con Franco.* Barcelona: Planeta.

5 *Id*, pág. 33.

Incide en otro apartado:

> Menos mal que [Franco] es muy serio y formal, pues si le diese por mujeres se dedicarían a buscárselas con todo afán, preparándole sus juergas.[6]

Desde sus orígenes, el radical discurso de la primera posguerra trazado en bastantes ocasiones por un prejuicio de carácter religioso quiso describir el sistema precedente y vencido en la Guerra Civil como *decadente, inmoral*; atribuyéndole intenciones de promoción del llamado *amor libre* o de la pornografía, en un lenguaje carente de cualquier matiz. De la misma manera que se calificaba de *comunista* al sistema parlamentario vencido en el conflicto sin analizar el complejo y plural juego de fuerzas que apoyaron a la República. Incluso los conatos de implantación de una «nueva moralidad» en contra de las instituciones burguesas, sostenida ocasionalmente por el anarquismo, constituyeron un espejismo. La República había reconocido derechos a las mujeres e instaurado el divorcio y la coeducación. Pese a la presencia de nombres femeninos destacados en los espacios de la política o de la cultura distó mucho de ser una sociedad igualitaria; de la misma manera que el tratamiento sobre la homosexualidad más matizado respecto al Código Penal entre los textos de 1928 a 1932, que en la época de Primo de Rivera era un agravante, introdujo factores de mayor liberalidad; aunque la realidad seguía siendo intolerante y contraria a lo que hoy denominamos diversidad sexual. La experiencia viene a demostrar que no bastan los cambios legales, que son importantísimos, para dar pasos firmes hacia el fomento de la igualdad: imprescindible el trabajo sobre valores socio-culturales, para cambiar percepciones discriminatorias, o expresiones de carácter antidemocrático o supremacista.

El franquismo a lo largo de su amplia trayectoria tuvo obligatoriamente que adaptarse en sus expresiones exteriores a los cambios sociales producidos en épocas distintas y

6 *Id*, pág. 132.

bajo sensibilidades diferentes a las de los años treinta. Esas transformaciones que afectaron especialmente a sus modelos de producción y a sus políticas económicas, acabaron por influir también en sus formas sociales, aunque siempre bajo la hegemonía de una concepción ideológico-confesional; pese a que con el Concilio se había producido una sacudida en las bases.

En sociedades occidentales de Europa y Estados Unidos esos cambios de sensibilidad tuvieron lugar a partir de la segunda mitad del XX, especialmente en la Francia de los años cincuenta y una década más tarde en Estados Unidos, Alemania o Italia. Sus lejanos ecos llegaron a España a partir de la mitad de los sesenta; sin la posibilidad de debates públicos como los que tuvieron lugar en Occidente ante temas como la «píldora», los informes e investigaciones sobre la sexualidad humana, los movimientos feministas, la nueva masculinidad o las incipientes teorías *queer*.

Tener presentes esos matices y contextualizaciones debe paliar el riesgo de caer en tonos de blanco y negro carentes de grises, hacer un simple y jocoso relato de horrores y represivas extravagancias contempladas con una mezcla de sarcasmo y estupefacción. Principalmente porque los cambios culturales han sido muy importantes en sociedades occidentales y también en la española, en el tránsito hacia una sociedad mediática, bajo la profunda influencia de los medios de comunicación y la explosión de los más variados soportes y redes. Y buena parte de ellos se produjeron en la última parte del XX.

Al mismo tiempo hay que tener presente otro de los enfoques, antes de iniciar este viaje por cuatro décadas de sociedad y vida sexual, como es el reconocimiento como norma general del derecho de las personas adultas, y se supone que ciudadanos libres y con una conciencia formada, al ejercicio de sus opciones en este terreno. Sería un contrasentido defender por una parte esa libertad, y por otra enjuiciar actitudes personales o identidades. La crítica en todo caso tendría que ser realizada a la abundante presencia del fariseísmo, el «tartufismo», la hipocresía social, especialmente en tiempos de rígida moral pública y severo control sobre usos y costumbres. Así como el discurso solemne de aquellos que públicamente aparecieron como severos jueces sobre la moral pública y privada, quienes puestos al trasluz revelaban que entre la retórica y su realidad podía haber un abismo.

El control de la moralidad pública

La doncella corrió a buscar las tres bebidas que doña Leocadia reclamaba: agua fría con un poco de anisete para ella, una naranjada para su hija Elisa, y un *vermouth* con bastante *seltz* solicitado por el caballero que las visitaba, de algo más de cincuenta años, aire serio y portando una cartera en piel negra de grandes dimensiones. Cuando las colocó sobre el velador, la señora exigió a la muchacha que abriera la ventana que daba a Hermosilla y desde la que se veía Serrano. Hacía calor, pero cuando la sirvienta salió del gabinete, doña Leocadia se cercioró de que nadie desde la acera pudiera captar frase alguna de la conversación.

—Están sobradamente informadas del objeto de mi visita…

La madre no dio tiempo a que su hija respondiera. Contestó con un rotundo golpe afirmativo de su cabeza.

—… También deben haber tenido alguna comunicación de don Bartolomé de Ayala, al que represento. Las órdenes de mi cliente son tajantes: «Ponte al servicio de mi mujer, para que sea molestada lo indispensable. Que la firma sea un trámite y acabe pronto esta pesadilla».

«Puede transmitir que también opino lo mismo», corroboró la madre.

Elisa trató de mantener la fría compostura, evitando gesto o evidencia que denotara duda o fragilidad. La madre con sus gestos de aceptación ya estaba hablando por ella, sin necesidad de hacer un rictus, esperando que le tendiera la pluma estilográfica, después de comprobar, que no iba a dejar mancha entre los dedos, para que trazara su rúbrica según le indicaba. La mujer joven era más dura de lo que su aparente debilidad hacía pensar. Escarbando en la distanciada actitud atravesaron como relámpagos imágenes entrecortadas.

Como la del día, debió ser por el 34, que en el paseo de Recoletos su prima le presentó a Bartolomé. A primera vista su apostura no le llamó la atención, y tuvieron que ser varias cartas y aparentes coincidencias las que provocaron la relación formal, y finalmente la boda en la iglesia de la Concepción, en la acera derecha de la calle de Goya.

Ahora no era momento de recordar que en el fogón de la cocina quemó todas las fotos de su boda cuando se enteró de lo ocurrido. En ese arrebató trató de borrar las huellas que le vinculaban a él, no le importó ni el olor de su piel, ni el contacto al rozar la suya. Fue un tropel de acontecimientos que se precipitaron en frenético remolino. Aquel dilatado verano en Fuenterrabía y los tres inesperados años en que no pudo regresar a Madrid. Bajo el cobijo de su madre y su padre que, como en anteriores estíos, siguió a alguno de sus distinguidos pacientes.

Vino meses después el paso a zona nacional, a la sombra de aquellos a quienes el padre atendía en sus enfermedades: San Sebastián, Burgos, Salamanca... Durante varias semanas no tuvo ni quiso saber noticia de Bartolomé. Sencillamente le odiaba, desde aquel día, allá por enero del 36 cuando se enteró que coqueteaba con una inglesa, delegada en España de una casa de cosméticos. Más tarde el cortafuegos, la ruptura, el miedo a la soledad, el pánico al vacío, a la vergüenza y al escarnio.

En contra de la opinión de sus padres, de toda la familia, de las amigas, del confesor, se vio obligada a aceptar el chantaje a la que Bartolomé la sometía. No era ella quien se quería divorciar: su conciencia quedaba a salvo, aunque a su confesor le costara comprenderlo. Por más que le pidieron que aceptara lo que fuera humanamente posible por salvar la unidad del matrimonio. Un fugaz destello de dignidad le impedía seguir soportando una infidelidad que casi todos conocían pero preferían callar. De esta manera hubo de regresar a casa de sus padres, para ser tratada como un cervatillo herido por una fecha que provoca un reguero de sangre.

Cuando en mayo volvió a pisar Madrid después de más de tres años de forzada ausencia se encontró con una inhóspita y arrasada casa donde apenas quedaban muebles, y lo que había de valor desapareció. Día a día, mes a mes, su valerosa madre logró ir alzando de las ruinas lo que parecía una desolada estación. Le habría gustado tener la fuerza suficiente para levantarse desde las tinieblas y sacar energía de las piedras. Todavía más cuando a pocos meses de regresar a la ciudad, su padre cayó fulminado por la traidora puñalada de un ataque al corazón.

Solas las dos, llovieron los rumores, quizás por parte del marido de alguna de sus primas. Le hablaron de Bartolomé a sabiendas que solo con escuchar su nombre aquello le iba a hacer daño. No pudo negarse al constante goteo de alusiones sobre su alero. Aunque no quiso hubo de enterarse de lo mal que había pasado en zona roja, en Madrid y refugiado en el consulado de Chile, con esa mujer inglesa con la que debía ya haberse casado bajo unas especiales circunstancias. Un largo confinamiento en esas condiciones quiebra la más dura de las voluntades. Llegó a oídos de Elisa que ella había sido repatriada por la embajada inglesa y Bartolomé volvía a estar solo. Aunque no quiso seguir escuchando: era un capítulo cerrado en su vida y no seguiría asomándose a un abismo, por mucho que el bisturí brujuleara en su piel.

Es bien sabido que la dura piedra puede horadarse por el más inesperado resquicio. Y aquí tuvo mucho que ver, el padre Licinio, el confesor que de nuevo la asistía espiritualmente. Ella no se conmovió por el relato de soledad de Bartolomé, su intención de pedir perdón y volver al principio como si nada hubiera pasado. Quien había sido su marido debía andar mal de dinero; el sacerdote le contó que malvendía parcelas para salir adelante. No quiso oírle aunque estuviera en confesión. Tanto que retardó sus visitas al oscuro templo.

Fue don Licinio quien dio el paso. Utilizando a su madre como intermediaria y valedora. Elisa lloró hasta manchar la funda de la almohada una y otra noche. Se sintió más sola de lo que nunca estuvo. Acorralada al percibir cómo su propia madre se había dejado convencer por el sacerdote. Tomó una resolución: no volvería a pisar ese confesionario. Don Licinio no podía utilizar a Dios para doblegar su voluntad, ni el último resquicio de su dignidad personal. Llego a sentirse enferma, tener fiebres, sufrir vómitos, adelgazar hasta extremos alarmantes... Su problema de conciencia le causaba insomnio y profundo vértigo. Hasta la persona a la que más había querido, su madre, la forzaba a tomar una decisión en connivencia con el sacerdote, con quien evitaba cruzar su mirada.

—Por encima de cualquier cosa estas tú, hija mía, la única que Dios me ha traído —habló, mientras trataba de recuperarse con una taza de caldo— y tu felicidad es mi desvelo. No puedes rehuir los mandatos del Altísimo, ni vivir al margen como una mujer del arroyo. Debes perdonar porque él está llamando a tu puerta y no cerrársela. El matrimonio es para siempre. Bartolomé puede haber pecado, pero se arrepiente profundamente y quiere reanudar lo que Dios ató delante del altar. No pongas obstáculos. Corres el riesgo de estar en boca de todo el mundo. No te puedes permitir esa ligereza. La esposa debe permanecer junto al marido. Por eso has de reponerte y presentar tu mejor aspecto cuando venga el abogado de Bartolomé para que firmes los papeles. Tomé una decisión que quiero compartir: en el portal contiguo, se entra directamente por Serrano, hay un piso muy amplio de la viuda de un general que lleva cerrado desde que empezó el Alzamiento. Se puede arreglar, pintar y amueblar para que tú y Bartolomé viváis a gusto... Quedaremos portal a portal, siempre junto a ti... Nada te faltará.

Elisa sintió que escarbaban en su llaga y esta ardía. Intuyó que Bartolomé estaría sin dinero buscando el regazo económico de su antigua suegra, la viuda de uno de los médicos más prestigiosos de Madrid. Ella era el precio a esa estabilidad. Debía firmar a cualquier precio lo que el abogado le puso ante los ojos: una declaración que otros habían escrito por ella donde reconocía su extrema religiosidad.

Bartolomé también proclamaba públicamente su arrepentimiento. El divorcio ante un vulgar juez de la República carecía de valor si ella cursaba esa petición, el expediente se rompería hecho trizas, como si él nunca hubiera estado con otra mujer. Porque esa segunda boda ya no valía, y podía haber formado parte de una mala comedia.

«El divorcio es intrínsecamente pernicioso, la ruina de la familia», escuchó en boca de Don Licinio y su madre lo suscribía. Atormentada por sus pesadillas, Elisa aprovechó la momentánea salida de su progenitora hacia la cocina, para mirar fijamente a los ojos del abogado.

—¿Quiere decir que si firmo es como si no hubiera habido divorcio?

«Es que no lo hubo» — corroboró el abogado— «para el Nuevo Régimen los divorcios de la República carecen de validez».

Elisa dio un leve suspiro. Y musitó:

—Esto quiere decir que es como si nada…

—En efecto: nada ha ocurrido.

El representante legal parecía experto en afrontar situaciones difíciles con la frialdad del acero.

—Creo entenderla…Me parece que se está interesando por el tema del…

Utilizó un eufemismo:

—… Débito conyugal.

Elisa se imaginó nuevamente piel con piel junto al hombre del que había eliminado hasta su última foto, incluso las de la boda en la Concepción. Con la estilográfica en los dedos garabateó dos o tres papeles, entre ellos su rotunda confesión de religiosidad. Sin fuerza alguna, carente de ánimo, desvanecida en lo más profundo, como quien se asoma al hueco de una escalera desde una quinta planta… Bartolomé volvía a ser su marido otra vez.

Nunca se lo diría a su madre o al confesor, sólo Bartolomé y ella sabrían el secreto: jamás le iba a permitir rozar parte alguna de su cuerpo. Podrían entrar y salir juntos del portal, volver a ser ante los ojos de los demás un matrimonio, pero no consentiría contacto carnal.

Sencillamente: su marido le daba asco.

En julio de 1937 la larga *Carta Colectiva de los Obispos Españoles con Motivo de la Guerra de España*, dirigida a los prelados y creyentes del mundo, había cobrado una importancia decisiva ante las opiniones públicas de muchos países a las que posicionó en contra de la República. El documento firmado por la casi totalidad de los Ordinarios calificaba a la guerra como «plebiscito armado», y en ella no había solo alusiones de contenido directamente político y social sino también referencias a las costumbres:

> Y a medida de la descomposición de nuestro pueblo por la relajación de los vínculos sociales y se desangraba nuestra economía y se alteraba sin tino el ritmo de trabajo y se debilitaba maliciosamente la fuerza de las instituciones de defensa social, otro pueblo poderoso, Rusia, empalmando con los comunistas de acá, por medio del teatro y del cine, con ritos y costumbres exóticas, por la fascinación intelectual y el soborno material preparaba el espíritu popular para el estallido de la revolución que se señalaba casi a plazo fijo.

La Iglesia de la Cruzada asumía la línea antiliberal del XIX y XX, marcada por Pío IX y su encíclica *Quanta Cura* de 1864. En su preámbulo este documento hablaba de su oposición a «las nefandas maquinaciones de hombres inicuos, que arrojando la espuma de sus confusiones, semejantes a las olas del mar tempestuosos y prometiendo libertad, siendo ellos, como son, esclavos de la corrupción [...] [acabando] con toda virtud y justicia, (depravando) los corazones y los entendimientos, y (apartando) de la recta disciplina moral a las personas inocentes, y muy especialmente a la incauta juventud y (para) corromperla miserablemente, [haciéndola caer] en los brazos del error [...]». El documento condenaba el «naturalismo y racionalismo absoluto y moderado, el panteísmo, indiferentismo, latitudinarismo, socialismo, comunismo, las sociedades secretas, las sociedades bíblicas, las sociedades clérico-liberales [...]». En lo que representaba una condena al mundo moderno y al pensamiento de la época. Ecos de ese lenguaje reaparecían en documentos de la posguerra.

Punto fundamental en la identidad del franquismo fue el de una «nacionalización» de la Iglesia Católica adecuada a una idea de misión; y a su vez la presencia de la institución religiosa como un poder dentro del Nuevo Estado. No solo por los prelados que se sentaron en los órganos más representativos, del Consejo del Reino a las Cortes, sino por su enorme capacidad de influencia sobre el poder civil. El modelo se mantuvo sin aparentes fisuras hasta que el Concilio Vaticano provocó en las bases de la institución religiosa una profunda toma de conciencia.

El estrecho maridaje entre la autoridad civil y la religiosa impuso la destrucción de los contenidos e instituciones sociales generadas por la República en clave liberal, empezando por la supresión del divorcio, con el difícil limbo en el que quedaron parejas cuyo vínculo había sido oficialmente roto en los tiempos de la guerra en la zona republicana. En marzo de 1932, las Cortes de la República habían aprobado por mayoría la Ley del divorcio, primera en España, que junto a Portugal e Italia fue uno de los últimos países en regularlo; aunque con oposición eclesiástica. Aquella ley republicana establecía diversos supuestos para la ruptura del vínculo civil, entre ellas el adulterio no consentido, el abandono familiar, las enfermedades venéreas fuera de la pareja, la separación de hecho, la tentativa de prostitución de la esposa o los hijos, y los malos tratos. También se podía pedir el divorcio por acuerdo mutuo.

Pese a las pinceladas de laicidad que podía haber en los partidos de extrema derecha mimetizados con su fascinación a los nazi-fascismos de entreguerras, las críticas al divorcio estaban presentes en los sectores opuestos al parlamentarismo liberal-republicano. En 1935, *Arriba*, órgano de Falange, opinaba sobre la ruptura del lazo matrimonial: «Desde el punto de vista religioso, el divorcio, para los españoles no existe. Ningún español casado, con sujeción al rito católico, que es el de casi todos los nacidos en nuestra tierra, se considera desligado del vínculo porque una Audiencia dicte el fallo de divorcio. Para quienes, además, entendemos la vida como milicia y servicio, nada puede haber más repelente que una institución llamada a dar salida cobarde a lo que, como todas las cosas profundas, grandes, solo debe desenlazarse en maravilla de gloria o en fracaso sufrido en sincero silencio».[7]

En marzo de 1938 un decreto suspendía todos los pleitos de separación o de divorcio en la zona controlada por Franco. Una ley de 1939 derogaba la legislación republicana, anulando de forma automática cualquier sentencia, a petición de uno de los cónyuges, cuando se argumentara su deseo de reconstruir su «legítimo hogar» o «tranquilizar su conciencia de creyente».

El decisivo cometido de la institución eclesial la iba a convertir en una o la principal viga maestra del Régimen, por encima de FET y de las JONS —cuyo papel fue menguante según la guerra la iban perdiendo las potencias del Eje— y en paralelo al poder militar. Esa presencia de una catolicidad recelosa de cualquier modernidad y con enorme poder social en todos los ámbitos, pero especialmente en el terreno de la moralidad pública o la educación, se reconoce como matiz de distinción del franquismo de la primera hora frente a los fascismos de Alemania, Italia y otros países. Mientras en estos últimos aparecía un poso de laicismo *sui géneris* e incluso de paganismo, la Iglesia en España se había erigido en poder social apartando cualquier expresión laicista.

Frente a un modelo liberal-democrático en el que coexisten distintos criterios morales admitidos por el estado —y que en nuestros días podrían incluirse dentro de las referencias de la Declaración de Derechos Humanos y la Constitución— reconocido como «aconfesional», sin que tenga por qué asumir una «religión verdadera», ni una «única moral» por encima de las demás, en la posguerra se imponía una catolicidad como exclusiva intérprete y controladora de la moralidad. Este último concepto aparecía vinculado a una exaltación patriótica-nacionalista: el hecho de ser español implicaba a la vez profesar el catolicismo, salvo en los muy li-

7 *Arriba,* nº 16 14/VII/1935.

mitados casos admitidos. Fuera de ese vínculo permanecía lo extranjerizante, al que se rechazaba por actuar contra los «valores nacionales», por encima de los cuales estaba una catolicidad entendida como identidad social, religión y cultura, sin separación alguna. La moralidad católica era obligada por el simple hecho de haber nacido español. La plural, múltiple, rica y diversa nación de naciones española se hizo o generó a lo largo de los siglos como construcción histórico-cultural desde un proyecto compartido entre distintos, dependiendo de la voluntad de quienes la constituyen, y no como un rígido e inamovible concepto único de *patria* de verdades absolutas e inamovibles y adhesiones inquebrantables.

BAILAR ERA PECAMINOSO

En el verano de 1939 se dictaron órdenes a petición de la autoridad religiosa para imponer un severo control sobre las costumbres. En abril, a pocos días del final de la guerra, el Arcipreste de Villaro (Vizcaya) instaba a la prohibición del baile agarrado y al control sobre las fiestas públicas y verbenas:

> Para nadie es un secreto que la juventud de nuestros días se halla bastante alejada en materia de costumbres y moralidad [...] como consecuencia de las enormes propagandas pornográficas y subversivas que en su derredor han tenido lugar en los últimos tiempos de dominación rojo-separatista y en los siete años de República laica, en la que los agentes asalariados recorrían los pueblos con el fin de corromper a la niñez y a la juventud de ambos sexos, sembrando en ellos ideas erróneas y vicios perniciosos que no podrán ser extirpados sino con una labor educadora constante y profunda de varios años[...]. No solo en los tiempos de crudo laicismo, sino durante largos años de liberalismo afrancesado, han sido considerados por ciertos alcaldes como una corriente y de buena ley, aunque se faltase en ellos abiertamente a las leyes y normas de la moral, siendo así que la clase de bailes modernos que se practicaban se hallan severamente prohibidos hasta en países no católicos [...]. En adelante, siguiendo las tradiciones de la España de nuestros antepasados, no se consentirá en la plaza pública el baile agarrado por su carácter exótico e indecoroso, reñido

> con las normas de la Moral Católica, la única moral que es admisible en una nación católica. [...] Para amenizar los festejos y dirigir los bailes considerados por lo regular, como lícitos, no se admitirá otros instrumento que el clásico tamboril, que sólo podrá tocarse en los días festivos cuando la iglesia parroquial termine los oficios.[8]

Como iba a ser habitual a lo largo de décadas, la autoridad civil actuaba en función de iniciativas de la religiosa. En este caso, el gobernador civil de Vizcaya, recordaba a los alcaldes la necesidad de una «preocupación constante» por el «mantenimiento dentro de la moral pública de cuanto se refiere al asunto de las diversiones, principalmente los bailes». De esta manera interpretaba que «la relajación de costumbres no es propia de un pueblo que acaba de luchar en reciente y gloriosa Cruzada y si no quiere traicionar los móviles que la inspiraron, es preciso restablecer y mantener a todo trance la honestidad de las diversiones públicas».[9]

La preocupación por los bailes a los que se consideraban espacios de riesgo moral llevó a encendidas prohibiciones y manifestaciones de jerarquías de la Iglesia, especialmente durante las décadas de los cuarenta y los cincuenta. En 1955 se celebraba el I Congreso Nacional de Moralidad y Familias, en el que el Dr. Alonso Muñoyerro[10] como presidente de la Comisión Episcopal de Ortodoxia y Moralidad se expresaba así sobre la moral «en la calle, los espectáculos y las diversiones»: «El espectáculo que ofrecen las calles donde todos, incluso los niños, presencian de continuo muchas cosas que ofenden a la moralidad; modas indecorosas, anuncios obscenos y muchos otros actos atentatorios». Recordó documentos pontificios y del cardenal primado en los que se invitaba a los católicos a organizarse contra la inmoralidad y se preguntaba si era el

---

8 Citado por Danilo Albín en *Público,* Madrid 21/08/2017

9 *Id.*

10 Monseñor Luis Alonso Muñoyerro (1888-1968) provenía de una rica familia de La Alcarria (Guadalajara).En 1944 fue obispo de Sigüenza y de 1951 hasta su muerte Vicario General Castrense y Arzobispo de Sion. Académico por Medicina y Farmacia tuvo notoria actividad en contenidos relacionados con la deontología y la moral.

momento de realizarlo. Refiriéndose también a la influencia del turismo abogó por que los españoles se opusieran «a todo cuanto ofenda al pudor y las buenas costumbres». Respecto a la moral y las diversiones hizo notar la enorme peligrosidad del baile al que calificó de «filoxera de la sociedad cristiana» y afirmó que «sobre todo en los medios rurales constituye una tortura para los sacerdotes».[11].

En 1957 los Obispos españoles habían aprobado un documento sobre Moralidad Pública en España donde se recordaba que el ejercicio de la sexualidad no tenía más recorrido que dentro del matrimonio: «La licitud o ilicitud de las acciones relacionadas con las facultades generativas que Dios concedió al hombre depende de su recta ordenación a su fin, dentro del legítimo matrimonio y todo uso extramatrimonial cae fuera del orden divino. Hay quien aleja la imposibilidad de guardar continencia por oponerse a una necesidad fisiológica del organismo. Pero Dios no puede haber mandado a los hombres a que estos no puedan observar lo que le sea dañoso a la naturaleza humana. La historia secular de la Iglesia Católica con sus legiones de Vírgenes y de Santos casados refuta igualmente la pretendida imposibilidad de la pureza. La pureza no es imposible sino difícil; pero a la debilidad humana no le falta la necesaria ayuda de Dios si el hombre colabora».

¿MUJERES TENTADORAS?

Bajo una concepción en la que volvían a cobrar fuerza dos estereotipos: la debilidad de la mujer, por una parte, y por otro el mito de la «mujer-pecado», la «fémina-tentación» dispuesta a pervertir al hombre y a la sociedad en su conjunto. Dice el Obispo Miguel de los Santos Díaz y Gomara en 1940:

> "Y vosotras, mujeres católicas, de cualquier estado y condición que seáis, tened en grande estima vuestro pudor y recato y cuidad de conduciros y mostraros en todo momento como exige

11 *La Vanguardia*, Barcelona 24-II-1955.

> la modestia cristiana. María Inmaculada holló con su planta virginal la cabeza de la serpiente. No os dejéis seducir por esta última, que busca y procura vuestra perdición con el incentivo de modas y modos inverecundos.[12]

Desde esa visión de la sexualidad, que en la posguerra formalmente el Régimen hizo suya, había dos formas ideales de afrontarla:

a. La elección deliberada de la castidad como estilo de vida. Representativa del sacerdocio, del o la religiosa, y de aquellas personas que decidían asumir voto de castidad.
b. Exclusivamente dentro del matrimonio con el fin de procrear.

Más allá de ese discurso oficial, la realidad era muy distinta. Se producían variadas situaciones, bajo un tapiz de clandestinidad o de simulación social. Era notoria la presencia de adulterio cometido por ciertos esposos, o sus «relaciones licenciosas», aunque en el escaparate exterior apareciera una imagen de solidez de la institución matrimonial. Lo verdaderamente relevante desde el punto de vista social no era ser cristiano, es decir, asumir los valores de una religión de perdón, tolerancia y reconciliación, sino aparecer y ser identificado exteriormente como católico. El matrimonio ofrecía esa visibilidad bajo la aparente solidez de la institución familiar como base de la sociedad.

Dentro de ese contexto hablar de enfoques diversos o puntos de vista matizados sobre la sexualidad quedaba al margen. Ni se utilizaba el término *educación sexual* como tal, y hasta principios de los setenta en función de los cambios de discursos culturales y las influencias exteriores, no se empezaron a demandar contenidos sobre un tema tan esencial para la existencia humana; y las respuestas fueron timoratas

12 Miguel de los Santos Díaz Díaz y Gomara (1885-1949), fue entre otras cosas obispo de Osma (1924-1935) y de Cartagena (1935-1949).

y cargadas de recelo. Pero había una demanda social que no podía ser respondida más que bajo esos tratamientos convencionales. La demostración: el éxito que las distintas ediciones del libro sobre educación sexual del Dr. López Ibor, referente de la psiquiatría del franquismo en la época desarrollista, como Vallejo Nájera lo había sido en la posguerra.

De esta forma la necesidad de información se traducía en una búsqueda desaforada en bibliotecas de cualquier indicio o sugerencia que pudiera aparecer en páginas de no siempre fácil acceso, como ocurría con las enciclopedias en las que se hablaba de fisiología, con conocimientos y enfoques que provenían de principios del XX muy superados desde el punto de vista científico. La canalización de esa demanda no podía ir más allá de los libros sobre preparación al matrimonio, en especial los dirigidos a las mujeres. O aquellos que a partir de los primeros años sesenta empezaron a salir con extrema cautela. Como *El adolescente y sus problemas*,[13] cuya presentación de portada era sumamente explicita:

> Todos los jóvenes cuando empiezan a sentir las primeras manifestaciones de inquietud sexual, inquietud tan natural en todo ser humano, se ven envueltos en una confusión tal, que en muchos casos, no saben cómo salir de ella. Y como consecuencia de esta ansiedad, acuden a sus mentes una serie de preguntas, todas relacionadas con su organismo, con su propia naturaleza, y también con esas inclinaciones que a veces les perturban.

De principio, la sexualidad no puede ser considerada un problema sino una realidad que forma parte de la vida de los seres humanos. Aunque su práctica únicamente se admitía dentro del matrimonio con una intención finalista: asegurar la procreación. Fuera de ello se consideraba un pecado, una transgresión moral, un vicio o una perversión.

Desde sus inicios el Régimen rechazaba de forma radical aquello que consideraba asociado a la República, es decir el mundo del liberalismo político, el parlamentarismo, o

13 Achim Reinhardt (1961) Barcelona: Ferma.

la libertad de pensamiento. No solo el divorcio fue eliminado sino también la coeducación a partir del 1 de mayo de 1939. Que pudieran recibir juntos la educación niños y niñas había sido condenado por la Iglesia por su «peligrosidad». Se consideraba que este sistema podía atentar contra el pudor y el recato de la mujer al colocarla desde temprana edad junto al otro género. Las mujeres no necesitaban tener más conocimientos que los adecuados a su función social; especialmente aquellos vinculados al cuidado de los hijos y la atención al marido.

MENSTRUACIÓN, EYACULACIÓN, MASTURBACIÓN… Y OTRAS PALABRAS EN VOZ BAJA

La menstruación era un tabú. Hasta los primeros setenta estuvieron prohibidos los anuncios de compresas en la pequeña pantalla. La simple mención a este tema en una conversación se solía acompañar de risitas o miradas perdidas, especialmente entre los hombres.

Se trataba de un miedo al cuerpo, a la expresión de la naturaleza y a la sexualidad, que partía de un atavismo en el que el ideal de la pureza aparecía como el mejor estado, aunque las necesidades de la continuación de la especie humana forzaban a la práctica del llamado «sexo conyugal» como mal menor. De esta manera puede parecernos hoy terrible la situación de adolescentes enfrentándose a primeros cambios importantes en su vida, sin capacidad para que nadie respondiera a sus demandas informativas con otra cosa que sospechosas medias palabras rodeadas de misterio y expresadas en voz baja. Lo comenta hoy Esperanza Ochaíta, catedrática de Psicología Evolutiva:

> En aquella época no se hablaba de estos temas, condenados al más riguroso de los silencios. Especialmente grave era el efecto para las chicas a las que no se explicaba nada de los mecanismos fisiológicos. La menstruación podía convertirse en un problema para las adolescentes, algo traumático que las inquietaba y hacía que se tuvieran que enfrentar a muchos miedos y

> temores. No citemos el caso de las jóvenes que se casaban sin saber nada, ante un cónyuge con el que ni siquiera podían haber tenido contacto sexual alguno, desconociendo todo entre ellos [...]. Cuando estaba en últimos años de la facultad, ya en los 70 realizamos una de las primeras investigaciones sobre este tema entre los propios estudiantes. Ellos tenían mejor información que ellas: aunque todavía debía ser muy deficiente entre aquellos jóvenes que no pisaban un aula.[14]

En la realidad de los varones ocurría una situación paralela pero con otro paradigma, centrado en la condena de la masturbación por lo que suponía de placer sexual ajeno al acto de la procreación. Se decía que masturbación producía debilitamiento en los huesos, consumía la médula ósea, mermaba la calidad de la sangre, daba lugar a graves trastornos, capaces de llegar a la locura, favorecía la aparición de terribles enfermedades e incidía en la aparición de la tuberculosis, entre otros males. Descrita como «autoestimulación de los órganos genitales o de partes del cuerpo con especial sensibilidad para obtener una satisfacción y un orgasmo», en la Edad Media había sido considerada un pecado, concepto prolongado a lo largo del tiempo,[15] y todavía en la posguerra española alcanzaba nueva resonancia. La condena de ese acto estaba presente en charlas y ejercicios espirituales. La obsesión por este tema llevó a prohibir caminar a alumnos de internados y colegios con las manos en los bolsillos del pantalón, cruzar las piernas o dormir en posiciones en las que pudieran quedar cerca de la entrepierna. El Padre García Figar la atribuía un rosario de males. En su opinión provocaba:

> Desnutrición orgánica. Debilidad corporal. Anemia general. Caries dentales. Flojera en las piernas. Sudor en las manos. Pereza y desgana para el trabajo y hasta imposibilidad

14 Esperanza Ochaíta, catedrática de Psicología Evolutiva y de la Educación de la Universidad Autónoma de Madrid. Ha sido directora del Centro de Estudios del Menor y la Familia dependiente del Ministerio de Asuntos Sociales. Autora de numerosas investigaciones y estudios sobre jóvenes y familia, actualmente dirige el Instituto Universitario de Necesidades y Derechos de la Infancia y la Adolescencia (IUNDIA).

15 El papa Francisco opinaba en 2019 que la masturbación no debe ser considerada pecado.

> para realizarlo. Acortamiento de la vida sexual imposible de rescatar más tarde. Perdida de atracción para el sexo contrario y repugnancia al matrimonio. Esterilidad espermatozoica. Retentiva nula. Oscuridad en el entendimiento. Obsesiones y desvaríos. Voluntad débil. Capacidad para el sacrificio. Y adicciones animales,

Había tabúes inabordables. El primero era la masturbación femenina, que no se contemplaba porque a la mujer se le negaba la capacidad de orgasmo. Mencionar ese término, incluso dentro del matrimonio, equivalía a devaluar su consideración social. Hubiera sido extrañísimo que una mujer de aquella época contara esa solitaria práctica de auto placer, incluso a su mejor amiga o confidente más cercana. Tampoco diría a un novio o a un marido que realizaba esa acción, para evitar ser calificada de «viciosa» y «pervertida». Por otro lado, aparecía una zona de sombra permanente: la masturbación del hombre casado por cuanto la emisión de semen no tenía otro objeto que engendrar hijos con la esposa.

EL PLACER ES PECADO

Partimos de otra premisa: la imposibilidad de realizar cualquier tipo de ensayo social ubicado en el espacio de los asuntos tabúes. Frente a las investigaciones sobre la sexualidad humana de Estados Unidos a partir de la posguerra, en las que se preguntaba entre otros muchos temas sobre la masturbación, en España cualquier tentativa parecía imposible. Aunque a partir de la creación por Fraga del Instituto de la Opinión Publica se llegaron a hacer sondeos sobre temas de contenido sociológico, hubo que esperar a la Transición para poder empezar a contar con investigaciones más directas sobre ciertos asuntos. El proceso de salida del territorio tabú de un tema como la masturbación —bajo su categorización en *ocasional*, *permanente* y *compulsiva*, de la que solo esta última podría ser problemática— y el contraste con los datos en el mundo occidental, donde un 90% de hombres reconocían haberla practicado, frente a un 60 aproximadamente de mujeres, la convierte hoy en un tema asumido sin la tensión o la dramatización con la que se contemplaba en la España de los cuarenta a los setenta, especialmente entre los adolescentes, bajo la presión de su antigua ubicación en un concepto de pecado.

En una sociedad en la que solo se admitía la práctica sexual ligada a la procreación dentro del matrimonio, quedaban fuera de juego aquellas personas que ya no eran fértiles, y a las que se negaba cualquier posibilidad de orgasmo o de placer sexual. Esa demanda se canalizaba en el caso de los varones hacia la prostitución; al no poderse realizar el acto entre casados porque muchas mujeres habían sido incapaces del orgasmo cuando eran más jóvenes, y la obtención de placer sexual no les era reconocido por el hecho de ser mujeres.

Que una mujer pudiera hablar sobre cualquier tema vinculado al sexo la hubiera hecho aparecer, incluso entre las personas de su género, como equivalente a una libertina. Todavía más improbable, que lo hiciera una joven en una conversación con un hombre; aún en el caso de la consulta profesional cuando estos temas aparecían se expresaban con eufemismos y términos indirectos. Entre otras razones porque las mujeres sentían pudor a hablar de contenidos que pertenecían a un reducto de una intimidad velada entre temores y miedos.

El impacto de esa situación tuvo consecuencias importantes. Se negaba el placer sexual a las mujeres bajo una división de papeles dentro del matrimonio, tolerante y permisivo para ellos. Se consideraba que los hombres tenían unas demandas y unas características distintas a las femeninas, que la iniciativa sexual era enteramente masculina. En aquella época hubiera parecido inconcebible que aún dentro de la unión matrimonial una mujer expresara sus necesidades desde el punto de vista de la búsqueda de su orgasmo. También porque el conocimiento sobre las distintas formas de disfrute masculino o femenino venía a ser prácticamente inexistente.

Usos y costumbres.
La vida sexual

Ángel Armario enciende un cigarro tras otro en las reuniones de redacción que cada lunes celebraba un reducido grupo. Tan sólo él, doña Eloísa Cifuentes y el padre Matos que suele llegar tarde a cada convocatoria; siempre quejándose de que su sotana negra atrae a las manchas. Tomar un café con él al final de cada lunes de redacción, es problemático; rara es la vez que un reguero de chocolate o café no impregna el tupido algodón. Matos es directo, sin tapujos, con una tendencia a decir las cosas con cierto descaro; tanto que ya le ha costado algún disgusto. Una feligresa fue a quejarse a su Obispo porque la reprendió, tras haber intentado mangonear en la fiesta de las confirmaciones; él no iba a permanecer de convidado de piedra por mucho que esa dama tan bien casada fuera una de las principales benefactoras.

Armario no se queja del trabajo, en los primeros años le pareció entretenido y generó cierta ilusión, y ahora parece rutinario y previsible. A los cuarenta, todavía soltero, tras salir de la escuela de periodismo de la Iglesia, y obtenido diez años atrás la Espuela de Oro a la poesía más otros premios menores, sigue ganándose la vida confeccionando textos, tras la puesta en común de cada lunes, cuando toma notas para redactar el definitivo guion que una tarde después lee en el locutorio la preciosa voz de *Doña Amalia* —o lo que es lo mismo, Maruja Montesinos— jornada en la que fabrican programas suficientes para cubrir siete días y a veces alguno más. Eloísa parece resabiada y con uñas, aunque lo disimula con su carita de no haber roto un plato y su plácido gesto; precisamente por eso no es fácil llevarla la contraria. Queda un eslabón intermedio que cumplimentar: una vez confeccionados los guiones que pasa a limpio Petrita, mecanógrafa que desde su casa realiza trabajos para la emisora, los textos son llevados a la delegación provincial de Información y Turismo, y se devuelven sellados, sin más problema.

Tan solo los hubo y leves un par de veces. Aunque para eso está el padre Matos en la redacción: para recordar a los censores que el asesor eclesiástico ha dado previamente el visto bueno. Este cura es experto en esa clase de temas: ahora tiene entre manos diversos libros infantiles, entre otros las biografías de dos heroicas santas que necesitan el *nihil obstat* del obispo para su publicación. Como el señor prelado no tiene tiempo ni para leer el periódico... Para eso está Matos.

El consultorio sentimental de *Doña Amalia* provoca diariamente un gran trabajo para el cartero llevando fajos de misivas a la redacción; en algunas temporadas se ha visto obligado a transportarlas en bandolera dentro del enorme bolso de cuero.

«Querida Doña Amalia. Le escribo con desesperación. Seis meses atrás empecé a ser pretendida por un hombre moreno y bien plantado al que conocí en la romería de mi pueblo. Quedé enamorada de su amable trato nada más conocerlo; él dice que sintió lo mismo por mí. Un día intentó besarme en la oscuridad de un cine sin que pasara nada más. Ahora propone que en medio año nos casemos, y tras responderle afirmativamente por parte mía, ha intentado pasarse sin recato alguno. Bajo el pretexto de que dentro de unos meses seré su esposa me ha pedido cosas que evidencian sus instintos primarios...

Percibo su intención de quemar etapas; sus deseos carnales asoman repetidamente sin que acceda a sus propósitos. Es educado, pero cuando no hay nadie delante me veo obligada a pararle los pies. Ayer tuvimos nuestro primer disgusto serio, porque me negué a que me rodeara con sus brazos hasta donde termina la espalda. Se marchó de forma brusca, y ahora dudo si ir en su busca. ¿Qué haría, Doña Amalia, en mi caso? ¿Debo complacerle antes de casarnos, o exponerme a que acabe dejándome?

Suya afectuosa. Alicia Juárez»

—¡Qué historia más bonita! — exclama Doña Eloísa— no sé lo que piensan, la quiere... Solo recomendaría que ponga límites a ese novio. Algún beso de cuando en cuando, la puede coger el brazo o de la mano. Pero nada más...

El padre Matos interrumpe:

—Escriba, señor Armario, que detrás de las cesiones está el peligro. ¿Y qué ocurre si él lo consuma antes y después la deja? No sabe a qué se expone esa señorita.

—Entonces —aclara el redactor— se la reprende por ser débil ante la tentación.

—No es eso, no es eso —dice el sacerdote— todo está bien pero a su debido tiempo... Usted, doña Eloísa, que también es madre de familia, pensará lo mismo...

—Las mías son adolescentes. Si esa muchacha fuera mi hija la diría que fuera con cuidado, puede ir haciendo alguna concesión mínima, tratando de contentarlo hasta que pasen por el altar...No sea que el pretendiente la abandone por otra más fácil ligera de cascos... ¡Hay tantas hoy en día!

—Esa no es una lección que deba transmitir el consultorio, escuchado por mujeres muy distintas, algunas con formación moral, otras débiles y que se dejan tentar con facilidad...

—Pero el amor es el amor.

Ángel Armario les interrumpe. Le miran como si hubiera dicho una palabrota. Se muerde la lengua para no soltar lo que piensa: «¿Y usted qué sabe del amor?».

—... Sí, el amor es importantísimo, siempre dentro del matrimonio. Lo otro sería vicio, placeres insanos... Negativo para la moral. No estamos para reprimir, sino para asesorar a las almas, y dar tranquilidad a las conciencias.

—Claro, padre. Pero como madre de familia me importa que mis hijas sean felices...

—Lo serán, no le quepa duda, pero dentro de un hogar cristiano.

—Entonces, ¿qué le contestamos a la amable oyente que nos escribe...?

La señora sonríe, presume de saber de psicología sin necesitar estudiar. Ha trabajado en el consultorio de otra emisora de radio. Conoce perfectamente las decenas y decenas de cartas a las que es imposible contestar por el temor a que influyan negativamente en la moralidad de las oyentes. Tampoco la delegación de Información y Turismo sellaría los guiones, ni podrían escucharse en la sugerente voz de Maruja Montesinos, que para eso es rapsoda y hace doblajes para películas.

Hubo otros precedentes: la carta de una muchacha engañada por un casado que la dejó embarazada, y dudaba si irse al extranjero; otra joven con tres pretendientes y no sabía por cual decidirse... El padre Matos lo consideraba «frívolo, más propio de una guarra que de una mujer decente». También se fue a la papelera la carta donde una viuda y madre de familia entrada en años les confesó que se sentía atraída por el novio de su hija mayor, y padecía una confusión de sentimientos. La división de opiniones es evidente, tras el comentario de Eloísa Cifuentes:

— Esa madre tiene que saber antes si el hombre está realmente enamorado de ella o de su hija. Parece que tiene más años que la chica, entonces ¿por qué la madre no puede ser también feliz casándose con él en lugar de la hija?

—Los expondría a un riesgo pecaminoso...

Ángel Armario se hace un lío tomando notas para redactar la respuesta: cada cual quiere hacer prevalecer su punto de vista. Pesa la preocupación del asesor religioso por la «inseguridad en una familia donde los límites morales pueden difuminarse», si la viuda y no la hija se casa, el temor a que esta, despechada se arroje al primer hombre que pase por su vida... Es consciente el redactor de todo lo que a diario cruza por el gran teatro del mundo que es el confesionario, los secretos de los que se es partícipe, las cosas que jamás se expresan en lugar alguno como no sea en la tenue luz del reclinatorio...

Pese a la discrepancia, la respuesta no acaba en el limbo. El *Consultorio Sentimental* está obligado a ofrecer referentes de moralidad, no por temor a que la delegación de

Información y Turismo se niegue a sellar el guion, que para eso está Matos si hay conflicto. A solas con sus anotaciones, Ángel Armario aporta estilo y cambia palabras para que suenen mejor a las oyentes, acorta párrafos y los cierra en tono grave, intentando que Maruja Montesinos tenga oportunidad de añadir tensión dramática. La oyente escuchará a *Doña Amalia*, esa amable y enérgica madre recomendando no cejar en la defensa de su honestidad hasta el día del matrimonio.

«Verás, mi querida, Alicia —concluye a través de las ondas —como él valorará tu sacrificio al no haberte rendido a sus pasiones. Los hombres sienten una alta estima por aquellas mujeres que han rechazado los placeres fáciles, porque saben que su fidelidad permanecerá para siempre».

Rousseau, en el famoso «Emilio» se plantea la necesidad de responder a una demanda: «¿Cómo nacen los niños? Pregunta embarazosa y natural de los más pequeños; una respuesta indiscreta o prudente en ocasiones decide sus costumbres y su salud para el resto de su vida». En la España de la posguerra hubiera sido difícil responderla por parte de muchos padres, o se respondería de forma embarazosa, dubitativa o torpe. Mencionar *educación sexual* seguía siendo tabú.

Así lo comenta la catedrática Esperanza Ochaíta:

> Las cosas hay que hablarlas con naturalidad y con delicadeza. Lo aceptan desde pequeñitos aunque no lo entiendan; a lo mejor antes la «cigüeña» podía ser más fácil porque reciben muy bien lo mágico. Pero se les puede hablar de dos células y una vida, y de cómo va creciendo la tripita de mamá desde que son pequeños...Habrá que profundizar a medida que el niño o la niña lo vayan demandando, no antes. Seguramente a los cinco años apenas lo entenderán, un par de años después tendrán más posibilidades de comprenderlo, y a los diez lo verán como algo totalmente natural. Porque no hay nada malo: es la naturaleza.

Desde el nacimiento, niños y niñas se ubicaban en espacios separados, incluso segregados, marcados por los colores de la ropa del bebé: el azul para ellos, el rosa para ellas.

Los primeros juguetes, en los cuarenta todavía de cartón, cartón-piedra, madera y otros materiales anteriores a la era del plástico que llegaría mediados los cincuenta, representaban ocios separados: caballos de cartón, armas de juguete, balones de fútbol, construcciones como el famoso Mecano... Frente a las muñecas, cochecitos de bebé, canastillas, cacharros de cocina, y otros utensilios para las niñas. El sistema educativo se basó en la separación de los géneros para marcar una diferencia rotunda con la República. Hubo que esperar a 1970 para que se permitieran, por vez primera y de manera limitada, experiencias sobre coeducación a través de las reformas de Villar Palasí, ministro de Educación y Ciencia.

Los itinerarios escolares de chicos y chicas eran distintos. Con la llamada Formación del Espíritu Nacional para ellos. De carácter nacionalista-patriótico en su versión de posguerra, pasa a incidir en los años sesenta en contenidos más cercanos a los valores e identidades del Régimen, y no tanto al exaltado discurso nacionalista-falangista-católico. Y las Enseñanzas de Hogar para ellas, con sus variadas asignaturas centradas en futuras trayectorias diferenciadas, en las que el hogar corresponde a las mujeres, y el trabajo fuera de casa a los hombres.

Vamos a fijarnos en dos lecturas representativas de las niñas de la posguerra. *Celia* de la autora *Elena Fortún*, sobre quien se habla más adelante, había aparecido por vez primera en los años de la República para convertirse en referente generacional. Por sorprendente que parezca, *Celia institutriz en América* fue secuestrada en 1945 tras haber obtenido la inicial autorización de la censura. Junto a *Celia en el colegio* fue prohibida en 1946 y 1950 por considerar que la forma de ser de la protagonista era provocadora, puesto que no sentía ningún respeto por las «enseñanzas femeninas» e ironizaba sobre sus profesoras. De la misma manera que se prohibía en 1943 *Hombrecitos,* la versión masculina de *Mujercitas* de Louise May Alcott, porque en ella se hacían menciones a la coeducación, inapropiadas para la España de la época donde se la condenaba sin remisión como verdadero «peligro».[16]

También es extravagante la censura sobre una de las lecturas españolas para niñas como fueron los más de veinte títulos de *Antoñita la fantástica* de «Borita» Casas. Si *Celia* ejerció una influencia enorme en las chicas y adolescentes de la República, en la posguerra *Antoñíta* haría lo propio con su veintena de títulos del personaje. Liboria Casas (1911-1999) fue una niña de familia con recursos del madrileño barrio de Salamanca, su padre era dueño entre otros negocios de un importante hotel en la capital. Cuando estalla la guerra civil en 1936 estaba en Alemania de vacaciones con su familia.

«Borita» o Liboria Casas (1911-1999) fue la autora de uno de los personajes literarios más populares de la posguerra: *Antoñita la fantástica*, una niña, adolescente y joven. La censura prohibió cualquier referencia levemente sexual o afectiva.

---

16 Ian S. Craig (2021) «La Censura franquista en la literatura para niñas: "Celia" y "Antoñita, la Fantástica", bajo el franquismo». *Actas XII Congreso AIH*. Centro Virtual Cervantes. Pág. 76.

En la primera posguerra la autora aparece como «hermana de un caído y valeroso falangista» fallecido en el frente; mientras se silenció que otro hermano que militó en Izquierda Republicana se encontraba exilado en Francia, expresión de una sociedad fragmentada. Como otras tantas familias arruinadas de la época en las que la mujer apenas era capaz de ejercer trabajos fuera del hogar, ha de buscar un empleo. Su primo y falangista Jacinto Miquelarena —perteneciente al círculo de Jose Antonio «La Ballena alegre», que participó en estrofas del *Cara al sol*— la coloca en Radio Madrid como locutora, de donde pasa a Radio Nacional de España como voz y autora de espacios «para mujeres».

«Borita» Casas era una mujer del Régimen, aunque bajo matices, con un personaje de resonancia entre las niñas de los últimos cuarenta y los cincuenta de extraordinarias condiciones de dureza y negación a las mujeres, que a través del personaje de *Antoñita, la fantástica* podían evadirse y acceder a mundos fantásticos. Pese a que Casas no despertó los recelos de *Celia* y de Elena Fortún, al personaje de Antoñita se le negó un factor tan importante como la sexualidad. La censura eliminó menciones como «me parece que se trae algo de ligue con el Epifanio porque hacen muchas manitas, y la Eme se ríe mucho, con su cara de boba», junto a la cita de *Antoñita la Fantástica, de vacaciones* donde aparece tachada esta mención: «En la librería del saloncito, descubrí una novela con una portadilla muy vistosa. Debía ser una de mucho sexy y violencia».[17] Lo que parece incomodar a los censores no es la insinuada violencia de género, sino que una jovencita se sienta atraída por una novela de una (ingenua) portada con un factor definido como *sexy*.

Los sistemas segregados venían a obedecer a un diseño de itinerarios distintos. Para los padres, casar a los hijos se convertía en el objetivo final de un proceso. El matrimonio

---

17 *Id.* Pág. 78.

representaba la culminación de una vida. Especialmente en el caso de las mujeres, para quienes iba a ser su principal elemento de identidad. Bajo una separación estricta en los papeles sociales: las mujeres estaban hechas para casarse, y su aprendizaje espontáneo o reglado se basó en las llamadas *enseñanzas femeninas* en torno al hogar o el cuidado de los hijos. Mientras el mundo de ellos se canalizó hacia la acción, la iniciativa y el exterior, puesto que debían aportar los recursos necesarios a la familia. Este sistema admite pocas variantes hasta los años sesenta.

La aparición de los primeros signos sexuales en la pubertad se aborda bajo la misma capa de misterio y ocultamiento con el que estos temas socialmente se tratan. La presencia de la menstruación se convierte en un hecho que provoca preguntas a las que no se dan más que respuestas a medias, incompletas y evasivas. Generando a la vez sentimientos de culpa en un proceso en el que la sexualidad, y sus manifestaciones aparen asociadas al pecado, con la consiguiente irrupción de temores, constantes remordimientos y cargos de conciencia.[18] A las mujeres se les negaba el ejercicio de su sexualidad. Decía Antonio de la Granda, médico e inspector general de trabajo:

> La vida sexual de la mujer es una cadena de sacrificios: menstruación, embarazo, parto, lactancia, menopausia. La mujer se une al sexo por dolor [...]. En ocasiones ni siquiera se halla compensada esa cadena de dolores con el placer material de la carne [...]. Comparado con el sexo egoísta del hombre, el sexo femenino es absolutamente altruista, porque si el hombre busca placer, la mujer solo encuentra el sacrificio.[19]

---

18 El papa Francisco, en una entrevista a Carlo Petrini para el libro *Terra Futura* hecha pública en verano de 2020, comenta: «El placer de comer sirve para mantenerse saludable al igual que el placer del sexual sirve para que el amor sea más hermoso y garantizar la continuidad de la especie». Afirma que «una comida bien cocinada y una relación sexual amorosa son placeres que han sido injustamente señalados por la Iglesia en el pasado a causa de un moralismo exagerado». Señala una «interpretación incorrecta del cristianismo negando estos placeres».

19 Citado en Luis Otero (1999) *Mi mamá me mima*. Barcelona: Plaza & Janés. Pág. 40.

EL TIEMPO DEL SERVICIO MILITAR

Ese nivel de socialización tuvo en los hombres un importante matiz diferenciador a través del cumplimiento del servicio militar obligatorio, que imponía una excepcionalidad en muchas vidas, o una pérdida de la inocencia para algunos, con singular detalle en aquellos que se veían obligados a desplazarse fuera del lugar de residencia. Variados aprendizajes de la sexualidad se producían en ese periodo, a través de la prostitución, considerada entonces un eslabón en el proceso de evolución hacia la masculinidad plena. Pese a las formalidades y obligaciones de la vida militar, la *mili* representaba un periodo de independencia de los vínculos familiares, en el que bajo esa recién adquirida autonomía aparecía el descubrimiento o la práctica del sexo. Al ser imposible realizarlo en condiciones normales con una novia o una amiga por la intensa represión, se canalizaba hacia la prostitución.

Antes de ese supuesto acto culminante de una vida que era el matrimonio, el aprendizaje y el cortejo se desenvolvía bajo el peso de las convenciones y la fiscalización de la moralidad social, que no solo convertía en pecado a la mayor parte de sus expresiones, sino a veces también en delito o sanción de carácter público. Mencionemos la función de cuerpos y categorías de uniformados actuando como policía moral. No solo en cuanto a los inspectores que podían entrar en una sala de cine para comprobar si en la oscuridad había parejas que aproximaban más de la cuenta sus cuerpos, o pedir los carnets de identidad por si en la sala se encontraban menores de dieciocho años, sino también la presencia de homosexuales amparados en el anonimato del único lugar donde se permitía permanecer bajo el amparo de la relativa intimidad que proporcionaban las tenues luces. En los descansos se proyectaban diapositivas publicitarias. Una de ellas sintetizó una orden:

> Bando. Por orden gubernativa se pone en conocimiento del público en general, que serán sancionados con prisión menor

> y multados, todo aquel (sic) que con gestos y palabras, atente contra la moral y el decoro de toda persona decente. El Alcalde.

El control se extendía a los guardias de parques, existentes en la época en varias ciudades, que podían llamar la atención a parejas sentadas demasiado juntas en los bancos. Los besos tenían que darse casi a escondidas, en lugares recónditos. Las efusiones demasiado cálidas podían ser objeto de atención y de aviso, a través de un control que trataba de ser estricto.

De esta manera lo analiza Juan Antonio Matesanz:[20]

> En aquella época se había llegado a interiorizar una represión en la que las prohibiciones eran constantes. Recuerdo que había guardas de parques, un cuerpo que en Madrid iba vestido de bonito uniforme con una especia de casaca gris con un frontal rojo, un sombrero de ala ancha y un bastón de metal. Acabaron por ser otro elemento represivo más. Un día estaba con una chica sentado en un banco del parque y vinieron para llamarnos la atención, nos preguntaron qué hacíamos y pidieron el carnet, con el miedo a que llamaran a los «grises». De la misma manera que en los cines o en los teatros podían aparecer los inspectores solicitando la documentación. Se ponían siempre en las últimas filas porque era donde iban las parejas a besarse o a meterse mano.
>
> No solo estaba mal visto ir acariciándose, sino que andar cogidos del talle llamaba la atención, y te podían multar por escándalo público. Todo aquello parecía sórdido, patético y ridículo. La represión también afectaba al lenguaje. Entonces una mujer no podía decir una frase como «¡Estoy cabreada!» porque se la hubiera mirado mal, como una vulgar maleducada.

---

20 Matesanz (1936) licenciado en Ciencias Políticas. Participa en el movimiento estudiantil de 1956 en la Universidad de Madrid y en la organización del Congreso de Escritores Jóvenes. Trabajó con Noberto Bobbio en la Universidad de Turín. A su regreso a España en 1963 es acusado de ser militante del PSOE en el extranjero, confinado en su casa sin poder salir a la calle y comparece en 1964 ante el Tribunal de Orden Público que le condena a dos años de prisión en la cárcel de Carabanchel, de donde sale en el verano de 1965. Casado con una catedrática de francés, corresponsal de *Avanti* en España, en los años ochenta trabaja de asesor para el Ministerio de Cultura de la mano de Javier Solana. Posteriormente ha publicado en distintos medios, entre ellos *Le Monde Diplomatique* en castellano.

> Había muchas «palabras impronunciables», incluso los hombres evitaban decirlas cuando había delante mujeres. Se vivía en una permanente contención.[21]

Desde ese aprendizaje fue habitual la salida de las muchachas en grupos de su misma condición bajo un precepto tan incuestionable como el del control de unas sobre otras. La responsable de la custodia y vigilancia era la amiga o las amigas, que podían señalar a quien osara separarse unas horas para caminar a solas con un chico. Esto explica una imagen muy habitual en la posguerra: las muchachas caminando en grupo o del brazo, «protegiéndose» unas a otras. Por contra, pasear con un joven en un lugar público venía a suponer la primera evidencia de un compromiso casi formal en forma de noviazgo que se debería canalizar hacia el matrimonio en un tiempo más o menos breve.

Aunque la mayoría de edad se alcanzaba a los veintiún años tanto para hombres como mujeres, existían cautelas y salvedades. Una reforma de 1972 en el Código Civil eliminó una ridícula «protección» discriminatoria sobre «las hijas de familia mayores de edad, pero menores de veinticinco años [que] no podrán dejar la casa del padre o de la madre, en cuya compañía viven, más que con licencia de los mismos, salvo cuando sea para contraer matrimonio o para ingresar en un instituto aprobado por la Iglesia, o que también el padre o la madre hayan contraído ulteriores nupcias, o concurra alguna otra causa que justifique la separación.

BUSCANDO NOVIO

Bajo esa situación el cortejo tenía severas limitaciones, especialmente para las jóvenes. Se podía conocer al aspirante a novio a través de un grupo de amigas, o de familiares y vecinos, lo que solía ser muy habitual, de una parroquia o de los paseos por la plaza pública o la calle mayor. Frente a la mayor disponibilidad de los hombres a los que se permitía des-

21 Testimonio personal, 2020.

plazarse sin las limitaciones de ellas. Aparecían también las casamenteras espontáneas, en una época sin redes sociales. O bien las que cumplían ese papel de una manera profesional, como eran las agencias matrimoniales, a las que solían acudir aquellas personas con problemas de relación, dificultades para socializarse o a quienes el reloj del tiempo empezaba a contar de forma inexorable. Especialmente en el caso de las mujeres, en una sociedad donde la soltera o la solterona debían desenvolverse en el trazado de un guion previo, de antemano limitado y tasado. La soltería femenina implicaba una renuncia a la sexualidad, porque fuera del matrimonio el sexo carecía de sentido. A un viudo se le habría permitido salir o mantener relación con una mujer; si se tratara de la viuda la situación paralela levantaría comentarios.

De la misma forma se suponía que con la menopausia acababa la vida sexual de la mujer, víctima de tantos prejuicios y limitaciones que se traducían en una creciente pérdida de interés por el sexo. En sentido contrario al de nuestra época en la que la postmenopausia se puede traducir en una etapa fecunda al no depender del embarazo. Posición que apenas tenía sentido cuando el uso de la sexualidad solo era admitido bajo la perspectiva finalista de la procreación.

Elemento diferenciador frente a épocas posteriores correspondía a la negación de la amistad entre un hombre y una mujer. Inconcebible una pura relación fraternal entre una mujer, especialmente si esta era casada, y un hombre. La amistad entre dos jóvenes de diferentes géneros representaba la búsqueda un espacio de socialización previo al noviazgo o a la relación grupal todavía tolerada. Pero tras la boda ellas solo podían tener «amigas» y ellos «amigos» de su misma condición.

Los espacios de socialización comunes eran diferentes a los de nuestra época. Antaño se podía conocer a la que se iba a convertir en futuro cónyuge a través del vecindario, o del circunstancial baile; aunque las condiciones del mismo distaban mucho de parecerse a las nuestras. Bailar en una fiesta de un pueblo era hacerlo a ojos vistos de mucha gente conocida, lo que venía a representar una cierta forma de compromiso, en un acto donde se valoraba el nivel de acercamiento entre los cuerpos o el juego de gestos de atracción y de acercamiento. El hecho de que una joven apareciera sucesivamente con varios muchachos era un sinónimo de frivolidad o ligereza. De la misma manera que parecía sospechoso encontrar a una mujer caminando sola cuando la noche caía.

Las limitaciones al acercamiento físico entre ellos y ellas eran máximas, cuando incluso el beso en público estaba sancionado. Tan solo se besaban, y a escondidas, las parejas de novios, no los matrimonios que no necesitaban ese tipo de efusiones a la vista de los demás. Ir más allá, es decir tener sexo cualquiera que fuera el nivel, hubiera o no coito, representaba traspasar un límite y asomarse al vacío. Empezando por la dificultad de llevarlo a cabo. Hasta finales de los años sesenta los jóvenes carecían de la posibilidad de acceso a un automóvil y por lo tanto a los desplazamientos. Buscar un lugar oscuro dentro de un automóvil no estaba al alcance de cualquiera, y además podía ser motivo de una sanción con el correspondiente escándalo.

Relata José Antonio Matesanz:

> La relación con las mujeres no tenía nada que ver con la época actual. Además de enorme hipocresía ellas vivían sometidas a tensiones, sexuales, familiares, religiosas... No hablemos de la violencia machista y el maltrato físico o psicológico. Lo de «La maté porque era mía» lo habrían suscrito muchos hombres en esa época.
>
> Sin embargo discrepo en el matiz de que ellas llegaran al matrimonio sin ninguna clase de información. La núbil tenía siempre una «maestra» cercana: una madre, una hermana mayor, una tía soltera, una viuda... Pero lo que estas podían transmitir estaba de antemano condicionado.

Quienes tenían una mayor disponibilidad económica para viajar o alquilar una habitación se encontraban con un inconveniente: en los hoteles se exigía el libro de familia cuando se presentaba una pareja para demandar una habitación doble. La solución encarecía la escapada: había que alquilar dos habitaciones, a ser posible en la misma planta, aunque no contiguas, para evitar maledicencias. Como venía a ocurrir con los amantes o quienes vivían en pareja, que necesitaban recurrir a sistemas de ocultamiento y disimulo social, por ejemplo pidiendo habitaciones separadas en un establecimiento hotelero, incluso con entradas o salidas en solitario. Pese a que una mujer alquilando una habitación entraba en el terreno de la sospecha: una señora honesta nunca lo haría. En la película *Una mujer cualquiera* (1949, Rafael Gil) se describe una situación que en aquella época era normal y hoy constituiría una extravagancia: dos amantes (María Félix y Antonio Vilar) implicados en un crimen ocurrido en un chalet de la Ciudad Lineal de Madrid se refugian en un modesto hotel donde piden «dos habitaciones» separadas. No solo es que la censura no permitiría que durmieran en el mismo cuarto, sino que en la realidad social se exigía la documentación para demostrar que una mujer estaba casada para permitir que compartiera la noche con un hombre que no podría ser otro que su marido.

Desde ese planteamiento, los deseos se canalizaban hacia la búsqueda de espacios de intimidad: del pajar a la habitación privada en el rellano. Siempre bajo el temor a ser descubiertos, y con particular gravedad en el caso de la mujer susceptible de ser considerada a un bajo nivel de reputación. En un tiempo en el que ellas eran en su mayoría autodidactas sobre los mecanismos de la sexualidad y la reproducción humana, de los que nunca se hablaba o cuando sucedía se expresaba entre misterios, temores y luces oscuras. La imposibilidad de acceso a los métodos anticonceptivos hacía difícil cualquier relación. No estaba permitido venderlos ni anunciarlos. Sin embargo, como en el caso de los libros prohibidos que se podían ofrecer en algunas librerías con mucho cuidado para que la policía no se presentara, también había que recurrir a subterfugios para comprar preservativos, que a veces, se podían conseguir con extremo cuidado en tiendas de ortopedia, no en las farmacias.

Sobre el acto sexual gravitaba de manera constante la imagen de pecado, remordimiento y auto condena. En aquella época el embarazo fuera del matrimonio representaba un imprevisto y un grave «accidente»; se podría afirmar que excepto en contados casos la concepción de un hijo en esas circunstancias distaba de ser voluntaria, consentida y aceptada por ambas partes como podría serlo en nuestros días.

EL TABÚ DE LA NOCHE DE BODAS

En un tiempo donde era imposible realizar cualquier investigación social, y más aquellas relacionadas con un tema tabú como el sexo, mientras no existía la educación sexual, la información para llegar al matrimonio era escasa, especialmente para las mujeres, bajo el trauma mental que podía suponer la noche de bodas y la perdida de la virginidad, en un tiempo en el que la mayoría de las mujeres llegaban vírgenes al matrimonio. Y en el caso de que no lo hicieran, la reacción que pudiera provocarse al comunicar al cónyuge esa realidad, o en su caso, descubrirlo por sí mismo tras el primer acceso carnal. Planteemos el supuesto de un diálogo hoy perfectamente normalizado que en aquella España hubiera resultado traumático.

Él.- «Dime si hay algo que especialmente te pueda dar placer, desees o quieres que hagamos...». Imposible. No se podía hablar de placer sexual aplicado a las mujeres. Una expresión de esas características sería típica de la escena de un prostíbulo.

Ella.- «Me gustaría probar a hacer...». Irrealizable. Salvo que hubiera recurrido al condenado autoerotismo, cualquier referencia al orgasmo femenino era tabú.

El.- «Quisiera que te prestaras a realizar...». Absolutamente utópico.

La respuesta de una esposa a una petición sexual del marido de esas características, habría podido ser algo parecido a:

Ella.- «Eres un depravado, eso es una guarrería... Te crees que soy una prostituta. Eso no se pide a una esposa sino a una cualquiera».

Para acceder a esa práctica solo quedaba el recurso a la prostitución; aunque en las llamadas casas de lenocinio de la posguerra española se practicaba solo el coito, y cualquier otra variante requería acuerdos especiales en lo económico, o pactos expresos, fundamentalmente a través de aquellas que lo ejercían de manera independiente, lejos de los burdeles.

La petición de una determinada práctica sexual dentro del matrimonio sería vista como propia de «degenerados», especialmente si el esposo se lo demandaba a su mujer. Con la probable asistencia a un confesor o la consulta a un asesor espiritual. Todo dentro de la nebulosa de lo misterioso, reprobable, oscuro y pecaminoso que rodeaba cualquier tema relacionado con la sexualidad.

Casarse representaba el objetivo principal de la existencia puesto que se trataba de un acto para toda la vida sin posibilidad de rectificación. La sexualidad se contemplaba como mal menor o peaje para el acto sublime de engendrar hijos. Sabidos eran los escrúpulos morales a la práctica del sexo en días como Semana Santa incluso entre cónyuges. Además de ser las únicas jornadas del año en que los prostíbulos cerraban.

Ni en la intimidad de la alcoba podía haber un diálogo franco entre dos personas, en teoría unidas para el resto de su vida.

Una cuña publicitaria de una marca de electrodomésticos, a finales de los cincuenta, desarrollaba este curioso diálogo, bajo el título *El amor empieza por la cocina.*

> Voz femenina.- «Me parece que [este plato] me ha quedado estupendo. Ojalá te guste».
> Voz masculina.- «¡Qué pinta tan bueno tiene esto! Debe estar riquísimo. Es emocionante pensar con qué cariño lo habrá preparado. Se ha tenido que pasar la mañana en la cocina. ¡Qué bueno te ha salido!»-
> Voz femenina.- «¡Qué alegría! He acertado. Que acierto fue también elegir una cocina Corcho. ¡Cuántos momentos felices como este me va a proporcionar».

De esta manera el cuerpo se convertía en un casi desconocido con el que se convivía desde el nacimiento hasta la muerte. Nada podría parecernos en nuestro tiempo más morboso que la práctica conyugal de épocas en las que las mujeres eran incapaces de exhibirse desnudas ante su marido, limitándose a practicar el coito descubriendo una parte de su bajo vientre. El mismo miedo a descubrir parte o la totalidad de su cuerpo ante una consulta o atención médica por un arraigado sentido del pudor.

Cuando se citaba a los «mozos-jóvenes» para ser tallados y filiados para el servicio militar con el objetivo de participar en el futuro sorteo de atribución de destino se advertía que «podía ser necesario mostrar parte o el cuerpo completo» exigiendo «máxima limpieza corporal». Tallado del que se excluía previamente a los seminaristas exentos del cumplimiento del servicio. El hecho de tener que enseñar partes o todo su cuerpo ante las miradas de otras personas, aunque pertenecieran a su mismo género, podía resultar especialmente difícil, e incluso traumático, bajo una visión de sospecha y retorcimiento, de la que la morbosidad no quedaba ausente.

Casarse y formar una familia era el objetivo básico para toda persona, especialmente las mujeres. El Nuevo Régimen reconocía a la familia en el Fuero de los Españoles como «institución natural y fundamento de la sociedad, con derechos y deberes anteriores, superiores a toda la ley humana positiva». Bajo un retórico y discursivo tono típico de posguerra la Ley de Protección a las Familias Numerosas de 1941 decía que

> Solamente los pueblos de familias fecundas pueden extender la raza por el mundo y crear y sostener imperios. La vitalidad demográfica acrecienta la personalidad internacional y la potencia militar [...] la familia cumple sus altos destinos históricos, siendo relicario de la fe, de patriotismo y de voluntad de grandeza.

Desde 1939 se creaban premios a la natalidad en una época en la que las mujeres estaban destinadas a ser madres de familia y cuidadoras del hogar, y en la que según el artículo 57 del Código Civil de 1944, «el marido debe proteger a la mujer y esta obedecer al marido». Hasta los cambios sociales de los años sesenta, el trabajo de la mujer fuera de casa solo era posible admitirlo para paliar la difícil situación económica familiar, como un mal menor; se temía que emplearse redundara negativamente en el cuidado de los hijos. La ley de 1961 sobre derechos políticos, profesionales y laborales de la mujer, que eliminaba la discriminación en puestos que podían ser ocupados por ellas sin necesidad de contar como hasta entonces con el permiso expreso del marido para poder hacerlo —y que aún no permitía la presencia femenina en el ámbito de la administración de Justicia, los cuerpos armados o la marina mercante—, estaba llena de reticencias y recelos al trabajo de las mujeres fuera del ámbito doméstico. Se aceptaba trabajar fuera para favorecer la economía familiar, no para la igualdad social y la capacidad de elección de hombres y de mujeres ante las mismas oportunidades y actividades.

En el momento de la presentación del proyecto la Delegada Nacional de la Sección Femenina, Pilar Primo de Rivera, retomaba el anticuado concepto de trabajo complementario de las mujeres solo en el caso de aquellos hogares donde no fuera suficiente con los ingresos del marido:

> ¡Qué más quisiéramos que el salario del hombre fuera lo suficientemente remunerado para que la mujer, sobre todo la casada, no tuviera que trabajar por necesidad! Yo os aseguro que si la vida familiar estuviera suficientemente dotada, el noventa por ciento de las mujeres no trabajarían. Para nosotros es mucho más cómodo y más apetecible tener todos los problemas resueltos. Pero hay numerosas familias que no solo en España sino en el mundo, no pueden prescindir del trabajo de la mujer precisamente para que la atención y la educación de los hijos, fin primordial del matrimonio, sean suficientes.

Hasta los cambios de los años sesenta que afectaron de manera fundamental a las clases urbanas y acarrearon transformaciones paralelas en las costumbres y la moral, el hogar era el espacio destinado a las mujeres. A partir de los cuatro hijos se consideraba a las familias numerosas. Con premios de natalidad a las de catorce, quince o más descendientes, que eran recibidas por Franco en la concesión de los premios anuales, y que aparecían a menudo en la prensa y en el *No-Do.* Una edición de 1971 de este noticiero del Régimen presentaba un curioso contenido: un matrimonio de diecinueve hijos que debía trasladarse a sesenta kilómetros de la capital de España para iniciar sus vacaciones, y lo hacían en un típico Seat 600. Pero, como revelaba el documento visual, rodado, cosa singular, con sonido directo, se necesitaban efectuar tres viajes de ida y vuelta para trasladar a tan amplia comitiva. Más allá de lo anecdótico daba la impresión de que aquellas mujeres con tan numerosa prole lo único que habían hecho en la vida era estar embarazadas y concebir hijos. Bajo un modelo hoy desaparecido como consecuencia de los cambios sociales, y fundamentalmente el papel de las mujeres en la sociedad.

Mujeres: la buena esposa y la prostituta

—Buenos días, don Gustavo. ¡Cuánta alegría volver a verle!

—Yo también a vosotras... Florita.

—Hacía tanto tiempo...

—Es que cambiaron bastantes cosas...

—¿Algo le sentó mal? Puede que alguna se portara de forma inadecuada... ¿Por qué no me lo dijo y las hubiéramos echado a patadas...?

—No es eso. Pero ya da igual...

—La familia, estará bien, ¿no?

—... Bueno, no les voy a contar, porque lo saben mejor que yo, que en esta ciudad todo se conoce...

—Este es un salón discreto. Aquí no viene cualquiera... Me parece entenderle: ahora con el cargo que tiene... Nos enteramos de la noticia en la radio. Una de las chicas, ¿no sé si se acuerda?, Paloma, la «Andaluza», lo escuchó y corrió a contarlo. Es posible que la vez que estuvo con ella dejara buena propina... Pero, bueno...

-Veréis, ahora no vengo a eso. Sino a preguntaros por algo...

—¿Algún problema?

— Ninguno...

—¿Su señora esposa está bien? ¿Y sus hijos?

-Sin novedades. Los mayores, casados. Ahora el asunto es el más pequeño. Este año le mando a la universidad, a Salamanca... Con diecinueve cumplidos.

—Será un buen mozo… ¿Una preocupación?

—Ninguna. Pero busco una de las nuevas para que se estrene. De las más jovencitas.

—Desde que no le hemos visto por aquí incorporamos a un par de niñatas. Hay una que no se la recomiendo, es mal hablada y se enfada con los clientes. A punto estoy de echarla para que se desasne en otro establecimiento. Aquí el respeto es una obligación. De lo contario, no tendríamos esta clientela. Este no es un sitio vulgar. Y no le hablo de la higiene y de la limpieza, siempre garantizada…La que entra pasa por sanidad, pago a un médico cada diez días para que las vigile por si alguna tuviera problema… Ya ha visto que los cuartos tienen agua corriente en el lavabo, no como otros sitios, a saber con qué se apañan, con palanganas o lo que sea…

—Si, me consta. ¿Cómo es la palomita que me recomienda?

—Un angelito, dieciséis primaveras. Bien alimentada, sin piojos, ni… bichitos de ninguna clase.

—Ojo a las ladillas…

—Aquí no tiene que preocuparse por eso. Esta nena lleva solo un mes, y le gustará que se estrene con ella un buen mozo de su edad. ¿Le parece bien? ¿Cuándo subirán?

—No. Vendrá él solito, cuando nos pongamos de acuerdo en la hora.

—¿Le corre tanta prisa? En ese caso que venga por la mañana. Para clientes como usted no tenemos horario.

—La semana que viene se va en tren a Salamanca. No quiero que los compañeros le obliguen a ir a algún sitio donde cualquiera le contagie una enfermedad o le haga daño. Es bueno que cuando antes pierda el miedo y se haga hombre.

—Entonces, ¿qué día?

—Quizás este viernes. Por la tarde.

—A todo esto, ¿cómo se llama el muchacho?

—Jacinto.

—Bonito nombre. Ahora hablo con la niña que sigue durmiendo. ¿Quiere conocerla antes? Verá que es muy lustrosa y lo va hacer con él muy bien para que no tenga temor alguno al estrenarse.

—No hace falta que la moleste. Transmita que sea amable con mi hijo para que lo pase lo mejor posible.

—Lo hará con toda seguridad. Y garantía, aquí no hay peligro de enfermedades. Esta chica es cariñosa con todos. Desde que llegó no sabe cuánto la piden los clientes. Verá usted…

—¿De dinero?

—Eso no es problema. Pero ya sabe que este establecimiento es de los más caros de la ciudad. Aquí no se admite a cualquiera. No entran ni borrachos ni gentuza. Y le hablé de cómo evitamos los contagios. Lo sabe usted de otras veces que vino hace ya mucho tiempo. Nunca molestamos a nadie, y el gobernador nos respeta. Y, como siempre, nadie se va de la lengua. Además su hijo vendrá limpio de casa y no habrá problemas.

—Está bien. ¿Se lo abono por adelantado…? Lo que me diga.

—¿Le ponemos una copita?

—No. Gracias.

—Su hijo saldrá contento. Y usted, cuando quiera, vuelva por aquí, que siempre será bien recibido, don Gustavo. Claro que ahora con el cargo que tiene comprendo que es más difícil verle por este sitio. Aunque si se antoja abrimos más tarde el negocio para que no se le cruce nadie en la escalera. ¿Estamos?

La composición social y política de la sociedad española de la República ofrecía perspectivas y enfoques variados sobre el papel de las mujeres. En el del anarcosindicalismo estaba presente un discurso de «mujer igual a hombre», a la vez que de reconocimiento de lo que se denominaba entonces *amor libre*, a la vez que se defendían los métodos anticonceptivos y la liberación de la mujer de las tareas del hogar. En paralelo se hicieron campañas dirigidas hacia los hombres para que abandonaran prejuicios con respecto a la mujer.

La situación en el campo contrario no era homogénea. En las organizaciones de la derecha católica había desconfianza sobre aquello que pudiera contribuir al fomento del trabajo femenino fuera del hogar, por el miedo a que abandonara su «espacio propio» y su «primigenia obligación» de esposa y madre. Se trataba de un argumento que entonces todavía era empleado por la Iglesia y que se reflejaba en diversos documentos vaticanos. Mientras en la extrema derecha se podía describir ese mismo temor aunque matizado por contenidos de movilización femenina, típico de los fascismos.

En 1934, Falange se vio obligada a crear una Sección que no nació como un espacio propio para las mujeres, sino para cubrir con un número muy reducido de novias, esposas, hermanas o amigas, los puestos de los militantes de este partido entonces mimético del fascismo que se encontraban en las cárceles o pendientes de juicio por haber participado en desórdenes públicos. José Antonio aceptaba a la mujer «camarada» a la vez que se mostraba en contra de la feminista. El 28 de abril de 1935 pronunciaba estas palabras en un discurso en Don Benito (Badajoz):

> [...] En la Falange no acostumbramos usar ni las galanterías ni el feminismo.
>
> La galantería no era otra cosa que una estafa para la mujer. Se la sobornaba con unos cuantos piropos, para arrinconarla en una privación de todas las consideraciones serias. Se la distraía con un jarabe de palabras, se la cultivaba como una supuesta estúpida para rebajarla a un papel frívolo y decorativo [...].
>
> Tampoco somos feministas. No entendemos que la manera de despertar a la mujer consista en sustraerla a su magnífico destino y entregarla a funciones varoniles. A mí siempre me ha dado tristeza ver a la mujer en ejercicios de hombre, toda afanada y desquiciada en una rivalidad donde lleva todas las de perder [...].
>
> Pues bien, si hubiera que asignar a los sexos una primacía en la sujeción a esas dos palancas, es evidente que la del egoísmo correspondería al hombre y la de la abnegación a la mujer. El hombre —siento, muchachas, contribuir, en esta confesión a rebajar un poco el pedestal donde acaso lo teníais puesto— es torrencialmente egoísta; en cambio, la mujer casi siempre acepta una vida de sumisión, de servicio, de ofrenda abnegada a una tarea.[22]

22 *Arriba*, 2-V-1935.

Con la unificación en un Partido Único, la Sección Femenina sometida a estructura jerarquizada se hacía cargo de lo que se podrían denominar *servicios sociales* del naciente Régimen. Desde el principio de la guerra se había tratado de copiar el modelo del Auxilio de Invierno o *Winterhilfswern* del nazismo, convertido en Auxilio Social, a la vez que se creaban los servicios nacional-sindicalistas de Protección a la Madre y al Niño, el Auxilio Social al Enfermo, el Fomento al Trabajo Familiar o la Obra del Hogar Nacional-Sindicalista.

Reparto de comida por mujeres de la Sección Femenina en Guipúzcoa (1937). Pascual Marín (Kutxa Fototeka),

El papel de la mujer estaba en el cuidado de la familia y en el hogar; el Régimen se proponía «liberar a las mujeres del trabajo fuera de casa». Una concepción que perduró en la Sección Femenina, hasta los cambios sociales de los sesenta. La igualdad jurídica entre hombres y mujeres se eliminaba, a la vez que se suprimía el divorcio, el matrimonio civil daba un paso atrás, y solo podía contraerse cuando los dos o uno de los cónyuges declaraban por escrito no ser católico, y se ponía fin a la coeducación en las escuelas. En su día,

Onésimo Redondo (1905-1936), fundador de las JONS, una versión de fascismo a la española que confluyó en Falange, afirmaba:

> La coeducación o emparejamiento escolar es un crimen ministerial contra las mujeres decentes. Es un capítulo de la acción judía contra las naciones libres. Un delito contra la salud del pueblo, que deben penar con su cabeza los traidores responsables.[23]

El cuestionario a los alumnos derivado de la ley de 1945 sobre enseñanza primaria recordaba que [la enseñanza] «había de estar infundida de espíritu religioso, la vida religiosa del maestro será fundamental a su proyección educativa, que de este modo capacitarán a sus alumnos para la formación de juicios que afirmen y fortalezcan hábitos morales y les hagan arraigar sentimientos religiosos».

La separación entre chicos y chicas se tradujo en las más variadas diferenciaciones. En 1947, Agustín Serrano de Haro, inspector general de Enseñanza, publicaba el libro *Guirnaldas de la Historia*, subtitulada *Historia de la Cultura española contada a las niñas*, donde se reseñaban los perfiles biográficos de más de un centenar de mujeres españolas. El libro de lecturas contó con once ediciones entre ese año y 1962, figurando en buena parte de los centros educativos de la época. Después de expresar en su prólogo que «los libros no tienen en cuenta los imperativos y necesidades del alma de la mujer», se hacía la siguiente pregunta: «¿Para qué quieren las niñas que les contemos el trabajo de los hombres, las luchas de los hombres, las cavilaciones de los hombres, si esto no es solaz para su espíritu y posiblemente para su vida?». Las realidades escindidas estaban a la orden del día con destinos diferentes para unos y otros.

---

23 Onésimo Redondo (1954) *Obras completas*, Tomo 1, Madrid: Publicaciones Españolas. Pág. 115.

ABANDONAR EL TRABAJO AL CASARSE

Las mujeres tuvieron vedado el acceso a buen número de empleos, y aquellas que trabajaban fuera de casa necesitaban del permiso escrito del marido para seguir en su puesto de trabajo; mientras empresas y compañías obstaculizaban la presencia de casadas por el temor a su bajo rendimiento cuando fueran madres. Esto ocurrió con la reglamentación en la banca de 1950 que consideraba que el trabajo femenino era incompatible con el matrimonio. Mientras en Telefónica las mujeres se veían obligadas a dejar la actividad laboral cuando se casaban.

La Sección Femenina fue el único espacio permitido para el asociacionismo de las mujeres, junto a las organizaciones de Acción Católica. El cambio de valores fue radical, con una recuperación de los roles tradicionales. Para ellas como en el XIX volvía a ser su espacio el hogar, la familia, las atenciones al esposo, el cuidado de los hijos, el servicio a los mayores, bajo características de *servicio*, *abnegación*, *sacrificio* y *obediencia*. Las «mujeres liberadas del trabajo» (fuera del hogar) habían perdido el derecho a tener decisión por sí mismas. No podían abrir una libreta o cuenta corriente, pedir el pasaporte, viajar o contratar, si no contaban con la expresa autorización del marido.

En el terreno jurídico las diferencias eran notorias, bajo unos criterios arcaicos, como el tratamiento diferenciado del adulterio que castigaba severamente a la mujer frente al hombre, o la falta de reconocimiento a los malos tratos. Legalmente no existía la mujer maltratada, que seguía sometida al marido. Cuando era víctima de violencia física o psíquica y se veía obligada a escapar del «hogar del marido» podía ser buscada por la policía acusada de abandono de hogar, detenida y condenada a una tutela en un convento o en un lugar parecido a un correccional, con la pérdida de sus hijos, y sus bienes si disponía de ellos. En esa situación, una mujer que se arriesgara a solicitar una separación; socialmente representaba una mancha, o una lacra. Una «separada» era contemplada con desconfianza y extrañeza: se apartaba de la rígida norma.

Se asumía desde la organización de mujeres del franquismo un papel de segundo orden. Opinaba Pilar Primo de Rivera: «Todas los días deberíamos de dar las gracias a Dios por habernos privado a la mayoría de las mujeres del don de la palabra, porque si lo tuviéramos quien sabe si caeríamos en la vanidad de exhibirlo en las plazas». O bien: «La vida de toda mujer, a pesar de cuanto ella quiera simular —o disimular— no es más que un eterno deseo de encontrar a quien someterse».

No solo se ponía en entredicho la capacidad de la mujer para la lógica, el análisis científico o la técnica, sino para la creación artística o musical; mientras se la excluía del deporte o de las actividades que implicaban una responsabilidad fuera del hogar. Tan solo podían tener un espacio cedido por los hombres en aquellos terrenos donde se consideraba que los varones mostraban menos habilidad, soltura o capacidad; como los trabajos en el hogar, la costura, la limpieza o la economía doméstica. La mujer era la «reina del hogar», la cuidadora de los niños, la administradora de los recursos familiares y la persona dispuesta a atender en todo momento las demandas y atenciones de cualquier tipo por parte de su marido.

Un folleto de los años cincuenta presentaba a la «buena esposa» como aquella que «prepara una buena cena, aparece bella, luce fresca y reluciente, es dulce e interesante, distrae al marido, arregla la casa para que esté impecable, y para que lo haga sentir en el paraíso, prepare a los niños, minimiza el ruido, se esmera por que el marido la vez feliz, que haga por escucharle; bajo el consejo de "dejarlo hablar, pues sus temas con más importantes que los tuyos", haz el esfuerzo de ponerte en sus zapatos, no te quejes con tus problemas y hazlo sentir a sus anchas en casa».

La educación de la mujer representaba un aprendizaje para su futuro de esposa y de madre. Formar a la niña, la joven y la mujer adulta era el objetivo de la Sección Femenina, en el llamado «destino colectivo innato a cada mujer». Por eso los contenidos educativos distaban de ser los mismos y divergían en asignaturas. Como ocurría en la posguerra con la Educación Física, que para los muchachos se basaba en una formación premilitar en la que se daba valor al orden, a la jerarquía de los movimientos, a la estructura y al ritual, en un sistema que recordaba al del desfile militar. Mientras para la mujer, con «naturaleza de gran fragilidad», se destacaba la armonía, la suavidad, el movimiento pausado... Bajo esa diferenciación se prohibía a las mujeres la práctica de buen número de deportes, rechazados por «poco femeninos» y su práctica podía afectar a su futura capacidad para ser madre. El veto obedecía a razones sociales como a falsos argumentos fisiológicos.

Uno de los aspectos diferenciadores más importantes entre aquella época y la nuestra tiene que ver con el mundo de los sentimientos y el reconocimiento de la sensibilidad. Que entonces pertenecía exclusivamente a las mujeres y era mostrado como uno de los atributos innatos de la femineidad. Por el contrario, un hombre que asumiera públicamente una sensibilidad podía ser acusado de *marica*. Visto con distancia y propiedad el modelo social era incómodo tanto para hombres como para mujeres pues los ubicaba en espacios y roles sociales no intercambiables.

En tiempo de posguerra se considera a la mujer transmisora a través del hogar del ideario del nacional-sindicalismo y de los valores patrióticos. En la asignatura de Formación del Espíritu Nacional se describían dos tipos de objetivos: para ellos las tareas de engrandecimiento de la Patria, con las armas o el trabajo; para las mujeres con su «permanente actitud de desvelo y sacrificio en el hogar». A finales de los cuarenta el referente fascista había perdido brillo dando paso al imprescindible vínculo de catolicidad. Esa división de contenidos se mantuvo hasta que las condiciones socioeconómicas empezaron a variar afectando en primer lugar a las estéticas, aunque al final calaron también en parte de los contenidos.

MADRE, MONJA O… PROSTITUTA

Bajo esa rigidez de funciones atribuidas a las mujeres, el ideal de entrega y abnegación de la esposa y madre —con el referente paralelo de la monja o religiosa— iba a chocar con el antagónico o contrario: la prostituta. El debate sobre la prostitución se hizo presente en las Cortes republicanas bajo una Constitución del 31 que declaraba iguales a hombres y a mujeres. Una de las más activas partidarias de esos derechos, Margarita Nelken, en un temprano 1918 había publicado *La condición social de la mujer en España*, donde hablaba sobre este asunto. Contrastando varios tipos de prostitutas: algunas venían de clase media, a las que nadie se había preocupado de proporcionar un trabajo o educarlas, y que cuando necesitaban medios de vida se lanzaban, o poco a poco, caían en la prostitución. Frente a las más pobres que procedentes del medio rural, llegaban a la ciudad y podían ser «fácilmente seducidas por fantásticos espejuelos». Describiendo la situación de «los señoritos que abusan sexualmente de las sirvientas, a las que dejan embarazadas con un hijo a su cargo», lo que las obligaba a buscarse la vida.

A las prostitutas se las controlaba con un ignominioso censo donde aparecían con su nombre, listadas como ciudadanas de última categoría. Dentro del intenso debate abierto en la sociedad parlamentario-liberal de la Segunda República, la prostitución también formaba parte de la discusión pública, en un momento en el que surgían abundantes teorías sobre cómo afrontar este tema al hilo de un comercio ignominioso. En enero de 1932 el debate saltaba al Congreso. Manuel Rico Avelló,[24] de la Agrupación al Servicio de la República, criticaba el concepto de «prostitución equivalente a trabajo o profesión»:

«Hoy no debe ser una profesión, porque la estampilla oficial, la repugnante matrícula, la repugnante cartilla oficial, sirve tan solo para dar una consagración escandalo-

24 Llegaría a ser ministro de Gobernación de octubre de 1933 a enero de 1934 y más tarde de Hacienda de diciembre de 1935 a febrero de 1936.

sa al tráfico que ejercen estas desdichadas mujeres, a la vez que las cierra todo el paso a las profesiones honradas; estableciendo así de una manera definitiva su clasificación irreparable». Para este político la prostitución reglamentada era «absolutamente incompatible con la dignidad humana». Según Clara Campoamor, del Partido Radical:

> Las casas de prostitución reglamentadas, autorizadas por el Estado, percibiendo directa o indirectamente tributos al (erario público) de una corrupción, de un vicio, son los centros de contratación de la trata de blancas, en donde se pueden albergar fácilmente todas las mujeres, que un vividor, delincuente de oficio, traspasa de ciudad en ciudad y lleva de mercado en mercado».

El estallido de la guerra marcó una situación compleja, especialmente para las mujeres. En 1937 la anarcosindicalista Federica Montseny, ministra de Sanidad y Bienestar Social opinaba:

> La prostitución solo quedará abolida cuando las relaciones sexuales se liberalicen, la moral cristiana y burguesa se transformen, las mujeres tengan profesiones y oportunidades sociales de asegurarse el sustento, la sociedad se establezca de forma que nadie quede excluido, cuando la sociedad pueda organizarse para asegurar la vida y los derechos de todos los seres humanos.

LAS NUEVAS «PECADORAS»

En el «bando nacional» se había producido un hecho novedoso. Pese al intenso discurso moralizante de sacerdotes y clérigos, la prostitución era una realidad que a las autoridades no les causaba molestia bajo la prioridad de ganar la guerra. Tras conseguirlo las circunstancias sociales de aquella España donde había mujeres viudas cuyas parejas habían muerto en el frente sin poder legalizar sus uniones, hijos ilegítimos o matrimonios que se deshacían tras anularse el divorcio, junto a las secuelas del hambre y la miseria, empujaron a parte de ellas a esa forma de supervivencia, no solo en las grandes ciudades sino en los pequeños núcleos. La prostituta era una «pecadora» pero su actividad se consideraba mal menor, puesto que prestaba servicios a la sociedad, canalizando los deseos sexuales hacia el comercio carnal; mientras se fomentaba la castidad antes del matrimonio, y la institución matrimonial volvía a tener entre sus fines ser «remedio a la concupiscencia».

La hipocresía social fue escandalosa porque desde los púlpitos se cargaba contra el *pecado de la carne* y este se focalizaba en la prostituta, la «mujer perdida», o la «perdición de los hombres», en lenguaje de la época. Las mujeres prostituidas asumían el peso de la responsabilidad en la corrupción moral mientras a los usuarios de sus servicios apenas se les molestaba; su paso por ese tipo de establecimientos se consideraba una expresión de hombría y virilidad Lo que parecía preocupar no era la situación de unas mujeres en la más baja escala social a las que públicamente se condenaba, sino lo que su visibilidad pudiera representar de cara a la imagen de la moralidad pública. De esta manera se regresaba a un sistema de tono reglamentista.

El típico prostíbulo de posguerra hasta 1956, cuando se prohibieron ese tipo de establecimientos, era una gran casa o un enorme piso donde en su mayor parte vivían mujeres que se dedicaban a la prostitución, sirvientas, algunos mozos, criados o ayudantes, casi siempre homosexuales, las gerentes o directoras del negocio, en general mujeres que se habían retirado y poseían capacidad de liderazgo. Además de los «protectores» masculinos heterosexuales para «poner orden» ante la eventualidad de una discusión. Los verdaderos propietarios estaban a menudo en la sombra, sin vinculación social con la actividad que les proporcionaba ingresos. Las mujeres en su inmensa totalidad españolas, casi todas de lugares distintos a aquellos en los que desempeñaban su actividad. La «casa de tolerancia» fue un lugar a menudo coordinado o dirigido por otra mujer más mayor que ya no se dedicaba al oficio. Esa señora solía tener buenas relaciones, y conocer a «bastante gente», incluso en puestos de relevancia social, porque habían pasado por el establecimiento. Aunque el éxito del negocio tenía mucho que ver con su capacidad de discreción.

UN INCISO LITERARIO

En 1884 durante la Restauración se había publicado el libro *La prostituta*, sin añadir más al título, escrito por Eduardo López Rayo. Aunque su contenido no tenía nada de escatológico, fue calificado de «pornográfico» solamente por la denominación y prohibido por el Gobierno Civil de Madrid, retirado de las librerías, con la amenaza de multa a quien lo vendiera. La obra atacaba a la hipocresía de la regulación: la vigilancia médica sobre las mujeres de los prostíbulos era deficiente, y se podían falsificar las inspecciones bajo dádiva y soborno, acarreando un peligro para la salud pública. Mencionaba el caso de prostíbulos cuyo verdadero propietario era un rico, y piadoso aristócrata que hacía generosas donaciones a la Iglesia. Finalmente el libro se pudo vender.

Curiosa la reaparición del contenido en autores de posguerra vinculados directa o indirectamente al franquismo. Ficción que en buena parte de los casos idealiza este tipo de establecimientos, desde *La colmena* de Camilo José Cela a *Lola, espejo oscuro* de Daniel Fernández Flórez, al más tardío *Niñas... ¡al salón!* de Fernando Vizcaíno Casas. Las características de este tipo de establecimientos que se multiplicaron por las ciudades, las capitales de provincia y con dimensiones más reducidas en muchos pueblos, describen pisos amplios en general dotados de agua corriente, algo no siempre habitual en la época, una clientela que mantenía cierto tono de familiaridad con las que prestaban servicios. El cliente que acudía a uno de esos lugares no siempre lo hacía a escondidas o de forma clandestina: la hipócrita y farisaica moral que imponía toda clase de rigores para la libertad sexual en nombre de la decencia consideraba que el hombre tenía necesidades fisiológicas que debían ser atendidas por las mujeres prostituidas como mal menor para preservar la dignidad y moralidad de las virtuosas. Varias «casas de tolerancia» contaban con espacios de enorme amplitud, como la que Vizcaíno Casas describe, donde era ostensible un gran piano de cola.

Las prostitutas de esa época podían ser mujeres que se persignaban antes de recibir al cliente, o se confesaban con frecuencia aún a riesgo de recibir severas reprimendas por sus pecados. Se ha descrito el caso de empleadas de prostíbulos que desfilaban en las procesiones aprovechando que Jueves y Viernes Santo eran los únicos días en que las casas de citas no estaban abiertas.

En la mayor parte de los casos, el servicio que prestaba la prostituta era el coito, estando excluida la felación y otras prácticas. De la misma manera, la escala social de este oficio fue variada, y transitaba desde las prostitutas en burdeles de ciudades portuarias, capitales de provincia y grandes ciudades, a las últimas categorías en esta sub-escala, como eran las llamadas «pajilleras» que con distintos precios practican la masturbación amparándose en la oscuridad de las salas de cine, especialmente del centro de las ciudades y las zonas que rodeaban los acuartelamientos militares donde jóvenes prestaban el servicio militar obligatorio. La presencia de este tipo de comercio en la calle estaba restringido, no solo por el estricto control que ejercían las distintas policías, sino por el social, que estigmatizó barrios y zonas en las que la prostitución adquirió visibilidad lejos de las «casas de tolerancia»; establecimientos igual de identificables, pero sin que la presencia pública de las mujeres que permanecían en ellas adquiriera trascendencia exterior.

En los años cuarenta y más en las décadas siguientes estuvieron en el foco zonas como el llamado Barrio Chino de Barcelona, Distrito V o Raval, vías en el centro de Madrid y aledaños de la Puerta del Sol, o el ya desaparecido de El Molinete en Cartagena (Murcia), además de zonas como el Carmen en Valencia y ciertas calles de Bilbao, Gijón, La Coruña, Vigo, Málaga, Sevilla, Cádiz, Las Palmas de Gran Canaria y Santa Cruz de Tenerife, con especial incidencia en ciudades portuarias.

La prostitución: tema recurrente en la novela de posguerra. De Cela en *La colmena* al libro fotográfico de los primeros sesenta, pasando por Darío Fernández Flórez (1909-1977) y las sucesivas entregas de su *Lola, espejo oscuro*; un autor falangista que chocó con Arias Salgado.

De esta manera se produjeron situaciones diversas que dieron lugar a un aumento de la prostitución. Por una parte, una moralidad pública que implicaba una fuerte represión sexual en la que lo que no ocurriera dentro del matrimonio estaba prohibido, bajo un discurso de moralidad en el que casi todo era pecado; por la otra una canalización de los deseos masculinos hacia el sexo de pago en una época en la que las necesidades económicas y las condiciones sociales lanzaron a mujeres a prostituirse como vía de supervivencia. Dentro de una cultura en la que el recurso a las prostitutas permanecía casi normalizado en los hombres, muchos de los cuales habían practicado por primera vez el acto sexual bajo esas condiciones. En nuestros días, ha cambiado la consideración social respecto a la prostitución, sometida a un intenso debate bajo perspectivas como son la igualdad de género y la libertad sexual, por un lado, y por otro la crítica a una actividad en la que la mujer que se prostituye en la mayor parte de los casos no es libre para elegir, y lo hace empujada por necesidades sociales o económicas o por estar sometida a la explotación de distintos tipos de mafias.

La prostitución tal y como era entendida en la posguerra no solo se describía con una cierta consideración cariñosa al personaje de la prostituta, sino que se admitía como hecho socialmente implantado en una fase del tránsito de los hombres hacia la edad adulta. Camilo José Cela utiliza la mención a las prostitutas con un tono mitad irónico y sarcástico donde normaliza su figura. Con tendencia a regodearse en el tremendismo, describe categorías de prostitutas en *La Colmena*. Menciona a las de «tres duros con un hijo en los agustinos o los jesuitas, al que van a ver de vez en cuando, algún domingo por la tarde con un velito a la cabeza y sin pintar» a «las otras, las de postín insoportables con sus pretensiones y con el empaque de duquesas; son guapas bien es cierto, pero también son atravesadas y despóticas, y no tienen ningún hijo en ningún lado».

Aunque su referencia simbólica más elocuente es *Izas, rabizas y colipoterras,*[25] en principio un libro fotográfico de Juan/Joan Colom sobre estampas del llamado Barrio Chino barcelonés, a las que Cela comenta con unos textos expresados entre el furor de lo tremendo y el naturalismo, sacando el título de un poema del XVI. Esa visión descarnada sobre prostitutas callejeras y clientes llamó la atención por el tiempo en que fue editado. Se dice que el propio Cela pasó el material al ministro Fraga Iribarne, con quien tenía buena relación, sin presentarlo en primera instancia a la censura, lo que en último término permitió su salida. Cela comparte características comunes con otros autores donde argumentalmente aparece la prostitución desde una perspectiva normalizada y cercana, pero a la vez con una ausencia de descripciones formales, totalmente prohibidas en aquella época, contribuyendo paradójicamente a envolver a la prostitución en un halo de mitificación o morbosidad desde terrenos de cercanía o familiaridad.

Una de las novelas más representativas de ese subgénero fue *Lola, espejo oscuro,* publicada en 1950 y que en su momento tuvo problemas con la censura. Su autor era Darío Fernández Flórez (1909-1977), de origen gallego pero que había nacido en Castilla, cursando la carrera de Filosofía y Letras. Miembro de Falange, en la posguerra tuvo un puesto en la Vicesecretaría de Educación Popular de FET y de las JONS, lo que parece ubicarlo en el oficio de censor.[26] En 1944 había tocado el tema en *Zarabanda,* pero no alcanzó notoriedad hasta *Lola, espejo oscuro,* que no es sino una ficción sobre la pseudobiografía de una prostituta que desde los sectores más desfavorecidos de la sociedad andaluza va a saltar a otro plano social, a través de personajes con los que se relaciona, que se corresponden a clientes que utilizan sus servicios: el perezoso Perico que vive sin horizontes, el presumido y ególatra

25 Barcelona: Lumen, 1964.

26 Acusado de «delator» de Julián Marías, y al que su hijo el escritor Javier Marías menciona bajo las siglas DFF. Véase: Alberto Olmos. *El Confidencial,* Madrid 11-VII-2018.

Juan, Ricardo, el militar, o «El Espichao», un oportunista del «lumpen». A los que desde el punto de vista de su valoración presenta como una casta vulgar de aprovechados.

Su publicación en 1950, contando con los graves problemas que tuvo con la censura, se puede explicar por la peculiar situación del autor en la jerarquía cultural del franquismo, aunque distara de responder al discurso moral oficialista. Tampoco puede extrañar que la publicación del libro, que dentro de lo que se vendía en aquella época tuvo una gran difusión, le costara el puesto oficial a su autor. Al que por otra parte habría que vincular a un falangismo en fase de disidencia: Fernández Flórez se encontró un inesperado enemigo en 1951 con la llegada de Arias Salgado al Ministerio de Información y Turismo, con quien ya había trabajado de subordinado en la Vicesecretaría de Educación Popular, al principio de los cuarenta. Su novela parecía inaceptable para la obsesión por la moralidad de Arias. Para Fernández Flórez, Lola fue el personaje de su vida, al que con mucha menor suerte y acogida rescató en dos obras posteriores: *Nuevos lances y picardías de Lola, espejo oscuro* (1971) y *Asesinato de Lola, espejo oscuro* (1975).

Lo mismo se aplicaría a autores que envuelven a prostitutas en heroínas neo costumbristas, pintorescas y cotidianas. Como las de Ángel Palomino (1919-2004), militar, articulista que defendió al franquismo bien avanzada la Transición, en obras como *Madrid, costa Fleming* (1970), donde se describen nuevas formas de prostitución de la época. Sobre estilos alejados del realismo naturalista, en historias donde la prostitución aparece como un hecho cariñoso y cotidiano. Sin olvidar al humorista Álvaro de la Iglesia (1922-1981), referencia en *La Ametralladora* y *La Codorniz*, con títulos como *Yo soy Fulana de Tal* (1963), *Fulanita y sus menganos* (1965) o *Requiem por una furcia* (1970), donde predomina el tono costumbrista. La visión idealizada la ofrece un título de referencia en la obra teatral de Miguel Mihura (1905-1977) como *Maribel y la extraña familia*, donde se muestra a una entrañable prostituta como si fuera una taquillera del Metro y no una mujer que alquila su cuerpo. En una comedia donde ha desaparecido cualquier elemento sórdido.

La descripción más idealizada sobre la «casa de tolerancia» de posguerra corresponde a Fernando Vizcaíno Casas (1926-2009), abogado, escritor, articulista, vinculado al mundo del espectáculo, que desde un discurso irónico y humorístico no oculta una nostalgia por el tiempo pasado, en *Niñas... ¡al salón!* (1976), cuyo éxito fue notorio tanto en la novela, pese a aparecer en plena Transición, como en la pantalla. En la que Vizcaíno describe al burdel de posguerra con características de tipismo. Lo que también era común en varios textos para la escena del periodista Emilio Romero (1917-2003), donde aparecen personajes de prostitutas. Lo mismo que en Alonso Millán (1936-2019) o Alfonso Paso (1926-1978) con sus comedias de costumbres y sainetes modernos.

RECHAZO AL «VICIO» DE LA REPÚBLICA

Desde una perspectiva de moralidad como la que se proclama en la primera posguerra, imputando a los vencidos la degeneración moral, el vicio o la perversión de los jóvenes durante la llamada «época marxista», el Régimen se atribuyó la responsabilidad de erradicar a la mujer que había caído en el vicio, y para ello se creó en 1941 el Patronato de Protección de la Mujer, presidido por la esposa de Franco, Carmen Polo. Buscaba salir al paso de las «ruinas morales y materiales producidas por el laicismo republicano y la destrucción marxista», dignificando a las mujeres «para impedir su explotación, apartándolas del vicio y educándolas con arreglo a las enseñanzas de la Religión Católica».

El propósito de rescatar a las mujeres del «vicio» tropezó con una realidad: hasta 1956 la prostitución era legal, los prostíbulos estaban abiertos, aunque recibieran las más severas críticas eclesiales y el rechazo de las «personas decentes». Dentro del tono mojigato, pudibundo y farisaico de la posguerra había palabras que mencionaban espacios ligados a la prostitución socialmente difíciles de pronunciar, recurriéndose a toda una gama de apelativos de uso común para referirse a mujeres de *esa* clase. Sin olvidar que rizando todavía más el rizo de la hipocresía, se hicieron campañas de decencia contra el «vicio de la prostitución» y las prostitutas en nombre de la moralidad, aunque muchos hombres siguieran utilizando esos servicios.

El Patronato se desarrolló gracias a un Decreto de 20 de diciembre de 1941 y se adscribió al Ministerio de Justicia. Su primitiva composición era suficientemente explícita sobre la época de su creación.[27] Se articulaba en una junta nacional, que presidía Carmen Polo, y cincuenta provinciales en función de cada territorio. En la junta nacional formaban parte un consiliario designado por la jerarquía eclesiástica, como vocales natos, el obispo de Madrid-Alcalá, la delegada Nacional de la Sección Femenina de Falange y de las JONS, el capitán general de la Primera Región o su representante, los subsecretarios de Gobernación y Justicia, el vicepresidente del Consejo Superior de Protección de Menores, fiscal del Tribunal Supremo, presidente de la Federación de Hermandades de San Lázaro y San Damián, y un representante del Patronato de Redención de Penas.

Su objetivo: la adopción de «medidas protectoras en favor de las mujeres que se desenvuelvan en medios nocivos o peligrosos y estimular el interés social en favor de las mujeres moralmente abandonadas, especialmente las menores de edad», instando al «descubrimiento de los hechos delictivos relacionados con la corrupción y tráfico de las menores, conocido como trata de blancas», velando por la «persecución de los delitos o faltas cometidos mediante publicaciones obscenas o formas plásticas, ya descaradas o disimuladamente bajo apariencias científicas o artísticas, y proponer medidas que impidan la circulación, exportación o importación de objetos o publicaciones pornográficas».

Es decir, se mezclaba lo que podía considerarse la tutela y protección de las mujeres con la represión en materia de

27 Se mantuvo aunque con cambios muy importantes hasta 1984, cuando sus competencias pasaron a las respectivas Comunidades Autónomas.

sexualidad. Proponiendo como parecía obligado el «cumplimiento de cuantas disposiciones nacionales relacionadas con los fines del Patronato estén inspiradas en la moral católica». El eje rector del plan se basaba en la imposición de una forma vinculada a un ideario confesional velando por esa moralidad pública, de la que tanto se hablaba, bajo una directriz católica. Los centros dependientes del Patronato se encomendaron a órdenes religiosas en su mayor parte, y se encargaban de regirlas aunque fueran de titularidad pública. En los centros se encerraba a mujeres «caídas o en riesgo de caer». Llegaban a través de redadas callejeras, denunciadas por conducta inmoral, acusación de particulares o de familiares, o a petición de las autoridades civiles o religiosas; también se admitía la acogida a cargo de la interesada. Dentro de los perfiles de las mujeres tuteladas aparecían tipos diversos: desde la que ejercía una sexualidad libre sin que necesitara «alquilar» su cuerpo, y que por eso era señalada en una sociedad represiva como la de posguerra, la madre soltera o la víctima de una violación, a la mujer «independiente» con ideas no coincidentes con las del sistema político-religioso, las que vendían tabaco de contrabando en la calle, junto a las que se dedicaban a la prostitución especialmente fuera de las «casas de tolerancia».

Los centros estaban sometidos a un duro régimen disciplinario bajo la visión redentorista de las órdenes que se encargaban de su administración. Se llegó a crear un cuerpo de celadoras femeninas formado por «señoras mayores de 30 años» encargadas de la supervisión de la moralidad. Las acogidas en centros del Patronato podían cumplir su confinamiento en ellos o en el domicilio de un pariente que se comprometiera a «salvar su honestidad moral». A la vez, se creaban las llamadas «casas de arrepentidas» que acogían a las que «abandonaban su vida deshonesta».

Alguno de esos «depósitos» de víctimas de la miseria y el desprecio adquirieron características horripilantes. Como las del llamado Parque de Mendigos de los Mataderos de Madrid (donde hoy se sitúa Madrid-Río): en condiciones deplorables, prostitutas callejeras capturadas en redadas, mendigos, enfermos mentales y menores. Había pues dos enfoques: por un lado los prostíbulos como actividad permitida aunque socialmente señalada con las mujeres como último escalón social. Por la otra una prostitución callejera que se confundía con la mendicidad y el hambre, y exponía a esta población a las peores condiciones.[28]

Al principio de la guerra la situación social en ciudades de Castilla revelaba la presencia de una población en muy difíciles condiciones de supervivencia. En octubre del 36, Mercedes Sanz-Bachiller había creado Auxilio de Invierno para atender a la población más desamparada de Valladolid. Sanz-Bachiller era la viuda de Onésimo Redondo, el fundador de las Juventudes de Ofensiva Nacional Sindicalista, y uno de los mitos virtuales del franquismo junto al «Ausente» (José Antonio Primo de Rivera) y el «Protomártir» (Calvo-Sotelo). Junto a la viuda de Onésimo estaba Javier Martínez de Bedoya, con el que se acabaría casando en 1939, y la escritora Carmen de Icaza, al frente de un aparato de propaganda que utilizaba el ahora denominado Auxilio Social como instrumento de la imagen pública del Nuevo Régimen.

La unificación de 1937 en el Partido Único, FET y de las JONS, hizo que dependiera de la Sección Femenina. Los roces con la Iglesia fueron abundantes, que recelaba de esa «organización benéfica» fuera de su control. Finalmente, el ministro Serrano Suñer creó en el verano del 38 el Consejo Superior de Beneficencia con la entrada de dos obispos, uno de ellos Plá y Deniel. A su vez Sanz-Bachiller mantuvo discrepancias y roces con Pilar Primo de Rivera, delegada nacional de la Sección. Cuando la primera se casó con Bedoya y dejó de ser la «viuda de Onésimo», acabó por ser desplazada del puesto en 1940.[29]

---

28 Podían aplicarse a esos depósitos de menesterosos, mendigos, indigentes, menores abandonados, prostitutas callejeras, carteristas y personajes «recogidos» de las calles del Madrid de posguerra, el paralelismo del Nápoles de 1943 contado por Curzio Malaparrte en *La piel*, exposición de casi todos los horrores.

29 Mercedes Sanz-Bachiller (1911-2007) provenía de una familia terrateniente castellana. Casada con Onésimo Redondo, y tras la muerte de este, con Martínez de Bedoya. La rivalidad con Pilar Primo de Rivera fue

Bajo ese Parque de Mendigos del Matadero se pretendía recoger a indigentes y prostitutas incluidos menores de edad, que pululaban por la capital de España para devolverlos a sus anteriores lugares de residencia. El Nuevo Régimen que llegaba con la intención de «limpiar España» no podía permitir esa imagen en su capital.

ARRASTRADAS AL VICIO

En 1952 se reformó el enfoque inicial del Patronato con un nuevo texto legal. En su artículo primero publicitaba como objetivo: «Velar por la moralidad pública y muy especialmente por la de la mujer». A pesar de ello, hay un dato importante: solo entre un 7 y un 10% de las mujeres recogidas en estos centros dependientes del Patronato eran prostitutas.[30] Las había llegadas por «vestir de forma descarada», «besarse en la calle», «negarse a rezar», «haber sido violada», «sufrido un incesto», por «bailar agarrado», «fumar» o «llevar la falda corta».[31] Podían quedar bajo esa tutela por haber sido identificadas por las celadoras en sus recorridos por cines, bares, bailes, cabarets o piscinas, y por tratarse de menores —en una época en la que todavía se estaba en esa condición semi-tutelada hasta los 25 años— conducidas por la policía, denunciadas por algún miembro de la familia, por un conocido o cercano para quien su actitud «escandalosa» fuera discordante.

En aquella época se arrastraba un antiguo concepto de protección de la honestidad en delitos como la violación, que se incluían junto al adulterio reintroducido como tal en

---

comentada en diversas ocasiones. Podría decirse que esta última defendía una formación de las mujeres en los ideales del nacional-sindicalismo, y Sanz-Bachiller daba prioridad a la política asistencial y social. De 1943 a 1967 fue procuradora en Cortes por el tercio sindical como directora de la Obra Sindical de Previsión Social. También fue creadora del Servicio Social femenino.

30 Opinión de Carlos Álvarez (Investigador Universidad del País Vasco).Recogido por María Azul en *El Confidencial*, Madrid, 8-VII-2018.

31 *Id.*

1942, el estupro, la corrupción de menores o el rapto. Un bien protegido que en una sociedad democrática definiríamos como el de la «defensa de la libertad sexual», impensable en aquel tiempo. Lo mismo que solo un arcaico concepto decimonónico y patriarcal podía ser capaz de admitir el perdón de la víctima al violador si se casaba con ella. Bajo una visión tan discriminatoria quedaban *de facto* excluidos supuestos que difícilmente hubieran tenido la menor posibilidad de recorrido en un tribunal de justicia de la época. Como podría ser que una mujer en la prostitución denunciara por violación a un hombre con el que se negara a mantener una relación sexual, o la de la esposa que se opusiera a tenerla con su marido y fuera forzada a practicarlo con violencia física o psíquica.

Las acogidas llegaban a los llamados Centros de Observación y Clasificación, donde se decidía sobre el lugar al que se la destinaba, tras ser sometidas a una comprobación para conocer si eran o no vírgenes,[32] lo que constituye una fiscalización todavía más lamentable. Después eran conducidas a un recinto cerrado o en el mejor de los casos a un piso, dependiente de una orden religiosa femenina. Su régimen se basaba en la práctica confesional obligatoria y el trabajo en «habilidades femeninas» como la limpieza y la costura; en diversos centros elaboraban sin remuneración ajuares o envasaban prospectos de medicamentos.

La totalidad del sistema estaba envuelto en un componente de moralidad confesional, en el que la mujer prostituta o en riesgo de prostituirse aparecía como una pecadora a la que había que salvar de las redes del maligno y de las tentaciones. Distaba de ser lo que hoy denominaríamos un programa social para el abandono de la prostitución, con medidas de apoyo a la inserción, la educación y el empleo, facilitando la autonomía de las mujeres. Era habitual que en las memorias de los Patronatos se describieran las dimensiones y expansión de la prostitución, el acceso de miles de

---

32 *Id.*

mujeres a esa forma de vida impulsadas por el hambre y la difícil situación social, también el detalle del número de burdeles y casas de tolerancia en ciudades y pueblos. Contra ese modelo reglamentista se alzaron opiniones críticas especialmente desde el ámbito religioso y civil-religioso.

Más allá de la situación de la mujer prostituida preocupaba la visibilidad callejera, especialmente en Barcelona, y Madrid, y se demostró en vísperas de la gran operación del Régimen para comparecer ante los ojos de la opinión pública mundial, como fue el Congreso Eucarístico de Barcelona de 1952. Se evidenciaba un contrasentido, entre lo que iba a ser la mayor cita de la catolicidad después de la II Guerra Mundial, en la que se incluía un gran proyecto de *ciudad católica* y *urbanismo social católico,* frente a la evidencia de barrios como el Distrito V, donde la prostitución era perceptible en la calle. La solución: llevarse literalmente a las prostitutas unos días fuera de la Ciudad Condal, siendo conducidas por ferrocarril a Tarragona hasta que se clausuró el magno evento.

CIERRE DE GRANDES BURDELES

Los años cincuenta representaron el gradual retorno del Régimen a la Comunidad Internacional, acelerados tras los pactos de 1953 con Estados Unidos para la instalación de las bases militares con la entrada en agencias como UNESCO y finalmente en 1956 en Naciones Unidas, que una década atrás había promovido un boicot internacional por los vínculos del sistema con las potencias nazi-fascistas. A raíz de esos nuevos compromisos aparecieron en la mitad de la década los relativos a la protección de mujeres y la lucha contra las redes de prostitución. De resultas de esa perspectiva cambiará el modelo con el tránsito hacia formas abolicionistas, y la prohibición de las «casas de tolerancia» ese mismo año. Este hecho se produjo sin desarrollar en paralelo un programa de integración social para las que en ellas estaban, y persistiendo los mismos sistemas de tutela regidos por criterios de moralidad religiosa.

El paso de la tolerancia de los burdeles de posguerra a su cierre en 1956 se había visto acompañado por un cambio de posición desde el punto de vista socio-cultural. El jurista Enrique Jiménez Asenjo lo expuso en *Abolicionismo y prostitución. Justificación y Defensa de Decreto Ley de 3 de marzo de 1956*,[33] donde analizaba la evolución de las teorías en favor de la abolición. Bajo el modelo de regulación de la prostitución, las mujeres que se dedicaban a ella estaban supuestamente controladas por médicos y sanitarios. En la posguerra española en parte la responsabilidad sobre el presunto control sobre las enfermedades de transmisión sexual, entonces denominadas «enfermedades venéreas», correspondía a los burdeles; pero se podía demostrar que era otra falacia más del sistema. En aquella época de penurias estaba muy presente el gran riesgo de contagios, tanto los más leves como aquellos que podían tener consecuencias mortales, mientras la red sanitaria era escasa, y la información prácticamente ausente o muy superficial. A los soldados que ingresaban en el servicio militar se les ofrecía información sobre el riesgo de esos contagios; el transmisor del mensaje podía ser un cabo primero o un sargento, que daba por hecho que lo normal era estar con una prostituta.

Aunque se planteaba una contradicción: la prevención de esas enfermedades requería el uso de preservativos, pero su publicidad estaba prohibida y su venta semi-clandestina. En la *Cartilla de Divulgación y Educación Sanitaria* del Ministerio del Ejército se hablaba de esta manera sobre las enfermedades venéreas:

> Para evitarlas, el primer consejo, el más sano y seguro es: No lo hagáis. Conservad vuestra castidad hasta el matrimonio. Esta condición es un don que distingue al hombre de los animales.
>
> Segundo consejo: si lo hacéis, preservaros. Utilizad un preservativo y lavaros después con agua y jabón abundante.

---

33 Madrid: Reus , 1963. Con prólogo de Luis Martínez Kleiser, presidente de la Fundación para el Patronato de las Mujeres.

> Tercer consejo: Si lo hacéis y no os habéis preservado, acudid rápidamente al médico al notar el menor síntoma: supuración, escozor al orinar, pequeñas heridas locales o bultos en las ingles.34

El aparente conflicto entre intereses era evidente: por una parte el respeto a unos criterios de moralidad pública dictados por la autoridad eclesiástica en los que se prohibían los anticonceptivos, fueran físicos o bien orales; por la otra la necesaria recomendación *in extremis* del uso del preservativo, para prevenir las enfermedades de transmisión sexual; objetos que no se vendían libremente.

En los cincuenta, con la apertura del comercio y el principio de la llegada de turistas, así como la emigración hacia las ciudades, cambiaron las circunstancias. Los viejos burdeles o «casas de tolerancia» se cerraban y reconvertían hacia pisos de tamaño más reducido, bares, cafeterías, locales de alterne, establecimientos hoteleros... Bajo nuevas formas encubiertas en la década de los sesenta y al calor del turismo masivo, como las «casas de masajes». Mientras los tradicionales barrios de prostitución acogían a un nuevo público. Iba a ocurrir en los cincuenta y primeros sesenta con las visitas de tripulaciones de las flotas americanas a puertos —Barcelona, Valencia, Cartagena, Málaga, Cádiz...—, así como la afluencia de forasteros en las celebraciones de reuniones profesionales, ferias o congresos. Las periódicas visitas de barcos americanos provocaban un súbito aumento de los precios de la prostitución.

CAMARERAS Y BAILARINAS EN MANOS DE TRAFICANTES

La situación de la mujer prostituida empezó a llamar la atención de los primeros gabinetes de estudios o de asesoramiento que todavía no podían denominarse *feministas*, palabra

---

34 Ministerio del Ejército. Estado Mayor Central. Madrid: Imprenta del Servicio Geográfico del Ejército, 1968.

mal vista durante el franquismo; abiertos a partir de los primeros sesenta. Pese al eco de iniciativas en Europa Occidental o Norteamérica, no se puede hablar con propiedad de este tema en España hasta los prolegómenos del Año Internacional de la Mujer de 1975, la primera ocasión que en España se analizó su situación. En su informe aparecían referencias a distintas formas de prostitución, describiendo nuevas modalidades al compás de la evolución de la época. Frente a la prostituta identificada y estigmatizada como tal, emergía la ocasional o complementaria bajo diversificadas formas de vida. Eran mujeres que realizaban trabajos visibles o legales —como empleada doméstica, trabajadora en la industria o los servicios, camarera en una cafetería...— con servicios ocasionales de prostitución para disponer de mayores ingresos. En paralelo, se detectaba un aumento de nuevas formas de prostitución vinculadas a locales al calor del turismo y los servicios de ocio, como bares, clubs, casas de masajes, etc. Sobre los que se pedía una mayor fiscalización y control por parte de autoridades y fuerzas de orden público. A la vez que se propugnaban medidas de rehabilitación social amparándose en el marco de la ley de 1970.

El estigma de la madre soltera

«Querida madre.

Me animo a escribir estas letras antes del intenso día que mañana viviremos. Echaré la carta para que pueda llegarte después de la boda, cuando estés menos agobiada... He querido que sea una discreta celebración, entre nosotros, mi familia no somos más que tú y yo: ahora viene a incorporarse Regina, la que será mi mujer, con la que empezarás a tener confianza; es maravillosa y comprensiva. No necesita dar explicaciones a sus padres, hermanos o tíos, que nuestra familia sea tan reducida. Algo a lo que me he acostumbré en mis veintitrés años de vida.

Regina lo comprendió a poco de conocernos: "No, mira —quise explicar— esta no es una historia de *Ama Rosa.* No hay ningún secreto, mi madre nunca intentó buscarme un padre, un hombre que me diera el apellido aunque no me engendrara".

A poco de empezar a salir con ella, cuando vi que me quería y lo nuestro iba en serio, le conté la historia, tu historia, nuestra historia.... Le hablé de una valerosa mujer, cuyos padres habían muerto, de tu difícil infancia hasta que fuiste a vivir a casa de una prima segunda de tu madre que solo tenía una hija, a la que atendiste como si fueras una criada sin cobrar sueldo, a cambio de la habitación, la comida y los cuatro trapos gastados que la muchacha había usado.

También le relaté lo que pasó en tu vida, cuando estabas a punto de cumplir los veinte, y conociste a aquel empleado de la Renfe, Rogelio, revisor en el expreso de Madrid, que aparecía tres veces por semana por los alrededores del bar de la estación donde le viste por primera vez. Me narraste que te sacaba por lo menos diez o doce años, pero parecía serio, tenía un aceptable trabajo aunque se viera obligado a viajar a menudo. Te contó que residía en Madrid con su madre anciana a la que atendía; cuando subía al tren para cumplir con su labor, se quedaba al cuidado de una asistenta de confianza. Ése hombre trató de cambiar su ruta para poder encontrarte a menudo. Suplicó que le destinaran a la línea Madrid-La Coruña mejor que en la de Madrid-Vigo para veros dos días a la semana. ¡Tan largos eran los trayectos! El expreso salía de la capital a eso de las seis y no llegaba hasta las once de la mañana; o más cuando por cualquier causa se producía retraso.

Se quedaba a dormir en una pensión del Orzán, y como te contaba qué días estaría en la ciudad antes de subirte de nuevo en el tren para regresar a Madrid, hacías previsiones sobre la hora en que pasearías con él por los Cantones o la calle Real. Salvo cuando el tiempo se volvía inclemente y teníais que refugiaros en ese café al que iban tratantes de ganado y las compañías de teatro del Rosalía de Castro. Un día te contó que no te extrañaras si por unos días no llegaban noticias suyas, pues la línea Madrid-Algeciras andaba escasa de personal.

Cuando regresaba te traía un detalle: un abanico, una cajita de labores, o unas postales de sitios por los que había estado, que prefería llevarte en mano. Una tarde que caía un atlántico de lluvia os refugiasteis en el cine París de la parte de arriba de la calle Real. Al salir otra vez te dijo que te quería y pensaba casarse contigo. Durante unas cuantas semanas hiciste planes de futuro. Él iba a alquilar un pequeño piso detrás de la plaza de Pontevedra, a tiro de piedra de Riazor; dirías adiós a tu tía segunda y a su insidiosa hija. Pensabas tener una familia como las demás. Te pidió que permitieras que siguiera atendiendo en Madrid a su madre, con la que estaba tres o cuatro días a la semana, viéndote cada vez que su tren llegara a La Coruña. Me contaste que en el viaje de novios pensabas viajar a Madrid, conocer a su madre o invitarla que viniera a Galicia, aunque el piso era pequeño e incómodo y modesto para lo que debía ser la forma de vida de esa señora por lo que él te decía.

Una mañana al llegar el expreso fuiste nerviosa a esperarle al andén. La comadrona te había dado la noticia. Le pediste casaros de inmediato, cuando antes; aunque no hubiera más viaje de novios que una tarde en Santiago de Compostela. Pero te daba igual. Pidió unos días para contarlo con tranquilidad a su madre: con seguridad le haría ilusión saber que iba a ser abuela. Pasasteis aquel día tan largo ansiosos pero felices pues las cosas se podían arreglar, y aquella no iba a ser una mala noticia si en menos de tres semanas se arreglaban los papeles, y el párroco os casaba.

Él dejó entrever la posibilidad de hacer la boda en Madrid dado que carecías de parientes. Te dio cierto miedo, nunca habías viajado a la capital, pero a su lado no había nada que temer, y tu capacidad de adaptación era amplia... Os despedisteis con un fuerte beso en la estación, sin miedo a ser reconocida por persona alguna: en unos cuantos días estaríais casados, como un matrimonio normal.

Pero según fueron pasando horas y días, la desazón se fue apoderando de tu ánimo. No hubo más anuncios de llegadas a La Coruña, postales o cartas, ni señal de su existencia... Te atreviste a preguntar al jefe de la estación, al que le diste su nombre. Puso cara de extrañeza. Cuando le describiste físicamente, tal como te pidió, supo de quién estabas hablando. Pero no se llamaba Rogelio sino Fulgencio, y al día siguiente, cuando regresaste a pedir más información, el ferroviario te contó que ahora estaba destinado a las líneas de Cádiz y Cartagena. El suelo se abrió en dos. Fuiste fuerte y te armaste de valor. Sabiendo su nombre y sus dos apellidos indagaste sobre su vida. Uno a uno preguntaste a cada revisor que llegaba a la estación, igual que si escarbaras entre la tierra seca con uñas rotas. Alguien te dio una información: Fulgencio estaba casado, tenía dos hijos, y ya no hacía rutas a Galicia. Horrible. Con el miedo y la vergüenza en el cuerpo le escribiste una carta a la oficina de la Renfe en Madrid, de la que el silencio fue la única respuesta.

Esos meses debieron ser horribles. Cuando tu tía segunda se enteró de lo que te pasaba te echó a patadas con los peores epítetos que se dirigen a una mujer. Encontraste cobijo en casa de esa comadrona que te cedió un cuchitril a cambio de limpiar la casa y a sus dos loros encerrados en una enorme jaula. La misma señora que te atendió en el parto.

No sé más detalles ni me importan. Intuyo que fregaste suelos y escaleras, cuando las manos te olían a lejía y a sosa, y más tarde conseguiste una portería en San Andrés. Diminuta pero con derecho a un cuarto abuhardillado bajo el tejado, donde pasé mis primeros años de vida. Quisiste que a cualquier precio fuera al colegio como los otros niños. Aunque mis apellidos fueran igual que los tuyos; menos mal que se trata de López Fernández, bastante comunes y repetidos. Cuando tenía que escribir el nombre de mi padre ponía "Rogelio" y mis apellidos, es decir los de tu célula de identidad. Aunque para todos los efectos era el «hijo de la viuda».

¡Qué problema surgió al tratar de ingresar en la Academia en Marín! Pidieron la partida de nacimiento y el libro de familia: dudaban en admitirme. Recuerdo que hablaste con un cura y este con su superior. Al final monseñor llamó al director de la Escuela Naval. No fue un almirante quien me entrevistó, sino un oficial de la segunda sección. Recalcó que el buen nombre de la profesión militar estaba por encima de todo, y que para llevar el uniforme había que hacerlo con dignidad. Lanzó preguntas, algunas muy desagradables sobre ti, que entonces no te conté para no disgustarte. Quería saber si tenía un «padrastro», si frecuentabas hombres, si podía haber otros hermanos, de qué vivías, si ibas a misa...Le dije lo que sabía, lo que me contaste: que se negó a reconocerme cuando supo de mi existencia, que jamás tuve un regalo suyo, ni sus ojos se cruzaron con los míos, ni he querido saber de ese hombre con el que te ibas a casar y estuviste con él una tarde...

Finalmente me permitieron ingresar en la Escuela Naval. ¡Qué alegría cuando viniste a verme a las pocas semanas!

Y ahora ha sucedido esto pero no debes incomodarte. A los padres de Regina les ha costado entender esa historia. "Pero, ¿qué tiene que ver lo que pasó con mi madre para que me acepten en la familia?", les dije. Advertí que tú y yo formamos parte de la misma moneda. Puede pasar que un guardiamarina se case con la hija de un almirante. Lo que raro es que su familia sea tan escueta, con su madre como única presencia. Ten claro: cualquiera que sea el trato que recibas eres más digna que nadie. Conmigo nunca estarás sola.

Has echado demasiadas lágrimas para volver a hacerlo; ahora hay una buena noticia. Le conté a Regina tu historia tal y como la narrabas desde que era niño. Sin rencor hacia aquel hombre, tan evasivo como un fantasma. Lo mejor que hiciste: borrarlo para siempre de nuestra vida, porque no se merece que le dediquemos un segundo.

Álvaro López Fernández.
Marín (Pontevedra), 11 de Julio de 1960».

La vergonzosa discriminación empezaba en la inscripción del Registro. En el antiguo Código Civil, cuando el padre o la madre reconocían la paternidad por separado, el nombre del padre podría no darse a conocer. Ni se admitía a juicio demanda que directa o indirectamente tuviera por objeto investigar la paternidad de hijos ilegítimos en caso de que concurrieran en ellos la condición de *naturales*. Sólo el padre tendría derecho a reconocer o no la paternidad. La condenada socialmente era la mujer, no siempre el hombre.

Enfrentarse a un embarazo no deseado representaba una tragedia con el riesgo a sufrir rechazo social, especialmente cuando se carecía de recursos o se vivía en un pueblo o comunidad en la que todo el mundo se conocía. No puede extrañar que esa presión y miedo empujara a la oscura y terrible vía de un clandestino y traumático aborto en las peores condiciones posibles; como los que revelaban las notas policiales anunciando la detención de comadronas, enfermeras o sanitarios participantes en interrupciones de embarazo no naturales.

Parece necesario destacar el arrojo personal o la valentía de aquellas mujeres solteras que al quedar embarazadas y frente al abandono de los padres o la desatención, decidían dar a luz, pese a la incomprensión y al estigma con el que se veían acogidas por la sociedad, las instituciones y la Iglesia. Casos en los que los padres denunciaban a la madre soltera como a una delincuente, la expulsaban de la vivienda familiar, haciendo que fuera acogida o encerrada en un centro regido por una jerarquía o dependiente de una orden religiosa. El estigma de la madre soltera con la complicidad del sistema presionaba a una entrega del hijo en adopción, en ocasiones bajo la decisión de padres, sacerdotes o monjas. De esta manera se establecía una peligrosa asociación entre madre soltera y prostituta, de la misma manera que se parecía sobrentender la de madre soltera y pecadora.

Los medios de comunicación hasta prácticamente el final del Régimen no dieron información sobre amores, relaciones, idilios o noviazgos salvo aquellos que estaban relacionados con una petición de mano para un futuro matrimonio; tampoco se podían publicar noticias sobre separaciones matrimoniales como apenas se insinuaban relaciones ajenas a la conyugal, excepto entre solteros dentro de un noviazgo formal con perspectivas de boda.

SILENCIO OBLIGADO HACIA LA MADRE SOLTERA

La imposición de un forzado silencio sobre los personajes españoles llevó a situaciones insólitas, como las de las actrices que desaparecían y volvían a verse pero ya en otro país como México o Argentina, porque eran madres solteras. Junto a las formas de ocultamiento en donde los hijos se podían hacer pasar por sobrinos, ahijados o hermanos pequeños. Uno de esos casos de maternidad sin boda fue el de la actriz Amparo Rivelles (1925-2013), hija de padres (los actores Rafael Rivelles y María Fernanda Ladrón de Guevara) separados cuando ella tenía cinco años.

En 1952 Amparo daba a luz a una hija inscrita con el nombre de la abuela, María Fernanda, y los apellidos de la madre. Fueron abundantes los rumores sobre esa maternidad de la que no se podía publicar noticia en los medios al tratarse de una soltera. La actriz realizó una segunda y muy exitosa carrera en México, y tras su retorno a España en la Transición, pudo hablar públicamente de esa maternidad asumida en un tiempo muy difícil reiterando su negativa a hacer público el nombre del padre de su hija: «Me parece más importante el amor sin matrimonio, que el matrimonio sin amor», afirmó.

En aquella sociedad tener un hijo sin estar casada equivalía a una negativa etiqueta, forzando al ocultamiento, la boda de circunstancias o el subterfugio, el uso o la invención de pretextos fueron comunes; no solo para la madre soltera, también la separada del marido, o la divorciada que al regresar a España se podía encontrar en una situación de limbo jurídico y social, con dificultades para exponer públicamente su situación por el miedo al qué dirán. Bajo esa manta de ocultamiento se podía mostrar como viuda con un hijo, fingiendo a los ojos externos un estado de falsa viudedad para disimular una separación, y realizar esfuerzos para que su descendiente no fuera señalado negativamente al figurar con los mismos apellidos de la madre.

LA CONDICIÓN SOCIAL DE LOS «HIJOS DE SOLTERA»

Dos personajes representativos de la cultura del XX afrontaron situaciones diferenciadas respecto a la soltería de la madre. Fernando Fernán Gómez (1921-2007), fruto del embarazo de la actriz Carola Fernán Gómez y de Fernando Díaz de Mendoza y Guerrero, hijo de la actriz María Guerrero. Sus padres no podían casarse por el anterior matrimonio del padre, y el pequeño fue acogido y educado como era habitual en la época, por parte de la abuela materna y en su caso por la madre. Más traumática pudo ser la situación de Francisco Umbral (1932-2007), nacido en el hospital benéfico de la Maternidad de la calle Mesón de Paredes de Madrid, hijo de Alejandro Urrutia, abogado cordobés, intelectual del modernismo, poeta y personaje con muchos vínculos intelectuales, y su secretaria Ana María Pérez. Él era padre del también escritor y poeta Leopoldo (Urrutia) de Luis (1918-2005). Al tratarse de una madre soltera, vallisoletana, tuvo de dar a luz en la capital de España. Sus primeros años Umbral los vivió en Laguna de Duero, cerca de la urbe del Pisuerga, no siendo escolarizado hasta que cumplió los diez años, es decir, en 1942. Según su biógrafa, Anna Caballé,[35] Umbral que no logró acabar la educación básica, justificaba a su mala salud ese bajo rendimiento escolar, pese a que desde niño se trató de un formidable y privilegiado lector. Aunque la realidad parecía otra: el temor a tener que presentar un certificado de nacimiento en el que se descubriera que era hijo de madre soltera. Su nombre completo era Francisco Jerónimo Alejandro Pérez Martínez.

De ahí el abanico de subterfugios para evitar que el hijo apareciera como descendiente de soltera. Desde la boda con un hombre que diera sus apellidos al menor, hacer pasar al hijo como fruto del matrimonio de sus abuelos biológicos, mencionar a un padre invisible o inventar una viudez inexistente; de manera parecida a como debían hacer las separadas o abandonadas por el marido, contempladas como «sospechosas», «distintas» o de inferior condición.

En textos legales de posguerra y en sentencias aparecía un término tan decimonónico como *deshonra*, aplicado a aquella que había mantenido relaciones sexuales con un varón. La *honra* correspondía a las mujeres, no a los hombres, a quienes apenas afectaba la maledicencia y podía ser mostrada como referente de hombría y virilidad.

«DESHONRA» Y ABORTO

En plena Guerra Civil, la Generalitat de Catalunya había publicado en 1937 un decreto que autorizaba hasta el tercer mes la interrupción del embarazo, por motivos terapéuticos (enfermedad física o mental en la que el alumbramiento fuese contraindicado), genéticos (enfermedades

35 Anna Caballé (2004) *Francisco Umbral. El frío de una vida*. Madrid: Espasa. Pág. 67-69.

hereditarias o incesto) o éticos (la intención consciente de la limitación voluntaria de la natalidad, es decir a lo que hoy sería equivalente a «motivos sociales»). La intervención debería ser realizada en centros públicos por personal de las unidades especializadas de obstetricia y ginecología, tras un informe del personal encargado, que había de cumplimentar una ficha médica, psicológica, genética y social. La regulación sancionaba penalmente a quienes realizaran abortos fuera de los centros públicos. La normativa estaba suscrita por Josep Tarradellas (ERC), Pere Herrera (CNT) y Rafael Vidiella (UGT).

Federica Montseny (CNT), ministra de Sanidad en el ejecutivo de Largo Caballero, intentó regular la interrupción voluntaria del embarazo en el resto de la zona republicana, pero no consiguió el apoyo del gabinete. Entonces buscó la aplicación de la normativa catalana. En sus memorias,[36] Montseny comenta:

> Había que evitar la hecatombe de mujeres que eran víctimas de maniobras abortivas que las mutilaban para siempre y que, en muchas ocasiones, les costaban la vida.

Desde la «zona nacional» las críticas fueron durísimas, atribuyéndose ese «crimen de lesa humanidad» al «comunismo judío en su ataque a España». Además en esa parte de España quedaba prohibida la difusión de métodos anticonceptivos. Finalmente, en enero de 1941, el gobierno de Franco publicaba la Ley de Protección de la Natalidad, contra el aborto y la propaganda anticoncepcionista. En su preámbulo mencionaba el «estrago causado en tiempos anteriores como consecuencia de un sentido materialista de la vida, [que] adquirió caracteres de escándalo durante el régimen republicano, agudizándose aún más escandalosamente en aquellas zonas sometidas a la dominación del Frente Popular».

La legislación penaliza al que «causare el aborto a una mujer con su consentimiento», y a la «mujer que causare

36 Federica Montseny (1987: *Mis primeros cuarenta años*. Barcelona: Plaza & Janés.

su aborto o consintiere que otra persona se lo causare». Reapareciendo el concepto de la *honra*: «Cuando la mujer causare su aborto o consintiere que otra persona se lo causare para ocultar su deshonra», así como a «los padres cuando cooperen para evitar la deshonra de la hija». Se incluía también a los «fabricantes y negociantes de aparatos u objetos ginecológicos capaces de provocar o facilitar el aborto», y al que «ofreciere en venta, vendiere, expandiere, suministrare o anunciare medicamentos, sustancias, instrumentos, objetos o procedimientos capaces de provocar abortos».

Se tipificaba penalmente la publicidad de los métodos anticonceptivos: «La divulgación pública, en cualquier forma que se realizare de medios o procedimientos para evitar la procreación, así como todo género de propaganda anticoncepcionista», siendo castigada la «explicación pública y ofrecimiento en venta de objetos destinados a evitar la concepción». En paralelo «serán clausurados todos los establecimientos o pensiones dedicadas a hospedar a embarazadas, la asistencia o tratamiento de las mismas y los consultorios tocológicos y ginecológicos, excepto las clínicas, sanatorios y consultorios oficiales, así como los particulares que obtuvieran el debido permiso de la autoridad competente», estando todos «sometidos a la inspección de las autoridades sanitarias». La ley obligaba a «médicos, practicantes, y matronas que asistieren a un aborto a ponerlo en conocimiento de la autoridad sanitaria en el plazo de cuarenta y ocho horas».

Cualquiera que sea el punto de vista sobre la interrupción voluntaria del embarazo y las razones que se puedan aducir en los sentidos más variados —religiosos, morales, éticos, sociales…—, hay un hecho que no puede ser negado: la prohibición absoluta y la penalización más estricta como la que imponía el Código Penal de 1944 no quería decir que se fuera a acabar con ellos. De esta manera, mujeres pertenecientes especialmente a clases socialmente desfavorecidas y en las condiciones de mayor vulnerabilidad personal, hubieron de recurrir a la clandestinidad, a la práctica de abortos en desastrosas condiciones sanitarias.

a. Solteras o viudas que habían quedado embarazadas
b. Mujeres casadas con patologías médicas que temían por su salud si quedaban encintas.
c. Con muchos hijos y en situaciones sociales de enorme precariedad, especialmente en una época con tanta dureza como la posguerra.
d. Las que habían sufrido una violación, incesto, siendo niñas o adolescentes, etc.

Los métodos para interrumpir el embarazo podían ser diversos, desde los procedimientos químicos a los físicos. Con una amplia gama de sistemas rudimentarios, desde la ingestión de analgésicos o fármacos de uso común, al uso de agujas de hacer punto, lo que venía a traducirse en una elevada mortalidad, aunque como parece lógico se carece de datos. A través de las noticias de detenciones policiales suministradas por los gabinetes de Seguridad que aparecían en los medios de la época se trasluce la implicación de comadronas, curanderas o mujeres carentes de cualquier titulación. Lo que aumentaba los riesgos para las sometidas a la intervención, con grave riesgo de muerte, por septicemia, infecciones, y hemorragias; además de las gravísimas secuelas psicológicas y emocionales, bajo el miedo, y la presión social y policial.

Se produjeron distintos juicios penales y condenas a prisión de mujeres y de quienes contribuyeron a la interrupción de embarazos. La gran mayoría pertenecía a la clase con menos recursos. Su casuística es amplia, con sentencias de todo tipo. Se abrieron dirigencias en los juzgados por haber sufrido una hemorragia con la pérdida del feto, a veces con el archivo de la causa al considerar finalmente que se podía haber tratado de un hecho natural y no provocado. Bajo esas circunstancias llegaron denuncias por practicar interrupciones de embarazos, desde terceras personas y hasta familiares o vecinos de la mujer. El aborto era un delito y su ocultamiento o silencio daban lugar al encubrimiento punible. A la zozobra moral de una mujer ante un trauma de estas características se añadían las circunstancias, el miedo y la presión ambiental.

El escaparate de la camaradería viril

Como cada tarde, Roberto se baja del tranvía cerca de Plaza de Cataluña y callejea hasta pasar por delante de Casa Jorba para caminar dos callejones más allá, a una plaza cerrada de casas con grandes balcones donde en verano se extienden lonas para protegerlos de la luz y el calor. A la sala acuden aspirantes a boxeadores, con ganas que vitaminas y fuerza. El joven sale del taller de joyería a eso de siete de la tarde para correr hasta el desvencijado local donde se mezcla el olor a alcohol y linimento con un nada agradable tufo a sudor revenido. Por suerte ha conocido a Mauricio Pineda, un par de años mayor que él, cuya forma física le llama la atención.

Mauricio presume de bíceps ante los recién llegados. Les enseña una manoseada pequeña foto con bordes de sierra y huellas de dedos, que todos, en especial anónimas muchachas, deben ya haber visto. Una tarde Pineda se sube al ring todo ufano; dando pie a una exhibición de giros y movimientos de puños. En poco más de dos semanas, Roberto igual que los demás, experimenta cierta sensación de admiración hacia aquel hombre, que se desenvuelve con seguridad y soltura, tanto con los deteriorados guantes como cuando viste de americana.

Se sorprende al marchar cuando Pineda le tiende la mano a modo de despedida afectuosa; a la vez que le oye lanzar un despectivo comentario hacia el salón donde preparan boxeadores. Reconoce que nunca ha querido pegarse en una lona ni aspira a subir a la tarima de lucha libre, sino ejercitar el cuerpo tal y como ha visto en una vieja revista; repleta de fotos de hombres fuertes con botas de luchador y torsos con camisetas de tirantes. Mauricio se jacta de lo anticuado de esa instalación y menciona un sitio nuevo. Roberto se interesa, le pregunta.

Pineda le responde orgulloso que el Partido dispone ahora de un local más aireado y con espalderas, en el barrio de Gracia, un sitio que antes perteneció a los rojos. Le sorprende que se interese por su edad. Roberto ya cumplió los diecisiete.

Mirándole a los ojos le hace una propuesta. Aún está a tiempo de entrar al Frente de Juventudes. Además es hijo único de viuda y no le negarán el certificado de buena conducta. No se le ocurrirá soltar palabra sobre el tío Federico, primo hermano de su madre, del que ni se acuerda; en Valencia fue de la CNT, pasó a Francia y desapareció para siempre. Nadie sacará a la luz esa mancha en la familia, tampoco hablan del tema con la abuela que se gana la vida planchando almidonados en un taller. Meses atrás, en mayo del 41 pusieron rumbo a Barcelona. Su madre bien recuerda la fecha: la única vez que se le olvidó rezar el segundo domingo del mes de mayo a la Virgen de los Desamparados.

Con la ficha en la mano, Roberto va a conocer a otro camarada amigo de Pineda. Aunque debe resolver un problema: los horarios del taller del joyero le impiden ir a instrucción. Deberá hacerla cada domingo en un descampado de Sants, tras una misa de campaña. El uniforme le sienta bien, y ha encontrado nuevos camaradas con los que congeniar. En pocos meses sabe orden de formación, escalas y táctica, además de doctrina, historia y religión.

Lo que le interesa no son los Reyes Católicos ni el tambor del Bruch luchando contra los franceses, sino entrar a ese gimnasio de Gracia donde va Mauricio, y gente más mayor. Al frente del cual está un hombre menudo y de pelo canoso, de acento italiano. Le cuesta memorizar el nombre de Luigi. Habla el español con dificultad, parece que está casado con una de Tarrasa. Presume de haber formado en cultura física a «balillas»,[37] tutear a campeones, conocer a Primo Carnera, y preparar escuadrones para que el Duce los pase revista. Ahora no es más que reservista, pero no le van a llamar para la guerra porque cumplirá los cincuenta y vive en España. Luigi enciende el enorme aparato de radio y a todo volumen escucha el parte de Radio Nacional. Da palmas de alegría cuando oye noticias sobre la desbandada del ejército inglés en el frente de Asia, en África… mientras las tropas del Reich se extienden como aceite por el mundo, y el ejército italiano domina el Mediterráneo.

Allí en ese gimnasio ha conocido a nuevos compañeros. Más fuertes que él y que Mauricio, con mejores músculos. Luigi les muestra revistas alemanas e italianas con fotos de grandes luchadores, y un almanaque de cultura física de 1934 impreso en Barcelona; además de las láminas del Método Atlas. En muy poco tiempo, cuando cumpla dieciocho o diecinueve y su cuerpo ensanche, Roberto podrá ser como aquellos, presumiendo ante las muchachas tras contemplarse en el espejo roto de la cómoda de su madre, en la única habitación de la buhardilla donde viven desde que llegaron Barcelona: un cuarto de guardamuebles, que ahora se alquila.

Durante dos o tres semanas no ha vuelto a saber nada de Mauricio. A alguno le rondó por la cabeza que se podría haber alistado en la División Azul o en La Legión. Pero no, reaparece del brazo de una atractiva mujer morena y de pelo rizado que habla poco, o por lo menos no tiene confianza con los chicos del gimnasio. Viene a darles una noticia. Extrae la hoja de un pasquín que todos se precipitan a ver. No permite que la toquen y corre a clavarla con una chincheta a la entrada del local. Uno a uno, releen el texto en reducida letra gótica de imprenta:

> «Las virtudes de la raza se ponen de manifiesto en la nueva generación de jóvenes dispuestos al sacrificio, como ya lo estuvieron en los tiempos recientes de la

37 Pertenecientes a la Opera Nazionale Balilla, organización para el encuadramiento infantil y juvenil creada en 1926 para el ocio, el cuidado del cuerpo, la formación premilitar y las ideas nacionales del fascismo italiano.

Cruzada que la victoria ha hecho posible. Un honor reservado a los elegidos, dignos herederos de aquellos que con su esfuerzo hicieron grande a una estirpe de conquistadores y misioneros. La valentía de esa raza poderosa se demuestra en estos jóvenes de singular fuerza para la milicia y el trabajo. Que cultivan su espíritu tanto como su cuerpo al servicio de la grandeza de España.

Para tal fin este Jefatura anuncia la celebración en Barcelona para el próximo mes de octubre del primer Campeonato Método Atlas. Se seleccionarán tres categorías, según los pesos: hasta 60 kilos, 80 y a partir de este tamaño. Se autoriza el uso de calzón corto exclusivamente para la valoración por los jueces, así como la piel aceitada. El jurado estará compuesto por un jefe de centuria, un escultor y un instructor militar.

Los premios consistirán, por este orden en: cien pesetas, más un bote de reconstituyente y un diploma acreditativo, ochenta pesetas, y un ejemplar de las obras de Jaime Balmes con la correspondiente acreditación, y cincuenta con el libro *Lecciones para convertirse en un atleta* y el diploma. Habrá más recompensas para los participantes: botes de cacao de la Guinea Española, lotes de Hipofosfito Salud, y otros premios ofrecidos por los gentiles patrocinadores.

Al concurso no podrán asistir mujeres por una elemental cuestión de decoro.

Barcelona, 1 de Julio de 1942».

En los días siguientes Mauricio vuelve a asomarse de forma intermitente al local donde se preparan aficionados y aspirantes a la lucha libre. La convocatoria ha espoleado la imaginación de todos. Se imaginan hercúleos gigantes combatiendo en tierra de moros, apolíneos de viejas revistas, mostrando sus músculos como los atletas que salen en *Olimpiada,* que todos han visto, menos Roberto, cuando se estrenó en el cine Savoy, antes que la pasaran a los cines de barrio. El problema: la alimentación. Dicen que hay que comer bocadillos de sardinas, fósforo y reconstituyente, para que los músculos aumenten. Pero no es fácil conseguir huevos, leche o calcio, porque se depende de la cartilla. Durante semanas amparándose en la primera luz del día, que para eso amanece en Barcelona tan temprano, palpa la longitud de sus músculos y los calibra con ayuda del metro de modista de su madre.

Mauricio pone el cebo y los muchachos del gimnasio le toman la palabra. Han encontrado un salón de baile por La Barceloneta que abre solo en domingo, donde instalarán bancos de un cercano grupo escolar. Dispuestos a trabajar en la doble condición de ayudantes y participantes. Aunque en principio ha sentido cierta vergüenza le consuela saber que no habrá más gente que camaradas y amigos, y es raro que se colara muchacha alguna que les hiciera sonrojar por verlos en calzón. Ha tenido cuidado al decírselo a su madre por si no lo veía bien, pero a ella no le causa sorpresa y habla de temas que parecen preocuparle más. Entre tanto la rivalidad con los muchachos sube de tono, tras comparar sus bíceps y pectorales con las medidas del Método Atlas.

El cielo se abre en canal cuando por boca de Mauricio se enteran de la tragedia. No les engaña cuando con expresión tensa pero calma describe el intríngulis de la historia:

—Camaradas. El sacrificio es una virtud de todo patriota. Supone obedecer órdenes aunque no se esté de acuerdo con ellas.

Con tono sereno, y escuetas palabras hace el relato:

—Debo contaros que el Campeonato del Método Atlas no se puede celebrar por el momento...

Contienen la respiración.

—Enterado el capellán de los preparativos lo ha transmitido al párroco, y este al vicario. Aunque se contaba con la autorización de la jerarquía y el gobierno civil, el señor arzobispo considera que el acto puede inducir a una exhibición pagana, perniciosa si se proyectara hacia jóvenes con menos formación moral y patriótica que la vuestra. En consecuencia, el acto queda suspendido, en espera de que en otra ocasión pueda llevarse a cabo otro parecido. También la abnegación y el sacrificio forman parte del espíritu de servicio en jóvenes revolucionarios para lograr una patria grande en todos los aspectos...

> Al acabar tratan de evitar la mirada de los camaradas. Guardan sus ropas en las bolsas de lona y se dispersan cabizbajos camino del tranvía y del ferrocarril de la plaza de Cataluña. Los émulos de Hércules han vuelto a ser niños.

«Ser hombre» suponía haber adquirido la fuerza, el vigor, el valor, la capacidad para luchar y encargarse de conseguir los bienes necesarios para la subsistencia, regir el poder familiar, y gozar de la iniciativa en materia sexual para procrear y disfrutar con el sexo. Mientras «ser mujer» representaba la sumisión, la aceptación y resignación, el complemento del hombre, la belleza, y el don del encanto y la feminidad; a ella se le reservaba el espacio del hogar y se atribuía el cuidado de los hijos y de otros familiares, a quien se le negaba su capacidad para el disfrute puesto que para ellas la sexualidad solo tenía sentido desde la perspectiva de la procreación. En la posguerra esa división de roles y perspectivas estaba marcada por la militarización de la sociedad. La heroicidad se circunscribía a dos oficios: soldado o santo.

Factor de relevancia en la visibilidad: la camaradería sometida a constantes pruebas a sangre y fuego, con un complejo y denso trazado de relaciones entre la amistad, la cercanía, la proximidad de compartir el peligro, la hombría como fuerza, el reconocimiento de estar cumpliendo una misión de alta relevancia patriótica o espiritual... Por el camarada se está dispuesto a dar la vida, dentro o fuera del campo de batalla.

También en el pensamiento liberal español aparece una fuerte reticencia hacia la presencia femenina en los espacios deportivos por el miedo a la «virilización». Tanto Ortega como Marañón utilizaron conceptos que venían del biologicismo de finales del XIX y principios del XX. Ya no eran los signos exteriores de la anatomía las que determinaban las características de lo masculino o lo femenino, sino las que correspondían a las secreciones, centradas en testículos y ovarios, a los que se atribuyeron notorias especificidades que influían en la diferente emotividad, caracteres psicológicos, sensibilidad y en la sexualidad.

Para Marañón la práctica del deporte debía estar reservada al varón «puesto que es un equivalente del trabajo y este representa una función esencialmente varonil»:

> Originalmente una actividad masculina, y solo en épocas muy tardías de la evolución humana la mujer normal, no la excepción, se hace deportista, atraída como siempre, por un sentido pasajero de sexualidad ambigua que se ha extendido por las sociedades modernas y que tiene su expresión externa en el culto de ciertos aspectos de adorno, como el cabello corto y muchos detalles de la indumentaria femenina actual. La prueba de ello es que, salvo, las profesionales, la mujer corriente pasa por los deportes como un meteoro, mientras es soltera o mientras no la ocupen demasiado los cuidados de la maternidad. Pero cuando esto ocurre, la feminidad verdadera se impone y la mujer deja sus hábitos deportistas, que son tan varoniles en su profundo sentido biológico como en el sentido aparente de la indumentaria. En el deporte, el papel que pudiéramos llamar fisiológico de la mujer, es como antes hemos dicho de espectadora, papel, repitámoslo, no pasivo y accidental, como pudiera creerse, sino de trascendencia directa.[38]

En su influyente trabajo Marañón atribuye a factores biológicos esa diferenciación sexual:

> Es muy indudable, que en un muchacho cualquiera una educación de tipo muy varonil estimulará el desarrollo no solo de sus hábitos viriles, sino el desarrollo de su tejido específico, de sus órganos viriles, es decir una condición anatómica y permanente. E inversamente sucederá en una muchacha según se eduque o no en un ambiente de feminidad.[39]

Por su parte, Ortega y Gasset realiza algo común en su época como buscar claves biológicas a situaciones que derivan de hechos culturales:

> Como es notorio, el alma femenina es mucho más unitaria que la del hombre; es decir que en el alma femenina se hallan menos separados unos elementos de otros que en la varonil. Así, es menos frecuente que en el hombre la disociación entre

38 Gregorio Marañón (1931) *Tres ensayos sobre la vida sexual* (publicado en 1926). Madrid: Biblioteca Nueva.

39 *Id.*

> el placer sexual y el afecto o entusiasmo. En la mujer, aquel no se despierta sin éste tan fácilmente como nosotros.[40]

El filósofo más importante del XX en España y referente de pensamiento liberal y laico, retomaba en 1927 la división de espacios entre el mundo de lo masculino y el de lo femenino:

> En el hogar domina siempre el clima que la mujer trae y es. Por mucho que «mande» el hombre, su intervención en la vida familiar es discontinua, periférica y oficial. La casa es lo esencialmente cotidiano, lo continuo, la serie indefinida de los minutos idénticos, el aire habitual que los pulmones tenazmente recogen y devuelven. Ese ambiente doméstico emana de la madre y envuelve desde luego a la generación de los hijos.[41]

En la posguerra los matices liberales que pudiera haber en pensadores como Ortega o Marañón habían quedado difuminados bajo la confluencia de tres discursos:

a. De carácter militarista.
b. La influencia del fascismo y los nacionalismos dictatoriales.
c. El poderoso peso de una Iglesia muy conservadora.

De esta manera la masculinidad o la feminidad estaban predeterminadas por unos rasgos e identidades exteriores y unos espacios cerrados y casi herméticos, con roles muy definidos, tanto en lo social como en lo sexual. A principios del XX Azorín escribía sobre el arte en el vestir:

> La primera regla [de la elegancia] es la simplicidad. Procure ser sencillo el político en su atavío; no use paños ni lienzos llamativos por los colores o por sus dibujos; prefiera los colores opacos, mates [...] Cosméticos y olores deben estarle prohibidos en absoluto. Si no llevara barba ni bigote, ponga especial cuidado en ir siempre rasurado perfectamente: que no hay

40 José Ortega y Gasset (1985) *Estudios sobre el amor*. Barcelona: Salvat Editores. Pág. 101.

41 *Id*. Pág. 104.

> nada más desagradable que ver una barba sin afeitar, aunque sea de poco tiempo.[42]

Ninguno de esos consejos de Azorín podía servir en la posguerra, cuando las barbas estaban proscritas, reemplazadas por el fino bigotito, y el cráneo casi rasurado o pegado con fijador a la superficie de la cabeza. En un tiempo en el que el atuendo representativo lo constituía el uniforme, especialmente el de gala, o la camisa azul falangista, completada unos años más tarde con el reglamentario de los consejeros del Movimiento: chaqueta blanca sobre camisa azul. Un atuendo en el que se retrataron no solo los miembros de FET y de las JONS sino representantes de familias del Régimen de raigambre católica.

No puede extrañar que a lo largo de las cuatro décadas del franquismo fuera imposible tomar fotografía alguna de ministro, alto cargo, militar o aristócrata de alcurnia, en atuendo deportivo, con pantalón corto o jugando al tenis. La excepción la constituyó Manuel Fraga en la famosa foto bañándose en Palomares tras la caída de una bomba atómica en 1966 junto al embajador de Estados Unidos; imagen que tuvo que rodarse tres veces distintas. No solo por lo que tenía de acción promocional sino porque era la primera vez que se pudo ver en traje de baño a un alto cargo del franquismo.

¿UN MUNDO SIN MUJERES?

Bajo el modelo de posguerra de canto a los valores de virilidad cuartelera y a la relación de camaradería estricta entre hombres en la que apenas caben las mujeres, que quedan al margen, lejos, en un segundo plano, o son complemento y necesario adorno en sus vidas, se desarrollan unas relaciones de afinidad, rudeza de sentimientos, campechanía compartida, llenas de recovecos. De esa virilidad forma parte una relación con la mujer, desdoblada en dos tipos de perfil.

42 Francisco José Martín «Azorín» (2007) *El Político*. Madrid: Biblioteca Nueva

Por una parte la *novia*, siempre a distancia, destinada a ser la esposa y madre; es femenina e idealizada, pero a la vez tiene un mundo propio, muy alejado de su espacio. Obligada a ser moderadamente guapa sin estridencias, sin excesivos maquillajes, ni ropas disonantes, destinada a convertirse en la «esposa de un oficial» o de un jefe, sin romper ese segundo plano al que ha quedado confinada, ni pretender opinar ni disputar lo más mínimo en cualquier otro terreno, sin pisar el espacio que a él le pertenece en exclusividad.

Por otro lado la *exótica*, la aventurera, la mujer-tentación, que a veces está cerca de ser una prostituta, aunque no aparezca referencia a relaciones de sexo sino de leve seducción, destinada a ser un «accidente» en su vida, una extraña. Todavía más si ella no es española o se trata de una «mora» o una extranjera.

Dominando esa relación casi ajena con las mujeres permanecen los vínculos de camarería con el compañero, por encima de cualquier prueba, creados a sangre y fuego en la trinchera o el cuartel. Bajo una lectura de nuestra época contemporánea varias de esas relaciones podrían ser contempladas bajo una perspectiva de imprevista ambigüedad. Esa lectura se ha realizado sobre películas que representan una exaltación de la camaradería viril. Como la seminal *Raza* (1941, Sáez de Heredia) sobre argumento del propio Franco, verdadero compendio de sus obsesiones familiares, *¡A mí la Legión!* (1941, Juan de Orduña) y *Harka* (1941, Carlos Arévalo). Estas últimas argumentalmente enmarcadas entre los africanistas del Ejército que tan importante servicio prestaron a la causa. Orduña describe a dos caballeros legionarios en una Bandera de la Legión, «El Grajo» (Alfredo Mayo) y el recién incorporado Mauro (Luis Peña) con quien rápidamente se ha compenetrado.

Ambos viven en una cercanía desde que se conocen, se han salvado mutuamente la vida, y están entregados al servicio de la Patria. Tan solo aparece una pequeña referencia femenina en el efímero personaje de una camarera. Se ha querido encontrar una interpretación en clave accidentalmente homoerótica cuyo desenlace no acaba con la imagen del protagonista y la chica, sino con los dos personajes que interpretan Mayo y Peña hablando para la Historia:

Luis Peña y Alfredo Mayo: la encarnación de la recia camaradería de posguerra (Cifesa, 1942).

> Mauro.- «Han pasado diez años y me siento orgulloso de haber pertenecido a esa legión de héroes de todas las castas y condiciones sociales, unidas bajo una bandera, que tan solo viven para un ideal: ¡España!».
>
> El Grajo.- «¡España!».
>
> Mauro.- «¡Viva España!».
>
> El Grajo.- «¡Viva!».
>
> Mauro.- «¡Viva La Legión!».
>
> El Grajo:. - «¡Viva!».

La misma lectura podría ser aplicada a *Harka*, dirigida en 1941 por Carlos Arévalo (1906-1989), otro exponente de cine castrense, donde aparece una relación de tintes insospechadamente peculiares entre dos oficiales de la Legión, uno de ellos mutilado, Santiago Valcazar (Alfredo Mayo) y Carlos Herrera (Luis Peña). Aquel le reprocha dejar la *harka* por el «golf, tiro de pichón, cenas en el Ritz», y su amigo le echa en cara que lo hace para casarse:

> Santiago Valcazar.- «Por eso te he querido como un hermano, casi como un hijo... Porque creía que eras como yo».
>
> Carlos Herrera.- «Pero es que tú no has querido nunca».

Suscitándose un peculiar dilema: la chica enamorada (Luchy Soto) ofrece al protagonista elegir entre ella y el Ejército. La mujer es un complemento frente a altar de la Patria donde juntos comparecen los dos amigos inseparables-compañeros de milicia.

En momentos de máximo auge de FET y de las JONS las influencias paganas o de laicidad del fascismo quedaban subsumidas en las católicas, que eran las que controlaban el discurso, por encima de la retórica reservada a Falange. Lo que daría lugar a ciertos roces, en las materias vinculadas a la moralidad.

En 1943 la novela *La fiel infantería* ganó el Premio Nacional de Literatura por delante de *La familia de Pascual Duarte* de Cela. Su autor, Rafael García Serrano (1917-1988), falangista navarro combatiente como alférez provisional en las tropas de Mola, y que a lo largo de su vida haría del apoyo al 18 de Julio el centro de su obra. Algunos episodios del libro aludían a formas de vida levemente contradictorias con las de la rígida ortodoxia católica. Se escribe: «Quería saber si mi novia podía tener hijos. Hasta que no lo supe por mis propios medios no me casé con ella», en lo que sugiere una relación prematrimonial. Se describe a voluntarios que acuden a un local o se menciona a quien «jamás habló con una muchacha sensible ni besó boca que no le costase un billete», en alusión a la prostitución. Además aparece alguna leve referencia pagana al hilo de la exaltación nacionalista: «Lo primero, España. Y sobre España, ni Dios».

Después de haber sido distribuido el libro con todo tipo de elogios oficiales el Boletín Eclesiástico del Arzobispado de Toledo, por boca de Monseñor Plá y Deniel lo condena sin tapujos desde el punto de vista moral. Lo considera «de expresión indecorosa y obscena» y se rebela contra él por proponer como «necesarios e inevitables los pecados de la lujuria en la juventud». En consecuencia se produce un hecho insólito, como es la retirada por la policía de los libros a la venta de un destacado alférez provisional falangista, por deseo de la jerarquía católica. La utilización de términos como «lujuria», «pornografía», «lubricidad», «corrupción», «obscenidad», «atentado al pudor y las buenas costumbres», o «contra las esencias del ser español» eran habituales en documentos episcopales y parroquiales sobre expresiones y contenidos hoy inocentes, pero que en aquella época parecían piedra de escándalo.

La exaltación de la virilidad tal y como era entendida implicaba ajustarse a un rígido patrón masculino de *hombre-hombre* sin matices ni veleidades. Cualquier variación sobre ese modelo de camaradería era sospechoso o debía ser eliminado. Una orden a través de un oficio-circular firmado por el falangista David Jato en 1944 ofrece uno de los más absurdos testimonios con el intento de eliminar a los *boys* o bailarines y coristas masculinos en los teatros por el riesgo del «afeminamiento»:

> Considera esta Delegación Nacional de Propaganda en absoluto inaceptable con el espíritu de formación de nuestra juventud viril y heroica la actuación y exhibición en escenas de conjuntos masculinos denominados corrientemente «boys» que actúan en el género de variedades, operetas, revistas, comedias musicales, etc. Por ello, a partir de esta fecha, queda terminantemente prohibida la actuación en escena de dichos conjuntos, que deberán ser interpretados en lo sucesivo por personal femenino.[43]

Igual que una mujer debía evitar enseñar las rodillas o los hombros, un hombre no podía mostrarse en pantalón corto ni con colores que llamaran excesivamente la atención por

---

43 Oficio circular 573 de 31-I-1944. Archivo General de la Administración. Mencionado por Emeterio Díaz (Universidad Antonio de Nebrija). «La censura teatral bajo el franquismo. La vicesecretaria de educación popular (1941-1945)». *Revista de Estudios Culturales*, 12, 2008.

su brillo o estridencia, ni en la vida cotidiana ni en los escenarios deportivos. Tampoco en los teatrales: la ropa de fantasía quedaba al margen y se pretendía eliminar a los *boys* y a los bailarines masculinos al «no ofrecer estampas viriles».

CIERTO AROMA TURBIO

Pese a la evidencia triunfalista de los héroes militares de rígida moral, omnipresente camaradería masculina y relativa desconfianza hacia las mujeres, ese modelo, como el que representaron Alfredo Mayo o Luis Peña, empezaba a dar paso a otro: el hombre con problemas en una sociedad con «substratos de turbulencia percibidos» entre líneas. Trasladándose a una cierta desenvoltura en el terreno de expresiones morales-sexuales que se distanciaba de la estricta ortodoxia impuesta por el canon religioso pese a la fiscalización extrema de la censura. Podemos citar ejemplos de ese raro intervalo vinculado a protagonistas de tres guiones firmados por Miguel Mihura. Melodramas con toques de *thriller*, dejando asomar una evidencia que no era la del discurso oficialista, pese a que sus autores estuvieran en aquel momento plenamente identificados con las coordenadas del Régimen. En *La calle sin sol* (1948, Rafael Gil), un extranjero atormentado y perseguido por un incierto pasado, huido de un campo de concentración (el portugués Antonio Vilar al que un doblador a pone voz) llega como polizón a la Barcelona del antiguo Barrio Chino —-recreado en los estudios Cea de Ciudad Lineal, en Madrid— y se ve envuelto en un crimen. La sobrina del dueño de una taberna-pensión (Amparo Rivelles) se enamoraba de él, y se le declaraba: algo no habitual en una época en la que a ellas se les negaba la iniciativa sexual. En esta película, una de las mejores de Rafael Gil, aparece un elemento tan tabú como la cama en una pensión de mala muerte donde él vive y que ella arregla.

Otro tanto se puede decir de un nuevo guion de Mihura, *Siempre vuelven de madrugada* (1948), dirigido por su hermano mayor, Jerónimo, y producido por el actor protagonista,

Julio Peña. Al que se presenta como «cercano» a una bella y cosmopolita chica (Mery Martin) a la que visita en su casa, y que no es una «querida», sino una amiga-amante. También una escena emblemática: se ve la cama, y él se sienta en la de ella, aunque la muchacha aparezca vestida, insinuando una convivencia sexual sin estar casados. En este melodrama con resabios de *thriller* pese a la retórica moralista propia de la época o la idealización del campo frente a la ciudad, se presenta un mundo de la noche, donde dos amigos jóvenes de familia burguesa (Peña y Conrado San Martín) que han dilapidado fortunas familiares y sobreviven del estraperlo y el tráfico de penicilina, recorren un Madrid cabaretero con una amiga común,[44] y se enfrentan a un crimen —en lo que parece una premonición del «caso Jarabo»— y un inconfesable accidente. Donde una chica de clase modesta y estricta moral que por las mañanas trabaja de costurera y por las tardes en una oficina, se deja engañar por los dos vividores poniéndose un traje de baño para sumergirse en un pantano. Insinuando una desenvoltura en las relaciones (sexuales) no habitual en el discurso común. Además, se desprende de la relación masculina un cierto concepto de homosexualidad, en componentes de subtexto, explícito pero insinuado, típico de la época.

El tercer exponente, *Una mujer cualquiera* (1949) vuelve a reunir a Rafael Gil con Mihura y el actor Antonio Vilar, con la presencia de una seductora María Félix como amante, en una situación en la que también hay crimen por medio. Y un elemento común a las tres: personajes y conductas sexualmente reprobables en el discurso de la moralidad pública que se ubican entre familiares o roles de cercanía. Bajo una doble vida, segregada entre el escaparate social y otra segunda piel.

---

44 Al progenitor del protagonista (representado por Rafael Bardem) se le describe como jugador de madrugada en el Círculo de Bellas Artes de Madrid: en aquellos años se miraba hacia otro lado respecto al juego en ese céntrico espacio, prohibido el resto de la sociedad. A la vez la amistad del padre con un influyente comisario de policía.

Homosexuales:
«viciosos y pervertidos»

Adela pide a Petra, la nueva asistenta, que arregle la habitación del marido, Fernando, a quien la sirvienta encuentra a la hora del almuerzo. No le causa sorpresa que el matrimonio duerma en habitaciones separadas, el piso es bastante grande y el único hijo, que anda por los trece o catorce, estudia desde hace dos cursos en un internado de los jesuitas. Por lo que dice la madre, parece que el chico ha entrado en vereda: las notas de este año son tirando a buenas. Además Adela tiene jaquecas constantes, se queja de que la despierta el vuelo de una mosca o el susurro del viento sobre la persiana. Le cuenta a Petra que lo más cómodo es la soledad, pues su marido regresa pasadas las doce o la una cuando *El Correo de la Región* cierra la edición del día siguiente, y no le gusta que la despierte.

En verdad llevan años sin compartir la alcoba matrimonial que ahora pertenece totalmente a ella. Pero se cruzan en la cocina tras escuchar los primeros ruidos del cacharreo de cada mañana, y suelen estar juntos a la hora de la comida. La asistenta se marcha a las cinco de la tarde, después de haber recogido y preparado el menú del día siguiente, y atender a las demandas de las cosas indispensables que cada mañana a primera hora debe comprar. Fernando es educado con Petra, y la criada tiene la impresión de que forman una buena pareja. Deben andar por los cuarenta y tantos cumplidos; a él le han empezado a salir canas en las sienes, tiempo tendrá de quitarse el bigote. Si ella fuera la señora ya le habría dicho que se lo rasurara; el marido transmite una buena facha pero el bigotito le hace aparentar más años. Allá cada cual.

Se va a la redacción después de la comida y ya no vuelve hasta la noche. Desde que le nombraron redactor jefe del periódico provincial de la cadena del Movimiento es todavía más conocido en la ciudad: no hay día que no reciba invitaciones. Algunas las atiende personalmente, Adela le acompaña en ocasiones, y más ahora que no tiene que ocuparse de su hijo porque estudia en el colegio, a treinta kilómetros de donde viven. Fernando pronunció este año el pregón en las fiestas de San Esteban, ha sido jurado en los premios de poesía del Ateneo, y cuando vienen las compañías de Madrid, el empresario del Gran Teatro les manda entradas para los eventos más importantes, aunque como no siempre puede ir va Adela con su prima Adelfa, que es una de sus personas de confianza. Cada Navidad el gobernador civil le regala una cesta de productos regionales, y con su esposa son invitados a la cena navideña donde acude la gente más representativa de la ciudad. Desde que llegó este nuevo gobernador civil llama a menudo a Fernando y le facilita informaciones. Ocurre lo mismo con la policía local y la Comisaría de la Policía Armada o la Guardia Civil que le adelantan temas antes de que los publiquen las notas oficiales. Fernando se lleva muy bien con don Ernesto Torregrosa, el comisario. Le parece un hombre de aire severo y algo seco pero respetuoso, que ha debido bregar años por calabozos y comisarías: este debe ser el último destino antes de la jubilación.

Más o menos una vez al mes Fernando suele viajar a Madrid, en ocasiones ha salido a París y a Lisboa, acompañando a la coral de la ciudad, para contarlo en el periódico como enviado especial. También fue a Roma con la delegación de la provincia para recibir la bendición del papa en la plaza de San Pedro. Va para diez años que le dieron el carnet de prensa, aunque no acabó el magisterio, pero le habilitaron gracias a los cinco que permaneció como locutor en la radio del SEU.

A Adela puede que le enamorara esa voz radiofónica de galán, antes de conocerlo en persona; y cuando lo hizo se asombró: era más alto de lo que se había creído. Por la voz se lo había imaginado como un Alberto Closas, pero de cerca tenía más que ver con Jorge Mistral, aunque debe medir más altura que el actor. Se lo cotilleó su prima que una vez lo vio en un estreno de un cine madrileño de la Gran Vía: «Si, si, muy guapo, pero Mistral lleva alzas en los zapatos». En su día le encantó pasear por la calle Mayor del brazo de ese chico que le sacaba la cabeza, y que le parecía más apuesto que el famoso actor.

El nuevo viaje de Fernando a la capital de España para asistir al Congreso de Periodismo Católico no le aparta más de tres días del trabajo habitual. Fue el propio obispo quien se interesó porque Fernando estuviera personalmente en el evento en nombre de la diócesis. En Madrid le hospedaron en un hotel cercano a las Cortes, no en el Palace —donde ya estuvo para la presentación del Premio Santa Petronila de Poesía invitado por la constructora Fuertes que aquel año patrocinó el evento— sino en otro más modesto de una de las calles que salen a la plaza del Teatro Español. En el congreso se encontró con bastantes conocidos y alguno que solo recordaba de vista. También a Pedro Montero, que trabajó años atrás en su misma emisora de radio ahora destinado en Sevilla. Casualmente estaba en la misma planta del hotel donde se hospedaban los congresistas.

Tras la cena, regada con abundante vino, Pedro propuso a un pequeño grupo, donde estaba Fernando, que fueran a tomar algo a otro sitio, que una noche era una noche y Madrid no tenía nada que ver con las capitales de provincia en donde vivían. Puede que perdieran el control de lo que estaban bebiendo, pero el único que se mantuvo fue Fernando cuya magra cuota de alcohol la había cubierto con el vino. De vuelta al hotel, Pedro Montero se quedó rezagado o estaba desaparecido, probablemente debía haber parado un taxi para que cargara con su cansado cuerpo hasta el hotel.

El hecho es que estaba con un desconocido del quien no sabía el nombre, que debía tener unos cinco años menos que él, y que empezó a decir frases con cierta incoherencia. Quería invitarle a un último bar, que no quedaba lejos del hotel. Sin desearlo, le arrastró hacia un local en una calle más bien oscura detrás de la plaza de las Cortes, apostándose delante de una puerta con un ventanuco. Ese hombre parecía haber estado antes en ese sitio. Cuando les dieron paso accedieron a una pequeña barra donde apenas había tres o cuatro hombres con una discreta música de fondo de un *pick up* donde sonaban muy de lejos canciones americanas de corte sentimental, rotas por el silencio del local. Donde los hombres se miraban unos a otros, y nada más entrar ellos parecía que habían despertado la atención de los que estaban en la barra.

Fernando cruzó miradas y frases entrecortadas, mientras el periodista que le había llevado a ese sitio oscuro se despistaba. Estaba claro que conocía el local y lo que podría esperarse dentro. Fernando nunca se atrevió a acceder a uno de esos lugares aunque le llamaban la atención. Estuvo a punto de hacerlo en París, pero el grupo no le permitió escaparse un par de horas.

Pero lo que vio le hizo repetir. Quince días después aprovechó su nuevo viaje a Madrid para asistir a la inauguración del Congreso de la Organización Sindical y cubrir el discurso del ministro Solís. En el bolsillo de la americana llevaba el número de teléfono de un tipo que había conocido en el bar; la nota le ardía como un carbón candente. Tuvo tantas dudas, arrepentimientos, hasta tiro el papel al suelo, pero se agachó a recogerlo; de un tirón corrió hacia la cabina y marcó el número. Al atardecer se vieron junto a la puerta de Sol. El hombre joven no tenía nada de afeminado y vestía correctamente sin estridencias. Fueron a un hostal donde alquilaron dos habitaciones que no fueran contiguas, pero solo usaron una.

Volvieron a verse dos o tres veces más, en función del goteo de sus viajes a la capital. El último poco antes del verano, repitiendo idéntico ritual aunque en esta ocasión no era un vulgar hostal sino un hotelito por habitaciones al final del barrio de Salamanca. También dos cuartos, daba igual que cada uno estuviera en un extremo: los pasillos sirven para comunicarse con facilidad. Ganó tanta confianza que se le escapó el nombre del periódico donde trabajaba. No debió costarle obtener la dirección de *El Correo de la Región*: cinco días después, Fernando recibía una brevísima carta de aquel hombre. Le decía que los encuentros habían sido inolvidables, pero cualquiera que lo hubiera podido leer podía pensar que estaba hablando de congresos familiares o de excursiones. No había ninguna palabra explícita. Él contestó en un tono algo más formalista, al que solo le faltó el trato de *usted*. En los tres meses siguientes se cruzaron nuevas misivas. Antes del telón de silencio ¿definitivo?

Quitaron a Solís de ministro secretario general del Movimiento y delegado nacional de Sindicatos, nombraron a un nuevo director del periódico, la situación económica hizo que se restringieran los viajes, aunque persistían las costumbres de siempre, las comidas del gobernador civil y jefe provincial del Movimiento, las invitaciones al Gran Teatro... Ahora Adela no necesitaba que su prima Adelfa la acompañara, cuando era posible se dejaba ver cruzando el patio de butacas con su marido del brazo después de saludar a tanta gente en el vestíbulo. La mayoría seguía pensando que hacían una buena pareja.

Una tarde pasaron a Fernando una llamada a la redacción. Era él, le dijo que quería hablar con urgencia, parecía nervioso... Demoró la contestación: prefería hablar desde una cabina de la calle. Buscó la excusa de ir a recoger una carta a Correos. El hombre vomitó cosas en tremebunda cascada, que le atravesaron la espina dorsal: estaba en un apuro, necesitaba dinero desesperadamente, parecía enloquecido, dispuesto a todo... No era una fortuna, sino lo que Fernando venía a ganar en una mensualidad, y tenía varias acumuladas en la cuenta de ahorro. El dinero no iba a ser problema.

Pero no le gustó el tono ni el estilo, y se parecía a una extorsión: alterado y nervioso, dijo tonterías, amenazó con llamar a la redacción y contarlo... Fernando le colgó con energía: no iba a volver a escuchar esa sucia voz. Los seres humanos están hechos de tantas capas y a veces solo se conoce la bonita...

Esa noche Fernando tuvo una pesadilla, apenas pudo conciliar el sueño. Se levantó tantas veces a vomitar que hizo despertar a Adela que dormía en su habitación con la puerta entreabierta. «Ese pescado no debía estar bueno», dijo como excusa, sin que su mujer lo entendiera: había cenado lo mismo que él. Una horrible imagen le retorcía. En la calle, junto al portal habían escrito con tiza gorda la palabra «¡Maricón!»

y una flecha señalaba la entrada. Quiso vestirse y bajar a borrarla con un paño húmedo, hasta tomar conciencia de que se trataba solo de una pesadilla.

Cuando llegó a la redacción estaban ya sobre la mesa el índice de editoriales sobre los que debía escribir la Prensa del Movimiento. Se fijó en uno donde se hablaba del «amaneramiento en las costumbres, y la pérdida de referencias morales por parte de los jóvenes». Fernando se sentó ante la máquina de escribir y con mucha fuerza sus dedos teclearon las primeras líneas del artículo de fondo que publicaría la edición de mañana: «Bajo el pretexto de la permisibilidad moral no podemos caer en la indiferencia ante situaciones que atentan contra las esencias de la sociedad española: el creciente desafío a los valores familiares con la implantación de un hedonismo que solo piensa en el placer inmediato. España no puede ser pasiva ante esos atentados contra las buenas costumbres…».

En la posguerra el estereotipo de homosexual era:

- Afeminado y de evidencias exteriores muy ostentosas: voz, gestos, expresión, gesticulación, andares….
- Hombre que viste escandalosamente.
- Perteneciente a determinados oficios o profesiones (artista, peluquero, modista, mayordomo, criado…)
- «Trastornado» desde el punto de vista psicológico.
- Peligro potencial por las posibilidades de abuso de niños.[45]
- Varón que no está casado.[46]
- Hijo de madre sobreprotectora y de padre ausente.[47]
- Consecuencia de la degeneración de un ambiente social o de la ligereza de costumbres.[48]

---

45 Una falsa atribución: la mayor parte de las agresiones a menores en contra de la voluntad de estos procede de hombres a niñas.

46 De cada 4/5 hombres homosexuales uno está casado, una de cada tres lesbianas se ha casado o está casada.

47 No hay datos que corroboren el mito, aunque pueda haber casos.

48 Falsa creencia: en todas las sociedades ha habido personas homosexuales, como también altas, bajas, miopes o con agudeza visual, torpes o con habilidades manuales, con la nariz grande o chatas, sordas o con buen oído

- Sometido a una fuerte influencia de malos ambientes.
- Socialmente pervertido y con capacidad de pervertir.

En el imaginario social pasaban inadvertidos otros perfiles:

- Casados y en matrimonios convencionales, incluso con descendencia.
- En profesiones de respetabilidad social, incluidos profesores, jueces, militares y sacerdotes.
- Bisexuales con capacidad para sentir deseo sexual diverso.
- De identidad heterosexual pero que de manera ocasional o discontinua tenían experiencias con hombres.
- Socialmente muy integrados.
- Carentes de cualquier signo externo de identificación con el arquetipo de esa identidad.

En 1928 con la Dictadura de Primo de Rivera se incluyó en el Código Penal a través del artículo 616 título X: «El que habitualmente o con escándalo, cometiere actos contrarios al pudor con personas del mismo sexo será castigado con multa de 1.000 a 10.000 pesetas». Cantidades elevadísimas para su época, que implicaban para muchos condenados acabar en la cárcel. Además había una referencia al lesbianismo en el 613: «En los delitos de abusos deshonestos sin publicidad ni escándalo entre hembras, bastará la denuncia de cualquiera de ellas, y si se realizan con publicidad o producen escándalo, las de cualquier persona. En las realizadas entre hombres se procederá de oficio».

Su redacción parecía una invitación para la denuncia de maridos engañados. Aunque la vida de ese Código fue tan corta como la del régimen de Primo de Rivera. La República volvió a aplicar el viejo texto de 1870 donde no se hablaba de la homosexualidad, aunque en el ámbito militar continuaba sancionada.

La homofobia seguía tan arraigada en la sociedad como lo había estado en tiempos anteriores, pero la visibilidad social era mayor y el marco de tolerancia más amplio que el de la Dictadura. Además el debate cultural típico de esta época permitía hablar de temas que hasta entonces permanecían bajo el dominio de la moralidad única antiliberal.

Para las nuevas autoridades la condición de homosexual era otro atributo vinculado a la «anti-España» de la República, tal y como Queipo de Llano proclamaba. A partir de 1939 aparecía un elemento decisivo: la cesión del control de la moralidad a la Iglesia, para la que cualquier acto que no tuviera como objetivo la procreación dentro del matrimonio era inmoral y perverso. De esta manera, la homosexualidad aparecía como un grave pecado. Ser homosexual equivalía a aparecer como un enfermo, una anormalidad de la naturaleza, un peligro social, un pecador y un delincuente. Aunque todavía en esa época se carecía de una tipificación como la que impuso en 1954 la inclusión de la homosexualidad en la Ley de Vagos y Maleantes. Se basó en una de las escasas leyes de la República que el franquismo mantuvo, aprobada en 1933, que afectaba a «vagabundos profesionales», «proxenetas y explotadores», «toxicómanos», «ebrios habituales», «quienes llevaran documentación falsa o bien trataran de ocultar su personalidad», y en general todos aquellos «antisociales». En 1954 se añadió a los «homosexuales» a esta Ley, a quienes se presentaba como «peligro público» y se les sometía a medidas de seguridad, especialmente su internamiento en «instituciones especiales, y en todo caso, con absoluta separación de los demás».

Hasta su inclusión en la Ley de Vagos y Maleantes, durante los cuarenta, la policía hacía redadas amparándose en el control sobre el orden público. Desde el punto de vista del discurso social la homosexualidad se quiso vincular a aquellos que habían perdido la Guerra Civil. Mientras notorios homosexuales de la época podían llevar una vida aparentemente normalizada porque fuera de su círculo estricto nada trascendía hacia el exterior, bajo el principio de que «nada existe si no se hace público».

ILUSTRES ADEMÁS DE HOMOSEXUALES

Esa relativa «vista gorda» se permitía a afines desde la perspectiva política o a integrados en las coordenadas del Nuevo Régimen, especialmente en los ambientes artísticos o culturales. Desde tiempo atrás era conocida la identidad de Jacinto Benavente (1866-1954), que no solo había sido Premio Nobel, sino que en la posguerra estrenaba y se representaba con profusión. Su situación era peculiar y en 1939 especialmente incómoda. Un hombre envejecido que tenía que pedir perdón a los ganadores de la guerra por sus anteriores veleidades republicanas. «¡Me obligaron a hacerlo, mi general!», dijo al primer militar con el que se encontró en la Valencia recién conquistada por los *nacionales*. Ni el premio Nobel era suficiente para protegerle de sus sospechosas afirmaciones republicanas, y los intensos rumores que sobre sus preferencias sexuales le acompañaron a lo largo de su dilatada carrera. Benavente tuvo que presentarse a las nuevas autoridades como «más entusiasta que ninguno» con una comedia de 1940, *Aves y pájaros*, donde saludaba la intervención militar y criticaba a los intelectuales que huyeron cuando la revolución fue descabezada.

De la misma manera se hablaba sobre las preferencias del director de cine Juan de Orduña (1900-1974). Provenía de una familia aristocrática, y en estos años su notoriedad pública era muy amplia gracias a sus películas para Cifesa, como *¡A mí La Legión!* o sus sofisticadas y dignas de más alta valoración comedias de los cuarenta imitando las formas de Hollywood; como de sus exaltados melodramas en clave nacionalista, como *Locura de amor*(1948), *Agustina de Aragón* (1950) o *Alba de América*(1951), que conformaron una estética muy representativa de aquel franquismo. En el relativamente cerrado mundo del cine de la época era conocida la opción sexual de Orduña. Así lo ve en la actualidad Juan Mariné (1920), director de fotografía de populares títulos del cine español y testigo único de un tiempo pasado:

> En aquella época se comentaba que Juan de Orduña era homosexual, pero a nadie le molestaba, y menos en el espacio del cine, que como el del teatro fueron siempre más abiertos que la sociedad de ese tiempo. A Orduña se le respetaba, era un hombre agradable de trato y con pasión por el cine. Se le veía siempre acompañado a todas partes por su chofer del que la gente decía que era su pareja.[49]

MIGUEL DE MOLINA: «MARICA» Y «ROJO»

Por el contrario, la homofobia se manifestaba de forma radical contra aquellos que no parecían tener entusiasmo por el Régimen; pero especialmente sobre quienes en su forma de vestir o signos exteriores se apartaban de la estética convencional. Como ocurrió con el cantante Miguel de Molina (1908-1993), creyendo que podía alcanzar un trabajo normalizado después del 1 de abril del 39 sorteó toda clase de dificultades para volver a actuar. El artista lo contaba así:

> Yo me daba cuenta que si llegaba a triunfar Franco mi destino iba a ser el de Federico: el fusilamiento. Por eso, cuando fue evidente que la guerra estaba perdida, traté de escapar en un barco a África, pero la fuga fracasó, y me dije: «¡De esta sí que no me salvo!».
>
> Fue la noche del 10 de noviembre de 1939. No lo voy a olvidar jamás, porque aquello marcó mi futuro. Yo estaba trabajando en el teatro Pavón. De pronto aparecieron en mi camerino tres tipos con gorras y trincheras y me ordenaron que les siguiera. No me pude resistir. Me llevaron hasta los altos de la Castellana y allí me dieron una feroz paliza. Luego me cortaron el pelo a tirones, con una maquinilla desdentada, y me hicieron beber un frasco de aceite y vaselina líquida. Cuando yo, entre sollozos, solo atinaba a preguntar «¿Por qué me hacen esto?», uno respondió «¡Por maricón y por rojo! ¡vamos a terminar con todos los maricones y comunistas!». Y me dieron unos cuantos culetazos en la cabeza que me dejaron desvanecido.[50]
>
> Un taxista se apiadó y me llevó al teatro.[51]

---

49 Testimonio personal, 2019

50 En ese comando figuraba un conocido aristócrata falangista que más tarde tendría importantísimos cargos en el Régimen.

51 Fundación Miguel de Molina, 2018-2020.

Miguel de Molina, Tomás de Antequera y otros tantos... Incluso con carrera internacional, estrellas que vestían de lunares y colorines frente al modelo único de masculinidad hegemónica.

Según relató, le hicieron una peluca, «Luego escapé a Valencia donde me sentía más tranquilo. Mis amigos me decían que me ocultase, que no trabajase más o terminarían pegándome un tiro». En 1940 regresaba a Madrid, presentándose el 23 de febrero en el teatro Cómico con un espectáculo del que Miguel de Molina era empresario.

> Yo tenía el presentimiento de que algo me iba a pasar y, efectivamente —en pleno éxito clamoroso— el 24 de marzo, de golpe, se armó un escándalo en la sala. Unos veinte tipos comenzaron a gritar: «¡Hay que prohibir que trabaje este rojo! ¡No queremos maricones!».
>
> Al día siguiente apareció en mi hotel un oficial de la policía que me entregó una orden de la Dirección General de Seguridad. Por «razones especiales» debería quedar confinado en la ciudad de Cáceres hasta nuevo aviso: ¡increíble! [...].
>
> En cuanto regresé a Madrid me esperaban dos policías que me llevaron a la Dirección General de Seguridad. Y allí un funcionario me dijo por fin claramente que tenía absolutamente prohibido trabajar. Y que si volvía a pisar un escenario no se responsabilizaban de lo que me pudiera suceder.[52]

En 1942, siempre al hilo de su descripción, Miguel de Molina conoce a «un apuesto falangista» llamado «Polín», que le ofrece gestionar su pasaporte gracias a sus influencias. Miguel se siente atraído por él, y este le dice que si consigue el pasaporte le gustaría acompañarle a América como administrador y secretario, «si bien tenía que dejar en Madrid mujer y dos hijos».

> Mucha gente daba por sentado que Polín y yo éramos amantes y no fue así. Mil veces le declaré mis sentimientos y otras tantas me rechazó con su postura firme y machista. Era un típico mujeriego. Y, por otra parte, comencé a descubrir que administrando el dinero del teatro hacía cosas raras. Varias de sus aventuras con las fulanas las pagaba yo.[53]

Tras el golpe militar en Argentina es detenido por escándalo público y le mandan de regreso a España.

---

52 *Id.*

53 *Id.*

¡Y qué hacía Polín en todo esto! Desapareció. Me di cuenta que me había traicionado y como tenía un permiso mío por escrito, podía sacar hasta mi dinero del banco.[54]

En 1944 vuelve a España tratando de pasar inadvertido. Un día le visita un falangista amigo de Polín. Miguel le pregunta porque le perseguían los falangistas.

> Me contó de la persona que ordenó mi secuestro y tortura, el confinamiento y prohibición de trabajar, era un importante funcionario de relaciones exteriores, secretario de Serrano Suñer y con un cargo en Falange Exterior. Y añadió que se trataba de un homosexual retorcido y resentido, que cuando la tomaba con alguien no paraba hasta destruirlo. Es seguro que este tipo se puso en contacto con algún militar argentino para lograr mi expulsión.[55]

El Código Penal de 1944 si bien no hablaba directamente de la homosexualidad lo hacía vinculado a la corrupción de menores cuando los actos sexuales se cometían con jóvenes entre trece y veintiún años. En paralelo, en 1945 con la reforma del Código Militar aparecían tipificados los «actos deshonestos cometidos por un militar y una persona del mismo sexo». Se vinculaba de nuevo homosexualidad a corrupción de menores y a pederastia, por lo que aparecía como un peligro social.

En la realidad cotidiana términos humillantes y despectivos se utilizaban para denominar a las personas homosexuales. Este es uno de los puntos que más llaman la atención en aquella época: en textos legales o sentencias, incluso en la prensa se utilizaban menciones a homosexual como: «invertido», «sarasa», «contrario a la moral»... Mientras en el lenguaje común estaban implantados: «mariquita», «mariquilla», «marica», «maricón», «mariconazo», «mariposo», «bujarrón», «maruxo» y tantos otros.

Se marcaba una doble situación o tratamiento según cada perfil. Por un lado el de aquellos que especialmente desde el

54 *Id.*

55 *Id.*

mundo del teatro o las variedades aparecían ostensiblemente vinculados a unos modos o a una estética cuando menos «equívoca» con un cierto nivel de tolerancia en la escena, pero con una fuerte vigilancia en su vida privada. En casos de populares artistas de la copla como Tomás de Antequera (1920-1993), que compartía con Miguel de Molina el diseño de sus trajes de escena; fue un artista de cuplé, variedades que en los años cincuenta y sesenta se hizo popular con temas como *Romance de la Reina Mercedes* o *Doce cascabeles*. Igual que Antonio Amaya (1924-2012), quien estrenó esa última canción, junto a *La niña ciega* o *Mi vida privada* —en la Transición el primer artista de variedades que posó desnudo para una publicación gay— o Rafael Conde «El Titi» (1938-2002), cuyo vestuario de escena llamaba la atención por las lentejuelas, brillos y tonos, y por su tono provocador con temas como *¡Libérate!*, dirigidos en el primer post-franquismo hacia el público homosexual. Estética de la que también participaba Pedrito Rico (1932-1988) cuyo vestuario destacó por su teatralidad, llevando vaporosas y coloreadas camisas. Estamos hablando de una época en la que en la vida cotidiana los hombres vestían con una gama muy reducida de colores. Sin usar tonalidades que hoy forman parte de cualquier ropa masculina, pero que en aquel tiempo hubieran llamado sospechosamente la atención. En los escenarios estos y otros artistas se solían mover con manifiesto contoneo, zapatos de alto tacón, maquillaje nada recatado y gestos de gran teatralidad.

El estereotipo sobre la homosexualidad de esta época se focalizaba hacia personas con signos de afeminamiento, que vestían distinto, o se peinaban o arreglaban con una nota distintiva propia. Las críticas alcanzaban a los hombres maquillados para los escenarios, a quienes se retocaban las cejas o teñían el pelo; un signo de pérdida de virilidad.

Por el contrario, había una zona de sombra sobre formas de homosexualidad sin gestos exteriores, que no respondían a la estética del tópico. Con personas que mantenían identidades ajenas al mundo del escaparate bajo una discreción, cuya situación personal era solo conocida por sus círculos más íntimos. Con relativa invisibilidad, y la seguridad que daba a la moralidad pública saber que la censura impedía cualquier tipo de información que se apartara de unos estrictos cánones.

Junto a esa referencia de personajes llamativos, de estética personal o muy llamativa, con algo de «fuego artificial» en la moralista y mojigata sociedad de la posguerra había otro tipo de figuras cuyo entorno conocía suficientemente su identidad a los que no se molestaba, bien por su origen o vínculos sociales, o por haberse refugiado en un «exilio interior», pese al alto precio que esto podía representar en su capacidad de socialización y de expresión pública. En buena parte de estos casos, los personajes no llamaban la atención, ni vestían de «forma escandalosa», y sus gustos personales apenas trascendían fuera de sus ambientes.

Rafael de León (1908-1982), con distintos títulos nobiliarios, conoció a Rafael Alberti, en el elitista colegio de los Jesuitas del Puerto de Santa María, donde estudiaron, y a Federico García Lorca en la Universidad de Granada, al igual que a otros nombres del 27, con los que en general compartió un origen social de clase media o media-alta y la capacidad para desenvolverse en un ambiente liberal. Detenido en Barcelona y encarcelado por sus orígenes aristocráticos nada más estallar la guerra, su nombre brilló como referencia de la posguerra a través de las canciones firmadas bajo el tandem Quintero-León-Quiroga, y con otros compositores musicales. Dueños de un género triunfante desde radio, teatro y cine, vinculados a una lírica popular de la que también bebió Lorca. Indispensable señalar el papel de esas canciones, banda sonora de la postguerra, en la que cumplieron un papel de bálsamo frente a tantas frustraciones; letras escritas a menudo por poetas homosexuales, que entre líneas venían a transmitir sentimientos alejados de la moral oficial, como fueron «Ojos verdes» o el «Romance de la otra» donde de manera explícita se consagraba a la amante —«Yo soy la otra /y a nada tengo derecho/ porque no llevo un anillo/ con una fecha por dentro»—, bajo términos que podían ser sublimados por muchas mujeres. Pero también por homosexuales que debían soportar una existencia de secretos interiores e inconfesables, sin capacidad para contar a nadie su pena, y vivirla en la absoluta soledad interior de la auto represión. Al final de su carrera, Rafael de León escribió en los años sesenta y setenta letras de menos fuste dramático para artistas como Nino Bravo, Carmen Sevilla, Raphael, Rocío Jurado, Rocío Dúrcal o Isabel Pantoja. Aun así el carácter sufriente de buena parte de las letras de gran parte de las estrellas de ese género, de Concha Piquer a Juanita Reina, de Miguel de Molina a Marifé de Triana, remite a una frustración que podía ser la de la mujer española de la posguerra; pero también a la del homosexual de la época; lo que se explica muy bien por la doble lectura que todavía hoy son capaces de sugerir muchos de esos textos.

HOMOSEXUALIDAD SIN COLORINES

Estaba además el caso de las personalidades que en su «exilio interior» se vieron obligados a evitar cualquier significación ya fuera de tipo político o sexual. Uno de los casos más evidentes fue el de un poeta tan imprescindible como Vicente Aleixandre (1898-1984), premio Nobel (1977), que mantuvo una amplia correspondencia con el exilio, pero que apenas pudo significarse en aquella España. Aleixandre nunca reconoció públicamente su identidad, fuera homosexual o bisexual.[56] En su biografía, *Vicente Aleixandre. La memoria de un hombre está en sus besos*,[57] Emilio Calderón escribe de manera profusa sobre las supuestas relaciones del poeta con otros hombres, incluso con quien le mecanografiaba sus escritos, transcribiendo cartas y poemas de

56 Se le ha vinculado como supuestas parejas con un conocido abogado y un decorador de películas..

57 Stela Maris (2016), Barcelona.

contenido singular. Como el texto remitido al también poeta Carlos Bousoño a finales de los cuarenta, casado con una joven puertorriqueña:

> Has entrado en mi cuarto; es de noche, como cuando cenaste aquí y nos vinimos a esta habitación, y yo me acosté y tu sentado en el borde de la cama reclinaste tu cabeza de niño sobre mi pecho. ¿Te acuerdas? ¡Cómo nos mirábamos! Yo creo que fue el día más feliz de mi vida, aunque el día de nuestro desposorio fue aún más por ser el más sagrado. ¡Qué verdadera mística es el amor! ¿Te acuerdas de aquellas horas, en el cuarto, mirándonos, besándote, sonriéndonos, fundiéndonos?[58]

De la misma manera que Aleixandre era también amigo del pintor Gregorio Prieto (1897-1992) creador en varias artes, que se había adelantado a su tiempo, amigo de Lorca y de Cernuda, con quien compartió residencia en Londres durante dos años de su exilio, que regresó a España en 1947, desarrollando una obra muy personal. Prieto fue un creador de singular modernidad en la pintura y en la fotografía, y en una parte importante de la obra laten formas de homo erotismo que en otras épocas debían ser ocultadas, En época reciente se han publicado más de setenta cartas cruzadas59 entre el artista plástico y Vicente Aleixandre con textos de gran expresividad. Gregorio Prieto le transmite a su amigo en 1924:

> He amado a varias mujeres en mi vida, una vez en ceguedad. Hasta hace pocos años, muy pocos, entre dos amores de una clase, no apareció en mí el germen de contemplaciones desinteresadas y ardientes, como las que tu sientes [...] Como tú, yo me prendo en bocas, ojos, sonrisas, esculturas, como tú, amo [...]. Con los que cada vez serán más, porque es indudable que la futura época de salud y deporte que tanto se aproxima traerá consigo el amor a la forma humana con independencia del sexo.

---

58 *Id.*

59 Vicente Aleixandre y Merlo (2020) *Visitar todos los cielos. Cartas a Gregorio Prieto (1924-1981)*. Compilación de Víctor Fernández. Madrid: Fundación Banco Santander.

Aleixandre le escribe en 1929:

> Tienes razón; ahogar sentimientos, impulsos, modos de ver; hablar a veces bajo un antifaz es doloroso e inocuo, es antihumano. La sociedad burguesa es cruel en su incomprensión y cuando hay que vivir de mentira en muchas cosas, amputado en cierto modo, constreñido a una vida íntima, en la soledad alta de uno mismo, que sea la verdadera libertad, la expresión total y exacta de uno. Se encierra uno en la soledad y dolorosamente se confiesa solo, en cuanta amargura, disonando a veces en el concierto de las voces medias.[60]

También había vuelto de su exilio en la primera posguerra José de Zamora —o Pepe Zamora— (1889-1971), pintor, dibujante, escritor y diseñador de moda, que retornó en 1941 tras la ocupación de Francia y que en una época posterior iba a ser uno de los exponentes del Sitges abierto a la diversidad. O el poeta Juan Gil-Albert (1904-1994), que provenía de la alta burguesía y cuya significación política durante los años de la República fue evidente, exilado en México y Argentina, retornado a España a finales de los cuarenta para encerrarse en una desconexión con las instancias culturales de la época, aunque mantuvo un trabajo casi secreto que tiempo más tarde empezaría a dar a conocer cuando las circunstancias cambiaron. A diferencia de otras personalidades de la cultura, Gil-Albert había asumido su identidad sexual con un sentido adelantado a tu tiempo, sin sentir vergüenza ni culpa, como la generada por la moralidad pública de la época.

Pese a no ser aparentemente molestados, las personalidades homosexuales cuya opción era más o menos manifiesta, aunque no trascendiera a la esfera pública o a los medios, pudieron ser tratados con desdén desde las instancias oficiales en las que todavía tenía peso el discurso de la supuesta «rareza». Como ocurriera con Eduardo Blanco Amor (1897-1979), autor con una obra destacable tanto en castellano como en gallego. En cualquiera de los casos la sospecha de que un

60 Inés Martín Rodrigo, «Las cartas inéditas de Vicente Aleixandre a Gregorio Prieto». *ABC*, Madrid, 12-02-2020.

personaje conocido podía ser homosexual le sometía a un grado de excepcionalidad que implicaba una distancia o la ubicación en un «territorio aparte».

Lo contrario a lo que venía a ocurrir con los artistas de escenario llamativos y de ropas afectadas, sometidos a una especial fiscalización y un control policial para evitar que pudieran «pervertir» a otros. Bajo esa terrible situación la vida debió hacerse incómoda para hombres incluso conocidos, que tuvieron que ocultar su preferencia sexual en lo más profundo de su ser para evitar ser tratados como «viciosos» o «peligrosos». Bajo el temor a las redadas policiales en lugares de encuentro de homosexuales. Pese a lo cual en aquella época había hombres que se prostituían al servicio de otros, de manera discreta y oculta, bajo un secreto tan inconfesable como si cometieran un homicidio.

En 1954 la Ley de Vagos y Maleantes incluía a los homosexuales en la categoría de delincuencia bajo un perfil de «seres de peligrosa etiqueta»: «Los homosexuales sometidos a esta medida de seguridad deberán ser internados en instituciones especiales, y en todo caso, con absoluta separación de los demás». En los años siguientes fueron detenidas más de 5.000 personas, de las que muchas volvían a recobrar la libertad a los pocos días, con una multa o tras haber pasado por un calabozo, con lo que ello tenía de nota negativa en una época en la que para casi todo se exigía el certificado de buena conducta y adhesión al Régimen que facilitaban comisarías de la policía, guardia civil o ayuntamientos. Otros fueron condenados a colonias agrícolas con trabajo obligatorio, como la del campo de Tefia (Fuerteventura).

Al igual que ocurrió con el cierre de los burdeles de los años cincuenta, la expansión de la prostitución hacia otro tipo de negocios o a las calles de algunos barrios o ciudades, lugares o instalaciones se convirtieron en propicios para los encuentros, pese a la fiscalización policial y el riesgo de acabar en una comisaría. De esta manera estaciones, urinarios públicos o zonas apartadas se vieron frecuentadas por ese tipo de personas, de la misma manera que a mediados de los sesenta se generaron ciertas formas minoritarias de prostitución masculina en torno a bares en zonas céntricas de relativa élite. Identificación de locales que también se extendió a cines céntricos con sesiones matinales, como Carretas, Sol y Montera, en la capital de España, y Latino, Unión, Atlántico o Arnau en Barcelona.

En el caso de artistas importantes y de renombre internacional sus matices de diferencia respecto a modos, estilos, formas de arreglarse o ademanes, les hacía aparecer distintos pese a su reconocimiento artístico exterior; con el riesgo de ser calificados de «invertidos», término obsoleto, que denota supremacismo y homofobia. Luis Mariano (1914-1970), nacido en Irún, se había visto obligado a emigrar a Francia tras el final de la guerra civil; se convirtió en la indiscutible estrella de la opereta y del espectáculo francés de los años cincuenta de la mano del autor Francis López. En escena Mariano vestía trajes de colorido y aparatosidad: sus obras se eternizaron en los escenarios de París.

En los primeros cincuenta, después de haber pasado por películas francesas sin excesivo brillo, protagonizaba coproducciones llenas de colorido tipismo con exteriores en España, y estrellas de la época como Carmen Sevilla, Lolita Sevilla o Paquita Rico. Además de otros títulos rodados para el mercado francés o alemán. Cuando crecieron los rumores porque la estética del artista era tan poco ortodoxa como su gestualidad, se le inventó un noviazgo con Carmen Sevilla, llegando a insinuarse una boda con ella. Así lo contó la actriz:

> Era amanerado, muy expresivo, muy alegre y dicharachero, una gran persona... Pero a mí me asustaba en aquella época... Esos gestos hoy en día hubieran pasado normalísimo. Pero entonces le decía: «Mariano no chilles, no te pongas así, que eso no es de hombres». «Pero si yo no hago nada», decía.[61]

Mariano, un personaje que sigue manteniéndose en la memoria colectiva del estrellato francés, apenas ha sido reivindicado desde espacios, como el nacionalismo vasco —militó en

61 Entrevista con Diego Galán en *Queridos Cómicos*. TVE, 1993.

el PNV, cantó en euskera incluso en la España franquista— o por los grupos LGTBI.

Caso paralelo al de Mariano tuvo lugar con otra figura, el bailarín Antonio. Tampoco se recataba de aparecer con atuendos coloristas o maquillajes acentuados, que chocaban con la rigidez de los códigos de vestir de la época. Con él también se intentó jugar a un innecesario equivoco. En el argumento de *Luna de miel* (1959, Michael Powell), una producción de Cesáreo González que mezclaba la promoción turística, la tarjeta-postal, la danza y un cierto tono de «fantástico» muy frecuente en las películas de ese director británico, se insinuaba una imposible relación entre él y una bailarina recién casada (Ludmilla Tcherina) que visitaba España con su marido (Anthony Steel). Con Antonio se repitió lo ocurrido una década atrás entre Luis Mariano y Carmen Sevilla, dejando caer rumores de un noviazgo con Marisol con la que había rodado *La nueva cenicienta* (George Sherman, 1964).

La estigmatización de los homosexuales se agravó en las pequeñas poblaciones donde se conocía todo el mundo. Todavía más insoportable cuando esa identidad era acompañada de una proyección inequívocamente ostentosa, la del «mariquita» al que todo el mundo identificaba, provocando desdén o hilaridad, y cuya vida estaba predeterminada por su condición. Se han descrito vejaciones en la posguerra donde al «marica» o al «afeminado» se le rapaba el pelo y obligaba a ingerir aceite de ricino, además de pasearlo públicamente como elemento de jolgorio y burla, en lo que para algunos debió representar la situación más traumática de su vida.

Mientras en las tablas podían aparecer personajes afeminados para provocar la risa a costa de su imagen pública y a los que se presentaba como un estereotipo. Uno de los más conocidos había sido el «Arikón» de *La corte de Faraón*, en su segunda adaptación al escenario; aunque la obra no se pudo representar en el franquismo en toda su amplitud, en sus traslaciones aparecía ese disparatado personaje metido con calzador para provocar la burla. Se seguía poniendo el foco sobre una imagen pública estereotipada del homosexual, con características de histérico y enloquecido, de un radical afeminamiento. A menudo un peluquero, un modisto, costurero, criado, mayordomo o dependiente de comercio.

Ese paradigma de representación del homosexual lo encarnó Antón, afeminado representado por Alfredo Landa, en el enorme éxito *No desearás al vecino del quinto* (1970), dirigida por Ramón Fernández, la película española más taquillera de 1971 sobre guión por parte española de Alonso Millán, al tratarse de una coproducción con Italia, donde se contrastaba al supuesto «mariquita» con el atractivo y mujeriego ginecólogo. Finalmente el tópico y alocado era un perseguidor de suecas. Con más de cuatro millones y medio de espectadores fue hasta entonces la más contemplada en la historia del cine español.

La percepción social empezaba a cambiar en los años sesenta y con el turismo iban a llegar nuevos perfiles de visitantes, adquiriendo presencia otras formas culturales y sociales, como las que se empezaron a ver en Ibiza, Sitges, Barcelona, Torremolinos o lugares de Canarias como Maspalomas, donde al hilo del relativo colorido de finales de esa década, pasaban más inadvertidos los tonos de un cierto cosmopolitismo.

A la Costa del Sol pertenecen estos pintorescos documentos. El 28-I-1969 desde la comandancia de la Guardia Civil se informa al Gobernador Civil de un hecho ocurrido que parece propio de una provocativa inocentada:

> En la noche del día 23 del presente mes, aparecieron colocados en las paredes de varias calles de la localidad de San Pedro de Alcántara de esta provincia, un total de seis carteles consistentes en hojas de almanaque del año 1968 del Monte de Piedad y Caja de Ahorros de Ronda, escritos por la parte de atrás a tinta y mano en letras de molde, lo siguiente:
>
> > «No pedimos marihuana, solo queremos que algunos hombres (si es que quedan) nos dejen la Juana», «Señoritas, no los cacen a todos porque los hombres también son cosa nuestra: igualdad de oportunidades», «Día de la Emancipación del Mariquita: ¡viva el tercer sexo!», «Comunismo no, marihuana no, mujeres para quien los quiera ¡Hom-

> bres sí! Mariquitas en marcha», «No somos machos, pero somos muchos: juntos venceremos los prejuicios. Día del Mariquita».
>
> Fueron recogidos por agentes de la policía municipal.[62]

En otro tono aparece la denuncia del sargento jefe de la Guardia Civil sobre «escándalo público en acto de homosexualidad» correspondiente al 4-V-1970:

> A las 3,15 horas de ayer por el Cabo Primero y Guardia Segundo del puerto, cuando prestaban servicio fiscal, sorprendieron en la playa del paseo marítimo a dos individuos desnudos practicando actos de homosexualidad. Identificados resultaron ser S. de 25 años, soltero, hijo de [...] y de [...], y de profesión camarero, y a X. de 29 años, soltero, hijo de [...] y de [...] de profesión albañil. Del hecho se instruye el correspondiente atestado que junto con los dos individuos detenidos fue entregado en el Juzgado de Instrucción número 1 en funciones de guardia en Marbella.[63]

El cambio de enfoque respecto a la homosexualidad se produjo al final de los sesenta y los primeros setenta cuando se consideró que los homosexuales no solo eran «degenerados», «viciosos», «pecadores» o «pervertidos», sino «enfermos» que debían ser «curados». La Ley sobre Peligrosidad y Rehabilitación Social de 1970 mencionaba en su preámbulo el objetivo de «exigir y facilitar la adquisición de un conocimiento más perfecto posible de la personalidad psicopatobiológica del presunto peligroso y su probabilidad de delinquir, asegurando a tal efecto que sus condiciones antropológicas, psíquicas y patológicas sean estudiadas por los técnicos y adecuadamente ponderadas».

Para tratar de curar una enfermedad que no era tal se utilizaba a la psiquiatría con intención represora. De tal modo que el problema podría llegar a serlo el «tratamiento». Esa ley que reemplazaba a la de Vagos y Maleantes de 1954 incluía la mendicidad, homosexualidad, el vandalismo, el tráfico y consumo

---

62 Asociación Pasaje Begoña. Torremolinos. 2020.

63 Id.

de drogas, la venta de pornografía, la prostitución y el proxenetismo, así como la inmigración ilegal. En ese cajón de sastre se tipificaba a quienes realizaran «actos de homosexualidad». Sobre los que se decía que «serán declarados en estado peligroso y se les aplicarán las correspondientes medidas de seguridad y rehabilitación».

Bajo la aplicación de agresivas técnicas de psicoterapia se intentaba curar la homosexualidad. En unos casos era el deseo de las familias sobre los hijos quien forzaba a someterse a esos «tratamientos» a través de consultas o clínicas privadas. En otros de manera forzosa como los detenidos por homosexualidad o en la cárcel. Así lo relata décadas después Jordi Griset:[64]:

> [...] Era de los de la «acera de enfrente» y me sentía el único ser del mundo bajo esa condición, un enfermo y un peligro social. No tenía nadie a quién acudir. Tendría unos veinte años. Entonces empecé a escribir, no eran unas memorias sino unas notas. Pero un día ese papel se quedó sobre la mesa de estudios, y mi madre lo pudo leer. Ella me llamó esa misma mañana hecha un mar de lágrimas diciendo que había descubierto mi secreto. El paso siguiente fue convocar una reunión familiar, una especie de cónclave, con mi padre, mi madre y yo [...]. Tenía una «enfermedad» y si hacía falta ellos estaban dispuestos a vender la casa para que pudiera cambiar y ser «normal» [...].
>
> Estaba sentado frente a una pared blanca. Detrás de mi había una mesa con un proyector de diapositivas. Tenía un electrodo colocado en la mano derecha y otro sobre el bíceps izquierdo sujeto con una goma. Entonces la luz se apagaba y se proyectaba la imagen de una mujer desnuda, que se mantenía unos treinta segundos más o menos, y no pasaba nada. Luego cambiaba la imagen y se veía la de un chico, siempre en bañador a diferencia de la mujer, que se iban alternando. Mientras notabas una corriente eléctrica cuando aparecía la imagen masculina, que cada vez era más fuerte. Una descarga eléctrica recorría tu cuerpo.
>
> No conozco a nadie que haya cambiado su deseo sexual por estos «tratamientos». A mí no me «curó», no me cambió, sino que sirvió para reafirmarme: esta era mi naturaleza y no

64 Autor, entre otros, de *L'art del mosaic hidràulic de Catalunya*, modelo fotográfico, de pasarela y de bellas artes. Activista pro derechos LGTBI.

> la iban a cambiar. En mi caso fue «voluntario», entre comillas; pero a otros como los que estaban detenidos o encarcelados, se les aplicó sin tener capacidad de escoger. [...] Poder superar esto es importante. Y lo peor es no lo superas nunca. Lo llevamos impregnado en nuestros propios genes.[65]

Bajo el criterio de que la normalidad era exclusivamente la heterosexual, la Ley de Peligrosidad y Rehabilitación Social de 1970 imponía a los homosexuales, entre otras penas, «el internamiento en un establecimiento, la reeducación y la prohibición de residir en el lugar o territorio que se designe, o de visitar ciertos lugares o establecimientos públicos, y la sumisión a la vigilancia de los delegados». De esta manera llegaron a funcionar cárceles o centros especializados: en Badajoz (para quienes eran pasivos) y Huelva (para los activos) mientras en grandes centros penitenciaros se crearon espacios separados para homosexuales. El alcance de esta ley, como antes lo había sido la aplicación de la de Vagos y Maleantes, afectó especialmente a homosexuales con menores recursos económicos y más escasa formación, aumentando su estigmatización. En las cárceles los homosexuales aparecían entre las últimas sub-escalas sociales de los reclusos, «los últimos entre los últimos», al nivel de los violadores o pederastas. Es difícil cuantificar con exactitud cuál fue el número de sancionados por esta causa pero pudo haber alcanzado a los 1.000. Se dio el caso de que no les fue aplicado el indulto de 25 de Noviembre de 1975 de comienzo del reinado de Juan Carlos I ni la amnistía del 76, como ocurrió con condenados por otros delitos.

Para apreciar el espectacular cambio de enfoque respecto a la homosexualidad entre finales del franquismo y nuestra época podemos fijarnos en las conclusiones y recomendaciones de la Quinta Comisión de Trabajo del II Pleno del Consejo Nacional de la Juventud del Instituto de Estudios Políticos, dependiente del Consejo Nacional del Movimiento,

---

65 Fragmento-extracto de entrevista en *¿Dónde estabas entonces?*, 2017. Newtral Media Audiovisual y La Caña Brothers para La Sexta.

organizado en 1972, sobre Juventud y Matrimonio (Formación Sexual):

> El homosexualismo es hoy un problema de tanta trascendencia y casi universalidad. [...] Los afectos [...] puede(n) verterse hacia personas de un sexo como de otro. Esto, unido a las sensaciones eróticas automáticas que se producen en la pubertad, conducen fácilmente al homosexualismo, igual que a la masturbación. No en todos los púberes deriva esto en vicio permanente; pero lo cierto es que en no pocos queda como lacra duradera, con nefastos resultados de todo orden, dentro y fuera del matrimonio [...].

Aunque los años setenta ya no eran los del oscurantismo de la posguerra, los enfoques seguían siendo reduccionistas:

> [...] En lo tocante a España, quien tenga acceso a los ficheros de la Policía podrá comprobar con verdadero espanto el número de homosexuales que allí figuran como practicantes de este vicio o enfermedad, como quiera llamársele. [...] Posteriores investigaciones [...] demuestran que casi nadie es homosexual voluntariamente: la casi totalidad afirma serlo por no poder evitarlo. Entre los adolescentes las reacciones son totalmente diversas: unos se muestran de una vez para siempre refractarios, asqueados. Otros, después de una sola experiencia, fortuita quizás, eligen este camino para toda la vida. Otros, en fin, aunque reiteren la experiencia algunas o muchas veces, se alejan de ella definitivamente. No son raros, según estudios recientes, los que adoptan este sistema sexual de vida después de haberles decepcionado, o asqueado, o hartado, la experiencia o experiencias con el otro sexo. [...] Como regla general, no dan nunca buen resultado la violencia, el escándalo, la publicidad, etc. Sin embargo, en una comunidad de adolescentes, el apartamiento del individuo así se hace preciso, pero hay que hacerlo con toda caridad, prudencia y silencio o reserva [...].

Los métodos «curativos» que se recomendaban en este Informe consistían en «estudiarse serenamente el problema de la homosexualidad juvenil y urgir la utilización de todos los medios lícitos, no solo para prevenirla y curarla, sino también para evitar su contagio y proliferación».[66]

---

66 VV.AA. (1972) *Sexualidad y Educación Sexual.* Instituto de la Juventud del Instituto de Estudios Políticos. Madrid, 1972.

Pudieron ser miles de hombres los fichados por la policía; pillados en una redada en un local donde hubiera homosexuales, en la calle o en un lugar público frecuentado por los mismos. Estar fichado, aunque se careciera de antecedentes penales, equivalía a convivir con una espada de Damocles toda la vida, con un expediente negativo capaz de arruinar una existencia. En estos últimos años del franquismo se revitalizan conceptos arcaicos que venían de principios del XX y habían sufrido distintas fases con eclipses y reapariciones, bajo el criterio de que los homosexuales podían «salvarse» aplicándoles un tratamiento para que hacerlos heterosexuales. Fueron tiempos de giro a los electroshocks, a las lobotomías, a las pastillas y la medicalización, en los que se aplicaban descargas cuando contemplaban imágenes de hombres atractivos que dejaban de darse cuando se mostraban las de mujeres. Por presión del entorno social, requerimiento del poder público o por petición de los padres, a veces bajo demanda de un sacerdote o un maestro, una persona homosexual podía ser sometida a agresivas «terapias» preferentemente a cargo de centros o profesionales privados; métodos cuyo fracaso era seguro, pero que por el camino dejaba intensos traumas psicológicos y heridas en la mente de quienes se sometían a las intervenciones. Además implicaban un grave legado: la asunción por la víctima de su problemático papel bajo unos términos de interiorizada anormalidad.

AGRESIVAS «TÉCNICAS DE AVERSIÓN»

A principios del XX obtuvieron resonancia las «técnicas de aversión» en las que se experimentaba sobre una asociación a estímulos desagradables; supuestas terapias de gran agresividad que el nazismo, el fascismo y el estalinismo utilizaron como arma represiva. En la mitad de los sesenta se aplicaron al tratamiento de la homosexualidad. Pero su aplicación no solo era inútil sino extremadamente peligrosa careciendo de base científica. La Asociación de Psiquiatría Americana las considera «dañinas no avaladas por estudios científicos» y el

Consejo General de la Psicólogos de España las rechaza de forma radical «porque deriva en problemas de ansiedad, depresión y suicidio». Falsos tratamientos científicos prohibidos actualmente en las normativas contra la LGTBI-fobia.

Comenta Esperanza Ochaita:

> En los últimos años setenta, un grupo de profesores y jóvenes con la carrera de Psicología recién acabada hicimos una fuerte crítica contra los «tratamientos» para curar la homosexualidad; incluso se había publicado algún artículo en revistas científicas que los defendía. Nos parecían brutales, con aquellos electrodos colocados en zonas sensibles como testículos que disparaban cargas según iban apareciendo imágenes en una pantalla. Además de manifestarnos contra esos sistemas estábamos convencidos que no había que curar nada, porque la homosexualidad o el lesbianismo es algo que debe ser entendido como que una persona es alta o baja, rubia o morena, con una peca o sin ella: una cuestión perfectamente normal.[67]

Pese a la Ley de 1970 en esa década había un contexto exterior en franca evolución. Todavía seguían prohibidos los partidos políticos, a excepción del Movimiento, y los sindicatos fuera del vertical. En 1970 se creaba en Barcelona dentro de la clandestinidad el Movimiento Español de Liberación Homosexual a cargo de «Mir Belljai» (Francesc Francino) y «Roger de Gaimon» (Armand de Fluviá). De los que nacería el *Front d'Alliberament Gai de Catalunya,* que no llegaría a legalizarse hasta 1980, y sus réplicas en Madrid, País Vasco y otros territorios de España. Su eco tenía que ser necesariamente escaso desde el punto de vista numérico. Una vez conseguida que se dejara de aplicar la ley de 1970 el objetivo fue la actuación contra el concepto de *escándalo público* que se utilizó indiscriminadamente contra ese colectivo como con cualquier otro que pudiera salirse de unas formas rígidas de moralidad.

Pese a esos tímidos pasos la realidad social todavía parecía escasamente permeable. No sólo por parte del Régimen o de sus herederos, sino también por las fuerzas de la oposición, que desconfiaban de la identidad homosexual de sus

67 Testimonio personal, 2020.

militantes. Uno de esos casos, el del poeta Jaime Gil de Biedma, perteneciente a una rica familia, cuya aspiración a la militancia en el PSUC-PCE suscitó desconfianza por su opción sexual. Convertido en un poeta referencial, Jaime Gil de Biedma (1929-1990), hijo del empresario Luis Gil de Biedma y Becerril, de aristócratas ancestros y de María Luisa Alba,[68] había estudiado Derecho en la efervescente universidad de Barcelona, donde conoció a personajes de la disidencia política de los que llegaría a ser amigo. Combinando años más tarde una insólita doble vida. Por una parte era un distinguido alto ejecutivo, que trabajaba para la compañía que dirigía su padre, Tabacos de Filipinas, ya fuera en Manila o en España. En otra vida paralela y subterránea, Gil se movía por la zona oscura de los garitos frecuentados por homosexuales, incluso los servicios de prostitución masculina donde todo se compraba y se vendía. En los años de la máxima disidencia antifranquista el poeta apareció como compañero de viaje de sus amigos intelectuales, profesores y artistas, cuando las siglas del PSUC-PCE tenían el liderazgo en la oposición, y a las que llegaron gentes provenientes de la alta burguesía y de las clases urbanas más privilegiadas. Sin embargo, el «partido» no se fiaba de un homosexual cuya vida era conocida dentro de su círculo, aunque no confesara públicamente su identidad sexual en una época en que ello le hubiera supuesto una condena social tanto por parte de un bando como de otro.[69] Gil de Biedma fallecería en 1990 de la entonces desconocida enfermedad que se asociaba a las prácticas sexuales de riesgo.

En la primera Transición el tema de la homosexualidad mereció una escasa atención por las fuerzas políticas, permaneció ausente en los programas de las primeras elecciones democráticas, igual que los temas relacionados con la

68 Tío a su vez de la futura presidenta de la Comunidad de Madrid, Esperanza Aguirre.

69 El respeto a la diversidad sexual no representa la tolerancia de hechos tan condenables como la pederastia o la práctica de sexo con menores o adolescentes. Aspecto que ha sido muy debatido recientemente en la consideración sobre Gil de Biedma.

igualdad de género, Aun así, el camino se había iniciado, y en 1977 en Barcelona, donde la visibilidad del colectivo, especialmente en aquellos más significados o de determinados perfiles más coloristas era llamativa, dio lugar a que se celebrara la primera manifestación de Orgullo Gay con un resultado de heridos y detenidos. La noticia aparecía en los medios con tinte de fenómeno pintoresco.

Fueron los años en los que tras el desordenado aluvión de libertades que provocó la primera oleada de la Transición aparecieran las primeras publicaciones de erotismo gay como *Party*, así como la explosión de los espectáculos de travestidos. *Party* pertenecía al grupo de publicaciones que utilizaron la libertad de expresión para abrir mercado. Fue la primera que publicó un reportaje, en 1977, sobre un supuesto actor en un desnudo integral, y en sus páginas se publicaron entrevistas con nombres muy conocidos en la época, como Miguel Bosé, Manolo Otero o Mochi, cualquiera que fuera su identidad sexual, incluso sin ropa como Vicente Parra o José Luis Manzano, el joven lanzado a la palestra por Eloy de la Iglesia; junto a reportajes fotográficos sobre actrices del destape como Susana Estrada, Pilar Velázquez o Bárbara Rey. Es muy posible que esa presencia de rostros femeninos sirviera para evitar la estigmatización de quienes acudían a los kioscos, especialmente en las pequeñas poblaciones o en los barrios en los que todo el mundo se conocía, al no ser inmediatamente identificada *Party* como una publicación gay. Había además la consabida sección de contactos y un consultorio. La revista aguantó un lustro en el mercado hasta su declive y cierre, pudiendo ser considerada la primera publicación homosexual sin tapujos.

En otro distinto orden de cosas se necesitaban visualizaciones públicas. Algunas empezarían a llegar con cuentagotas a partir de 1978 como la presencia de Roger de Gaiman/Armand de Fluviá en TVE declarándose homosexual, o la de este y Jordi Petit en el programa *La Clave* con idéntico motivo. Pese a esos pasos en la visualización, los partidos políticos incluidos los de la oposición de izquierdas, apenas consideraron la asunción de los principios de igualdad y diversidad. Un reportaje periodístico a líderes muy conocidos arrojaba la impresión de que aunque ninguno de ellos consideraba la penalización de la homosexualidad, se admitía que se trataba de una cierta desviación respecto a modelos normalizados. Comenta el sociólogo y politólogo Juan Antonio Matesanz:

> En la dictadura era raro que se les llamara «homosexuales», lo habitual es que se los denominara «maricas», «maricones», «sarasas» o «invertidos». También en el ámbito cultural e intelectual se asumió esa forma de represión, aunque todos conocíamos más o menos, o intuíamos, quienes podían ser homosexuales. Me acuerdo de un amigo que era periodista que se acabó suicidando al descubrirse su homosexualidad. Creo que en aquella época podía haber bastantes casos de bisexualidad. Sin embargo, las lesbianas apenas eran identificadas y pasaban más inadvertidas.

La secreta condición de las lesbianas.

Gloria aprovecha el jueves por la tarde cuando los niños no tengan que ir al colegio para visitar la emisora de radio. Lo harán a las cinco en punto, con puntualidad, pues a las siete comienzan las peticiones del oyente. A las nueve y media se conecta con Madrid porque hay emisión en cadena desde los estudios centrales. Antes de subir a los dos grandes pisos que la emisora ocupa en el centro de la ciudad, alecciona a Fernando y a Camilo para que no la desobedezcan ni toqueteen si no les dan permiso. Con ocho y diez años cumplidos en la casa son torbellinos, pero fuera se portan bien si están al cargo de su madre o de su padre. Gloria lleva tiempo prometiendo que irán a la radio. Lástima que ya no produzcan programas infantiles en directo, como cuando se emitían los domingos a mediodía desde el salón parroquial, después de la transmisión de la santa misa.

Hace tiempo que han oído hablar de Inés Salvatierra, su madre la menciona: no hay tarde que no escuchen su voz presentando los discos dedicados. Gloria les ha contado que los oyentes escriben cartas donde envían sellos en vez de dinero, y una breve hoja con una dedicatoria. Una chica se acuerda de su novio en el servicio militar, una señora dedica a su marido la canción *Cerezo rosa,* por la que diez años atrás se conocieron, una niña quiere dar una sorpresa a su abuela, y otra vecina no se olvida del santo de la del cuarto, para que suene en las ondas *Madrecita* cantada por Antonio Machín.

Una tarde en las vacaciones de Navidad los niños se llevaron una sorpresa: la voz envolvente de Inés mencionó sus nombres, «Camilo y Fernando, esos dos preciosos y estudiosos niños», con la dedicatoria de un misterioso «alguien que los quiere». Por la cabeza del mayor se cruza la duda de quién ha podido mandar sellos para que les dedicaran una canción.

De la mano de su madre, se encontrarán con aquella señora más o menos de la misma edad imprecisa de su progenitora. Inés lleva el pelo recogido y unas gafas de armadura transparente cuyas patillas cuelgan de un cordón, con unos llamativos pendientes. Nada más verlos se agacha y les besa en los carrillos; los papeles se le caen de las manos y los recoge al momento. «Son monísimos, y tienen cara de listos», dice con complacencia. Gloria escucha con satisfacción las palabras de su amiga. La locutora presenta a Aníbal, el técnico de sonido, un hombre con bigote, no muy bien encarado, pero dispuesto a atender sus órdenes. Gracias a ello los chicos podrán sentarse en una sala de grabaciones apagada, colocarse unos cascos, y comprobar cómo se enciende y se apaga la luz roja cuando avisan desde el control. Después Anibal coloca a la madre y a sus hijos ante un monumental magnetófono que acciona desde su mesa de sonido, y aunque sea a regañadientes les pide que digan algo. Se lo piensan, y finalmente el mayor se arranca, pronuncia su nombre y dice que no le gusta ir al colegio. Su hermano pequeño sigue la broma y le llama «berzotas» y »cucaracha». El técnico interrumpe el discurso y hace que escuchen sus entrecortadas voces con la reverberación de ultratumba de un sonido con eco que provoca asombro y luego risas.

Sin dar más tiempo, Anibal les pide que callen como mudos. La luz del estudio se enciende y desde la pecera podrán escuchar a Inés Salvatierra leyendo las peticiones del oyente, sobre discos muy usados y con ruido a frito de sartén, donde la voz melosa de la emisora encadena saludos, cariñosas dedicatorias y canciones de Elvis Presley, el Dúo Dinámico, Perlita de Huelva y Percy Faith. Gloria no tiene que preocuparse de que los niños toqueteen, están tan pendientes como ella de la locutora que se ha colocado sus gafas de cerca para leer con facilidad.

Al acabar, Gloria y la «voz de terciopelo» de la radio bajan al bar de la esquina, a esa hora de la tarde llena de veladores donde con una consumición de café con leche hay gente que deja transcurrir horas y horas lejos del frío de la calle. Gloria pide unos refrescos de naranja para los niños y para ella, e Inés un vaso de leche bien caliente con una magdalena. Es la amiga de su madre quien se adelanta a pagar. Al despedirse, Fernando llama «señora» a la empleada de la radio, pero esta le rectifica: «A partir de ahora soy vuestra tía Inés».

El primer día de las vacaciones de Navidad, se presenta en su casa el mozo de una pastelería con un postre de chocolate y turrón para ellos. Habrá inesperados regalos después de que vengan los Reyes, el 7 de enero, cuando su madre aparezca cargada de los paquetes que Sus Majestades dejaron en el balcón de la «tía Inés». Joaquín, el padre de los niños, apenas tiene tiempo de fijarse en esos detalles, sale temprano para abrir el comercio de telas y vuelve tarde después de haber hecho caja y depositado la recaudación en el buzón del banco. Sin problemas acepta la sugerencia de Gloria:

—El club de oyentes de la emisora organiza un viaje de tres días a Fátima. Mis amigas quieren visitar el santuario... Si no te importa...

Llevar y traer a los niños al colegio no es problema si la abuela se queda en casa y se encarga de algunas tareas. Las comidas tampoco crean obstáculo: Gloria las dejará preparadas para varios días, sin que la madre de Joaquín tenga que molestarse en cocinar. Por unas jornadas, hasta los niños agradecerán una comida de picnic, excepto en el desayuno y la cena donde la leche caliente es indispensable.

Gloria parece regresar contenta del viaje. Trae regalos para la abuela, agua bendita y pequeñas figuritas de la Virgen de Fátima, además de una colección de postales del santuario. Dice que lo han pasado muy bien y aquellos días les han parecido inolvidables. Cuando Joaquín pregunta sin interés algunos detalles del viaje, su mujer le dice que, para no gastar más en el hotel compartieron habitaciones dobles, de dos camas individuales, y le tocó estar con Inés, que para eso son tan amigas.

Es una pena que ni su marido ni ella sepan conducir. Como si lo hace Inés, que desde debe tener coche. Joaquín cree que las locutoras ganan dinero, pero no sabe cuánto y duda en preguntarlo a su mujer, ella tampoco debe tener esa información de su amiga de la radio.

«¡Con lo poco discreto que eres, igual eres capaz de preguntárselo si viene un día por casa!», responde Gloria, con lo que ya está dando por sentado que tiene idea de invitarla.

Una semana más tarde, casi de forma casual, cuando Joaquín a eso de las ocho de la tarde va camino de la peña de amigos que se reúnen a menudo a ver partidos de fútbol en casa de uno que tiene televisión, se sorprende cuando contempla a su mujer y a los niños descendiendo de un vehículo conducido por una mujer de cierto atractivo y con gafas de sol que no se mueve del asiento para despedirse. No hace falta que Gloria le diga el nombre. A través de la ventanilla unen sus manos sin fuerza a modo de saludo. La curiosidad parece mutua. O quizás a Inés le interesa más poner cara al marido de su amiga que a él saber cómo es esa «tía Inés» a la que los niños tanto mencionan.

En los meses siguientes, la locutora será vista por la casa, entrará y saldrá con la confianza de una hermana, sin que a Joaquín le moleste. Él tiene otras cosas en las que preocuparse; Gloria merece distraerse y tener amigas, que para eso se vuelca en atenderle a él y a los niños, y tiene siempre todo a punto, sin fallo ni distracción, atendiendo al último detalle. Unas veces Inés Salvatierra aparece cargada de revistas de moda, otras de cortes de vestidos que extiende sobre la mesa del comedor antes de ser llevados a la modista, prueban la repostería que Gloria ha preparado para todos y que su amiga es la primera en saborear antes de marcharse; parece que la locutora es totalmente negada para la cocina. Los niños la quieren porque viene siempre con regalos; la esperan y tratan mejor que a la abuela: la «tía Inés» nunca regaña ni manda obligaciones…

Los cambios apenas son perceptibles o se han producido de manera tan gradual que no generan sorpresa. Gloria ha comprado para poner en su mesilla de noche un aparato de transistores hecho en vaquelita. Para no distraer a los niños ni a su marido, cuando está en casa, se coloca la radio pegada al oído sin que se escuche otra cosa que un leve zumbido. Es probable que Inés esté hablando en un programa en directo o en alguno de los que graba. Gloria nunca cambia el dial, siempre en la misma frecuencia, y no se pierde las intervenciones de su amiga como si fueran propias.

En junio, a punto de que los niños empiecen las vacaciones, Joaquín y Gloria cambian impresiones sobre los planes para el verano. La abuela se encuentra delicada y están de acuerdo en alquilar una casita en el campo, a solo diez kilómetros del centro, aunque él tenga que hacer el esfuerzo de adecuar sus horarios a los del autobús, y si un día lo pierde, verse obligado a pagar un taxi mucho más caro. Sabe que esos aires les pueden venir bien, y que la abuela puede irse con ellos, siempre que se mueva lo menos posible. Joaquín ha pensado que acuda una chica del pueblo de quince o dieciséis años para ayudar a la limpieza y traer la compra.

Esa tarde Inés aparece con dos o tres bolsas grandes que deposita sobre el sofá del salón. Ante los ojos de Gloria le quita la funda apareciendo trajes de colores pastel y tejidos ligeros de verano, que la madre de familia contempla con expectación. Hay uno de un verde primavera especialmente tentador al que por su fresca tonalidad dan ganas de dar un bocado. «Te quedaría estupendo», comenta Inés, justo antes de que Joaquín con cierta prisa corra hacia la casa en el otro extremo de la capital de provincias donde se reúnen para compartir partidos de fútbol por televisión.

En la calle el marido corre hacia la parada del autobús, aún tiene tiempo suficiente para que aparezca. El recorrido no es largo y podría hacerlo a pie, pero quiere centrar todas sus fuerzas en esa final de Copa de Europa sobre la que la gente lleva hablando semanas Pero le asalta la desconcertada presencia de Arturo, uno de los que estaba previsto que compartieran la velada ente el televisor, al que Joaquín conoce de los tiempos del servicio militar. Es un incidente imprevisto, una enorme piedra en el camino.

Acaba de enterarse de la muerte del padre de ese amigo común que tan generosamente les acoge en su comedor. Un infarto traicionero sin oportunidad de reaccionar. Arturo ha salido a su encuentro y propone acudir al Hospital

Provincial donde su amigo ya debe estar en el velatorio. Joaquín no duda en acompañarlo. Pero antes deberá avisar a Gloria; tendrá que regresar más tarde de lo previsto, que ya no hay fútbol sino duelo, jolgorio sino tristeza. Tarda menos en regresar a su casa que en buscar un bar para llamar a su mujer. Además aprovecha para ponerse una camisa blanca y una corbata negra. Arturo aguarda en el portal como garantía de que Joaquín no se entretendrá en dar noticia a su esposa.

Como una exhalación, Joaquín abre con su llave, los niños aún no han regresado del cine con sus primos mayores; ahora ya sin clase, pueden irse a dormir más tarde. El salón está oscuro, y todavía sobre el sofá y varios asientos aparecen revueltos envoltorios y trajes en sus fundas. Al fondo del pasillo se ve una luz encendida, pero apenas se escucha ruido. Intuye que Gloria e Inés se están probando modelos. Pero apenas se oyen comentarios o murmullos como si ellas hubieran salido sin anunciarlo. Al dar dos pasos hacia la alcoba matrimonial cree pisar algo. Para su sorpresa al clavar su mirada reconoce el verde primavera del vestido maravilloso tirado en el suelo como un cadáver inerme.

Acelerando el paso abre la puerta de la alcoba donde bajo una tenue luz de lamparita se entrecortan sombras: Gloria e Inés tienen el busto desnudo, una frente a otra... Se sorprenden de su aparición como si irrumpiera un rayo. Joaquín acciona el interruptor de la luz que se asemeja a una profanación. Le bastan dos segundos para salir corriendo dando un portazo. Después en las escaleras se verá obligado a acompasar el ritmo de sus zapatos hasta encontrarse con su conocido que espera en el portal. Evitará mostrarse con la expresión desencajada que marca su rostro, y que atribuirá a lo imprevisto de la muerte del padre de su amigo. Una mentira radical: apenas conocía al muerto. En una sala de duelos nadie se va a asombrar de encontrar un rostro con cara de boxeador noqueado. Joaquín no piensa en otra cosa, y se ha tragado la palabra que le hubiera gustado escupir a la cara de Gloria y la otra.

Aunque nadie va a enterarse; y menos alguno de sus amiguetes que le llamarían lo peor y pondrían en entredicho su hombría. Joaquín tiene que mantener su ficción. En los días siguientes, los niños asistirán a cambios imprevistos en la casa. Ahora su cuarto se ha trasladado a la antigua habitación de matrimonio, donde estaba la cama grande y a partir de ahora aparecen las dos suyas pequeñas. Les han contado que papá necesita estar tranquilo y por eso dormirá en el cuarto de los invitados, y mamá en el que antes era de los niños. Nunca más verán un beso, una caricia, ni un cruce de miradas entre sus padres. Ahora Gloria podrá escuchar la radio con más volumen sin necesitar pegar su oído al transistor. Volverán a ver más veces a «tía Inés», pero nunca por casa.

«Nada existe si no adquiere visibilidad». Frente al discurso contra los homosexuales quedaba en zona de sombra la discreta situación de las mujeres lesbianas, camuflada bajo los más variados roles y funciones. Ortega y Gasset en sus *Estudios sobre el amor* establecía «excepciones» al «entusiasmo erótico de la mujer por la belleza masculina». Escribe el filósofo:

> [...] Por eso quien haya observado con algún cuidado el alma femenina, pondrá en duda como suceso normal, el entusiasmo erótico de la mujer por la belleza masculina. Y hasta puede predecirse qué tipos de mujeres serán la excepción a esta regla. Hélos aquí: primero, las mujeres de alma un poco masculina; segundo, las que desde luego han practicado sin limitaciones la vida sexual (prostitutas), tercero, las mujeres normales que tienen una vida sexual plenamente ejercitada y llegan a la madurez; cuarto, las que por su constitución psicobiológica vienen al mundo dotadas de un «gran temperamento».[70]

Pero, ¿qué ocurría con las mujeres que no sentían atracción física hacia el hombre? Y en paralelo: ¿no significaba su aparente «masculinización» otro estereotipo? Un temor muy habitual en buena parte del XX: la prevención ante la asunción de actividades hasta entonces cultural y socialmente asumidas por los hombres que también podían serlo de las mujeres. Y, a la vez, la atribución de roles, contenidos o

70 José Ortega y Gasset (1985) *Estudios sobre el amor*. Barcelona: Salvat. Pág. 101.

inquietudes ajenas a sus estrictos territorios. De esto da testimonio la increíble prohibición de la práctica del atletismo por la Sección Femenina y las estructuras del deporte vinculadas al Partido Único, que se mantuvieron durante más de veinte años; bajo el pretexto de que podían perder su feminidad, y convertirse en «marimachos», y las múltiples limitaciones al acceso de las mujeres a funciones y espacios por el miedo a «virilizarse».

DISCRETAS Y SIN LEVANTAR SOSPECHAS

Las lesbianas estaban condenadas al silencio, y la Ley de Vagos y Maleantes o la de Peligrosidad y Rehabilitación Social, por las que se condenó a hombres homosexuales a penas de cárcel, sanciones y multas, apenas las mencionaba. Aunque hubo alguna condena, y en cárceles como Málaga se creó un espacio aislado para mantener a lesbianas lejos de las demás reclusas. Tampoco vamos a encontrar en aquella época estudios, artículos en prensa o en medios referencias a las lesbianas, excepto bajo las formas generales de condena a las «aberraciones sexuales».

Como en cualquier otra sociedad, las lesbianas existían aunque permanecían recluidas en un silencio social. Esa tapadera era más fácil que en el caso de los hombres y se podía acoger a la relación de amistad, de camaradería femenina, en una asociación incluso religiosa, o en el espacio compartido del ocio. Las lesbianas utilizaban curiosas frases para identificarse entre ellas y no ser descubiertas, a través de preguntas como «¿eres librera?«, «¿eres *así*?», equivalentes a términos utilizados posteriormente en espacios homosexuales como «¿entiendes?».

Como en el caso de los hombres homosexuales, la focalización en torno a las lesbianas se generó sobre estereotipos:

- Mujer que se desenvuelve de forma independiente.
- Señora sin marido.

- Con signos culturales (externos) de (supuesta) virilización: fumar, conducir coches o motos, vestir pantalones, trajes sastre, mostrar decisión e iniciativa…
- Practicar deporte o al menos montar en bicicleta y nadar.
- Socialmente activa.
- Sola o residiendo con una madre.
- Bajo la cobertura pública de la estrecha amistad con la amiga.
- Enorme discreción en sus presentaciones públicas.
- Selectiva en cuanto a pretendientes. Cortejada pero sin compromiso con ninguno.
- Trabajando fuera del hogar o en profesiones de un cierto nivel, dentro del reducido abanico de opciones para las mujeres de la época.

Otro mito sobre la percepción pública de un grupo, por cuento podía haber:

- Lesbianas casadas y que eran madres.
- Con parejas masculinas, o al menos «novios» en una época en la que esta condición se adquiría sin tener relación sexual previa al matrimonio.
- Vestidas de las formas más diversas.
- Pertenecientes a amplios grupos sociales.

LAS QUE AMABAN A OTRAS MUJERES

Frente al modelo de relación homosexual masculina, la desarrollada entre mujeres tenía más posibilidad de acomodarse al convencionalismo social, disfrazada de amistad, afición compartida, con la creación de un vínculo legal no sospechoso. A pesar de la sanción social ciertas mujeres habían empezado a expresar deseos hacia otras féminas gracias a moverse en ámbitos intelectuales o socialmente liberales. Que además pertenecían al selecto clan de quienes aspiraban a «decidir por ellas mismas», tenían una formación e inquietud muy superior a la de las mujeres de su época; sin que su objetivo en la vida fuera depender de un marido, ni tampoco estaban dispuestas a asumir una condición secundaria recluidas en el espacio del hogar. Uno de los casos de visibilidad correspondió a Victorina Durán (1899-1993), pintora, escenógrafa, figurinista, directora teatral, primera mujer catedrática en 1929 de Indumentaria y Arte Escenográfico, que había asumido una identidad feminista en paralelo a la de lesbiana. .

En 1926, Durán participa en la fundación del selecto Lyceum Club Femenino, espacio de élite social creado en la capital de España a la imagen y semejanza de los de Francia o Reino Unido, que en España constituyó una primera expresión de asociacionismo femenino laico. Unía al centenar de mujeres que intervenían en su creación una inquietud cultural y la búsqueda de mayor protagonismo social. Podían pertenecer todas aquellas que hubieran participado en obras literarias, artísticas, científicas, en causas sociales o con titulación académica, y su objetivo era trabajar por la defensa de las mujeres desde el espacio educativo y cultural, participando en el impulso a las obras sociales. Su primera junta directiva estuvo presidida por María de Maeztu, con Victoria Kent e Isabel Oyarzábal en la vicepresidencia y Zenobia Camprubí en la secretaría.[71]

En paralelo va a formar parte del denominado Círculo Sáfico de Madrid, una informal tertulia bajo una característica de rebeldía, en el que se podían manifestar como feministas y/o como lesbianas, por el que pasaron personajes como Elena Fortún, la autora de *Celia*, Carmen Conde o Lucía Sánchez Saornil, entre otras. A través de su vinculación con Margarita Xirgu trabará buena relación con Rivas Cherif, director teatral, y especialmente con Federico García Lorca, participando en sus montajes.

71 El Lyceum Club Femenino funcionó desde 1926 a 1939. Tras la guerra, la Sección Femenina intentó reemplazarlo por el Club Medina. A principios de los treinta el Lyceum generó desde Barcelona una modalidad paralela.

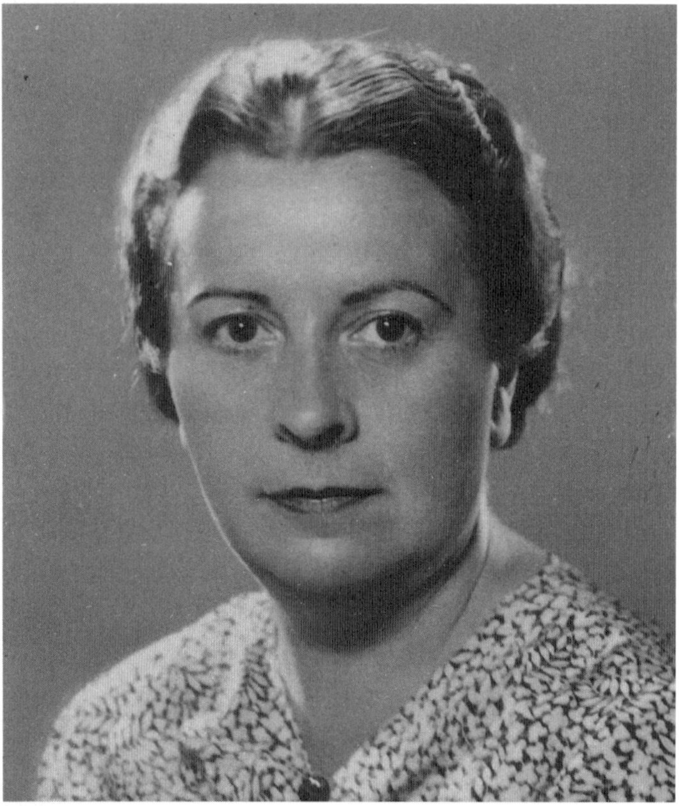

Elena Fortún, la autora de *Celia*: nada que ver con una «escritora menor» sino todo lo contrario. Lolita Garrido, una cantante con personalidad y estilo, avanzada de una ambigüedad.

En 1937 Victorina inicia un forzado exilio en Argentina. Teme ser asesinada por su condición sexual como ocurrió con su amigo Federico. Retomando su peculiar relación con Xirgu que había llegado desde España con su amiga Irene Polo, trabajando como diseñadora, decoradora y artista plástica en variados trabajos, y directora artística de los grandes coliseos de Buenos Aires, Colón y Cervantes. Durán pudo regresar ocasionalmente en 1949 para colaborar en el *Don Juan* con decorados de Salvador Dalí que dirigió Luis Escobar, retornando definitivamente a partir de 1963. Asumió su condición de mujer lesbiana sin complejos, aunque con la extrema discreción obligada en la época. Dejando unas memorias inéditas en tres partes, *Sucedió*, *El Rastro. Vida de lo inanimado* y *Así es*,[72] desconocidas hasta nuestro tiempo, en las que revela etapas de su vida, y sus relaciones desde la juventud con distintas mujeres. Incorpora su lesbianismo sin pedir perdón, hablando sin prejuicio de sus amantes, aunque sin ofrecer nombres.

Opinaba Victorina Durán sobre la «anormalidad» de esa forma de amar:

> Creo que lo verdaderamente anormal es que una mujer que no sienta nada con su marido, pueda tener hijos, es decir, su función de reproducción sin sentir, como el hombre, el placer para lograrlo. ¿Cabe más anormalidad en la propia naturaleza?.[73]

Las investigadoras y editoras identifican, entre ellas a mujeres de variados perfiles como Margarita Xirgu, María del Carmen Vernacci, Irene López Heredia[74], Heléne

72 Edición a cargo de las doctoras e investigadoras Idoia Murga y Carmen Gaitán. Residencia de Estudiantes, Madrid, 2018. Tres tomos. La doctora Murga tuvo conocimiento de esas memorias inéditas a través de la donación del sobrino de Victorina Durán al Museo Nacional del Teatro en Almagro, trabajando en la investigación sobre la personalidad y la obra de la artista, hasta que años más tarde pudieron ver la luz en la edición crítica de las dos estudiosas.

73 Mar Abad en «Yokobuku», *Ideas*. 31-X-2019.

74 Irene López Heredia (1889-1978) fue una gran dama de la escena que estrenó a autores como Benavente, Cocteau, Ibsen o Pirandello.

Bouvier[75] o Susana de Aquino, que presuntamente pudieron haber tenido relaciones de variado tipo con Durán. Se daba la circunstancia de que la mayor parte de esas mujeres estaban casadas o lo harían más adelante[76].

También Elena Fortún, esposa y madre de familia. El caso de la autora de *Celia*, una mujer católica, madre de familia, republicana, feminista, animalista y contraria a la prostitución, fue paradigmático de esa secreta condición a la que tenían necesariamente que acogerse mujeres a las que no se permitía manifestar su identidad.

Cuando estalla la Guerra Civil, su marido pide reincorporarse a filas y es destinado a llevar la escuela de automovilismo de aviación en Barcelona, mientras ella permanece en Madrid. Tras la victoria de Franco tendrán que salir por separado y con muchas dificultades hasta lograr reunirse en el exilio de Buenos Aires. Donde en 1943 escribe la estremecedora *Celia en revolución*, que no llegaría a ser publicada en España hasta 1987. En la posguerra, sus libros infantiles tuvieron problemas para ser editados. Logró regresar a España en 1948 intentando conseguir el retorno de su marido, antes que este se suicidara en Buenos Aires. Tras vivir con su hijo en Nueva York, con quien no tuvo una convivencia fácil, volvió a España, permaneciendo en Barcelona un tiempo, donde conoció entre otras a Carmen Laforet, estrella de las

75 Helène Bouvier (1905-1978) soprano francesa era una voz habitual en primeros escenarios del mundo, como La Scala de Milán, La Monnaie de Bruselas o las óperas de París, Dresde o el Colón de Buenos Aires.

76 Entre las mujeres supuestamente relacionadas con Victorina Durán apuntadas por sus investigadoras pudo estar la extraña Margarita Ruiz de Lihory y Resano (1893-1968). Aristócrata, marquesa de Villasante, baronesa de Alcalá y San Juan de Moquero, y condesa Val de Aguilar, su vida parece extraída de un melodrama enloquecido. Al parecer espía en Marruecos para Primo de Rivera, donde conoce a Franco, y de forma paradójica para Abbb-El Krim, el líder de la revuelta del Rif contra la presencia española, lo que parece sugerir que podría haber trabajado como agente doble. Casada y madre de cuatro hijos, dejó a su marido y acabó casándose con otro. Muchos años más tarde su nombre apareció en un tenebroso caso donde se mezclaban necrofilia y esoterismo, al ser inculpada por su propio hijo de la muerte de una de sus hijas, a la vez que ella hacía lo propio con su vástago, en una situación que recuerda a un morboso serial.

letras de posguerra con *Nada*, con quien inicia una correspondencia de singular sensibilidad[77] entre 1947 y 1952, para residir de nuevo en la capital de España, antes de su muerte en ese último año a causa del cáncer de pulmón.

Fortún arrastró una condición de lesbiana obligada a una discreción social. En época contemporánea se rescataba del olvido *Oculto sendero*,[78] un texto encontrado entre los documentos que su nuera entrego a la investigadora, biógrafa y experta Marisol Dorado, donde firmaba con el pseudónimo de Rosa María Castaños, de carácter autobiográfico, en torno a una muchacha que se siente diferente y distinta por atraerle otras mujeres. Un libro que no estaba escrito para ser publicado, y que la autora quiso escribir a su íntima amiga Matilde Ras, cuyo manuscrito no llegó a sus manos.

El argumento describe la historia de una joven de familia de comerciantes a la que le gusta vestirse de marinero, y a quien casan, como a Fortún con un marido aparentemente liberal que en el fondo considera que su trabajo de creadora y artista es un entretenimiento de mujer. Cuando Fortún/Castaños pide ayuda a un médico, este le recomienda evitar vestir con ropa que pudiera asociarla a una masculinidad —por ejemplo trajes-sastre o camisas con corbata— , «pintar menos» y «dedicarse a las labores de su género».

La prevención contra la práctica deportiva femenina por sus riesgos de «masculinizar» a las mujeres, presente en pioneros del olimpismo como Coubertin o en el pensamiento de las primeras décadas del siglo, adquirió nueva fuerza en la sociedad española de posguerra. La demostración de esa discordancia frente al deporte femenino se evidenciaba en un artículo publicado a mediados de los cincuenta por *Teresa*, revista

---

77 *De corazón y alma (1947-1952)*, publicada en 2016, con prólogo de Cristina y Silvia Cerezales, hijas de Carmen Laforet. Introducción de Nuria Capdevila-Argüelles, catedrática de Estudios Hispánicos y de Género de la Universidad de Exeter (Reino Unido), también coautora con María Jesús Fraga de la antología de Elena Fortún y Mercedes Ras, *El camino es nuestro* (2014). Ambas en Fundación Banco Santander.

78 Edición de Nuria Capdevila-Argüelles y María Jesús Fraga (2016). Sevilla: Renacimiento.

de la Sección Femenina, donde se comentaban diversos trajes para la práctica deportiva, pero «siempre que no abandonen su feminidad», es decir, su primigenia condición de madres y de esposas.

Contra ese prejuicio iba a luchar Lili Álvarez (1905-1998), la primera española en destacar en los deportes, que había sido finalista en dos ocasiones en tenis en Wimbledom, practicado el automovilismo o el esquí, y en los treinta, escritora de crónicas para medios británicos de derechas. Álvarez, perteneciente a la élite económica, parece ser que fugazmente casada, en la España de la posguerra fue un verso suelto dentro de la estructura del Régimen; en más de una ocasión se enfrentó a la jerarquía de la Sección Femenina por la manera como se relegaba a las mujeres en las competiciones deportivas. Ferviente católica a su manera, que había tenido ciertos encontronazos en su defensa de una forma de mujer independiente, dentro de aquella sociedad parecía una rareza, al tratarse de una «mujer sin marido».

De una gran fuerza y energía, en el chalet madrileño de El Viso del matrimonio formado por el escritor y director Claudio de la Torre y su esposa la también autora Mercedes Ballesteros, cuya residencia era frecuentada por la élite cultural de la época, conoció a Carmen Laforet, la entonces joven escritora que había deslumbrado en 1947 con la publicación de *Nàda.* Buena parte de esos personajes dotados de gran capacidad y sensibilidad se canalizaba hasta las cartas que tenían una parte importante de confidencias. Laforet la mantuvo, entre otras personas con Elena Fortún. Tras conocer a Lilí Alvarez, la escritora casada y madre de cuatro hijos, cruza también misivas con ella, con testimonios epistolares en los que se mezclan sentimientos que admiten diversas interpretaciones; hasta que el anuncio del quinto embarazo de Laforet, rompe abruptamente el vínculo con la ex tenista, que era bastante mayor que ella.

En una época de pasiones ocultas imposibles de visibilizar para evitar la más dura sanción social las latentes o definidas expresiones de deseo entre mujeres se veían obligadas a desenvolverse entre matices de sutileza, bajo interpretaciones peculiares. Era el caso de la sublimación a través de muchas de las canciones que sonaban en las emisoras de radio y cuyo alcance se movía en terrenos de ambigüedad. No puede ser extraño que bastantes de esos autores a través de los relatos sobre mujeres dolientes, que sufrían en silencio por el amor inconfesable hacia otra persona, en el fondo estuvieran hablando de sí mismos. Pero también mujeres que sentían una atracción hacia otras utilizaban esas letras como un catalizador hacia su realidad, en lo que parece un juego de interpretaciones y subtextos. Es decir, el sentido de unas letras hechas por hombres para ser cantados por mujeres, que adquirían otras interpretaciones desde la perspectiva de lesbianas que externamente representan el papel de esposas y madres.

LA LLAMATIVA CONDICIÓN DE LAS MUJERES QUE SE PONÍAN PANTALONES

En aquella época en la que vestir de manera muy personal o lejos de la estricta norma llamaba la atención, ciertas evidencias parecían sospechosas despertando cierta atención sobre supuestas formas de sexualidad no convencional en torno a personajes del espectáculo que jugaban con la ambigüedad. Como era el caso de Celia Gámez (1905-1992), el nombre número 1 de la revista de posguerra con sus espectáculos «de buen gusto» y compañías jerarquizadas en las que la diva y directora ejercía una clara autoridad. Ante un localizado, concreto y controlado escaparate en el que Gámez se desenvolvía con atuendos casi «masculinos», nada comunes en ese tiempo.

Un caso similar el de otro de los mitos de esa época, caracterizados por la ambigüedad, como fue Lolita Garrido (1928-2018). Cantante que había pasado por todos los géneros y escenarios, de los cabarets del Madrid de posguerra —siempre defendió que «nunca hizo alterne»— a las emisoras de radio o los festivales de la canción al principio de los sesenta. Un personaje bajo un envoltorio distante y nada convencional, con uno de los mejores *swing* de entre las voces femeninas españolas, que cantó como nadie del bolero al *rock* pasando por los ritmos sudamericanos o el *pop*. Mujer de mucho carácter, adelantada vistiendo pantalones o *blue jeans* en una época en la que estaba mal visto, acabó retirándose por sus problemas de visión, y durante años residió en un último piso de un edificio de la madrileña calle de Cartagena donde ejerció con personalidad la función de presidenta de la comunidad de vecinos. En su buzón de correos figuraba exclusivamente un apellido, «Garrido», sin que apareciera el nombre de pila.

Tonos de ambigüedad presentes en cantantes femeninas de mitad de los sesenta, que aparecían con imágenes y atuendos cercanos a los de una tópica masculinización. Una época en la que grabó varias canciones la fugaz Gema, nacida como Maria Dolores Ruiz en 1945, un lanzamiento de la compañía Hispavox que no tuvo suerte comercial porque quizás no era el momento de potenciar una cierta visibilidad. Se editó en 1967 la canción *Cuando termine el verano*, bajo un formato de voz grave, letras que podían ser interpretadas diversamente, con pelo muy corto casi como un chico, en un estilo alejado de las *yé-yé* de la época. Lo peculiar de ese disco que poseía una orquestación original para su tiempo es que tras él aparecía la huella de Waldo de los Ríos, y que Gema adelantaba parte del denso sonido y el estilo que en esa misma compañía Hispavox, tras su breve paso por RCA, destacaría Mari Trini en la década de los setenta. Compartiendo la misma ambigüedad en las letras, y sonido de una gran densidad y cierta ampulosidad orquestal, con presencia de una tupida cuerda, muy típico del estilo Waldo de los Ríos. A la vez que alguna de las formas estéticas. En la última etapa de su carrera, antes de su muerte Mari Trini (1947-2009) quiso destacar el trasfondo feminista que había en temas, como *Yo no soy esa*. Sin que en ningún momento lo hiciera público tenía una «amiga especial», una mujer casada francesa que la acompañó durante cuatro décadas como mánager y fue la persona más cercana a su vida. Al morir, en la esquela, no aparecía mención a esta dama, que siempre permaneció junto a ella.

Lo significativo en un tiempo en el que cualquier evidencia pública de abandono de los roles convencionales equivalía a asumir un riesgo de discriminación social, fue que varias de ellas se permitieran mostrarse de manera pública como «mujeres sin marido o novio», sin por ello ser consideradas «dependientes», «frágiles», «frustradas» o «incompletas».

Esa percepción aparecía vinculada a la condición de soltera relativamente sospechosa en una sociedad en la que la mujer estaba destinada al matrimonio casi como su único horizonte. Elegir no siempre podía ser sencillo, cuando la soltera, o todavía peor la «solterona», era recluida en una vía secundaria como la tía o la cuñada. Donde se la presentaba como a un ser fracasado en la vida, y destinado al cuidado de los sobrinos o la gobernanza de la casa. Con la renuncia natural a cualquier referencia de sexualidad.

Por el contrario, el soltero aparecía como personaje que elegía (se supone que relaciones con mujeres, novias y amantes) eludiendo compromisos. Un don Juan era aceptado como triunfador; una mujer en su caso no podía ser otra cosa que prostituta.

La discreción de las relaciones entre mujeres les permitía cierta invisibilidad social, al aparecer como amigas, compañeras, «solteras que decidían vivir juntas porque una mujer no podía estar sin ser cuidada o atendida». Esa sinuosa presencia se traducía en que solteras o viudas y por tanto sin *otras* obligaciones, podían compartir una misma vivienda sin despertar sospechas, para protegerse mutuamente. A diferencia de lo que habría pasado con dos hombres fueran o no homosexuales, que decidieran vivir juntos.

Gloria Fuertes (1916-1998) fue una poeta que padeció los horrores de la generación de la Guerra Civil. Dotada de una singular expresividad para crear luminosas imágenes con el más fluido de los lenguajes, en los cincuenta aparecía distanciada del modelo social de la época: vestía pantalones, fumaba y se desplazaba en una vespa. En 1955 conoce en Madrid a Phyllis Burrows Turnbull (1924-1971), norteamericana licenciada en Literatura Española en 1947 por Wheaton College y en 1949 por la Universidad de Columbia, perteneciente a una generación de hispanistas surgidos de prestigiosos centros superiores de Estados Unidos. Había llegado a Madrid como profesora y luego directora (1955-58) del Instituto Internacional. En algo más de tres lustros hasta 1971 un año antes de la muerte de la americana, fueron pareja sin que la poeta ocultara esa «especial relación» a su círculo más próximo.

Dusty Springfield (1939-1999), la cantante británica de *pop* y *soul* (*Son of a Preacher Man. The look of Love...*) fue una de las grandes y se convertiría en icono de la diversidad y la lucha contra el *apartheid.*

La aparición pública de mujeres lesbianas era evidente o se suponía por la vía del rumor, pero su presencia y reconocimiento fue más tardío que el de los homosexuales masculinos; al hilo de cuyas reivindicaciones se empezaron a mostrar sus presencias. Ello podría ser explicable, porque además de su condición de lesbianas tenían la de mujeres, que seguían relegadas a una condición secundaria. Pese a que algunas «mujeres que amaban a otras mujeres» pertenecieran al mundo del espectáculo, en teoría más abierto.

Mientras, en Reino Unido, en los setenta se había producido el reconocimiento público de esa diversidad a través de una estrella del *pop-soul* de los sesenta como Dusty Springfield

(1939-1999); cantante muy popular en la época que se caracterizó por intervenir directamente en los arreglos y la producción de sus canciones, y por su sensibilidad anti-*apartheid*: en Sudáfrica se había negado a actuar mientras no pudieran entrar en la sala personas de color por lo que fue expulsada del país. En la década de los setenta, Springfield creadora de conocidos estándar como *Sunny* o *The look of love*, caracterizada por sus peinados cargados de laca, se erigía como símbolo de identidad lesbiana, llegando a hacerse pública su relación con la tenista americana, Billie Jean King, ganadora de los trofeos femeninos más importantes, y activista social en favor de la igualdad hombres-mujeres. La cantante recibió de Isabel II la orden del Imperio Británico; y años más tarde la tenista fue reconocida por Obama por su trabajo en favor de la igualdad de género.

Las lesbianas pasaron más inadvertidas que los homosexuales. Era más fácil camuflar una relación como de «dos amigas especiales» que la de dos hombres «íntimos». Ellas no solían vestir como aquellos homosexuales estridentes a los que señalaban los estereotipos de la época. Sin embargo, hay constancia de detenciones y acusaciones contra mujeres por este motivo. En una de ellas correspondiente a principios de los setenta el Ministerio Fiscal acusa a una mujer, M. de «invertida» (sic) por «haber mantenido relaciones homosexuales con mujeres y concretamente con X a la que obligaba» por lo que se la considera «sujeto peligroso», se pide «internamiento en establecimiento», «prohibición de visitar ciertos lugares», entre otras cosas. El fallo declara que «no hay lugar a adopción de medida alguna de seguridad, concediendo su libertad, sin restricción alguna».

Como en el caso de los hombres se produjeron situaciones de bisexualidad que en las mujeres permitió que aparecieran todavía más inadvertidas. Bastantes de esas lesbianas o bisexuales eran madres o estaban casadas. Y muchas podían combinar deseos sexuales de distinto carácter. La carencia de visibilidad otorgaba más posibilidad de desenvoltura en el anonimato.

Vivir sin un anillo: la «querida»

—Perdón, se le cayó el bolso…

—¡Ah! Gracias señora… Es usted muy amable. ¡Camarero! Tengo bastante prisa…Ya sabe, lo de todas las noches, una tostada de queso fresco y un café.

—Algo ligero…

—Claro. Es que a las once empieza la segunda función… ¿La ha visto?

—No…La dejo para otro día. Ahora debo volver a mi casa. Me esperan. Y ya es tarde…

—¿Quiere tomar algo?

—No. En todo caso sería yo quien la invitara.

—Se ha sentado tan cerca…. No sé si me conoce de algo más que de verme anunciada en el cartel…

—No nos hemos puesto cara. Pero he escuchado cosas…

—¡Ah, sí! Espero que buenas. ¡Hay gente con una lengua…!

—Se dice de todo. Muchas son verdad.

—No sé… Me permitirá que le diga… Tengo la impresión de que se ha sentado en su velador por algo… Como si quisiera hablarme… ¿cierto?

—Si.

—Pues no me haga perder tiempo. Debo retocarme el maquillaje para la última representación. A los protagonistas les llevan la cena a su camerino. Yo no dispongo de un cuarto para mí, y cada noche entro a este café… ¿Viene a pedir un autógrafo? Me extraña. No soy demasiado conocida. Como no sea que le haya llamado la atención viéndome en escena; pero dice que no conoce la obra...Fotos tengo pocas, pero le puedo firmar el programa de mano, aunque mi retrato sale en pequeño.

—No es eso...

—Entonces, dígame, para qué lleva diez minutos mirándome de reojo sin quitar la vista de encima, como si tuviera muñecos en la cara...No la conozco de nada. Usted en cambio debe saber quién soy porque habrá visto mi nombre escrito en letra pequeña en el cartel o el programa.

—Lina Montero.

—Claro. ¿Y usted...?

—Apolonia Ramírez. Vivo en la ciudad. Escuché cosas y me he hecho la encontradiza para decirle algo...

—No sé qué interés tendrá. Yo, perdone que le diga que ninguno... Y ya me ha dicho que no desea que le firme el programa... Le advierto que al principio, cuando percibí que me miraba tan fijamente, me dio algo de miedo. ¡Con tanto loco suelto...! Menos mal que va bien vestida que si no... Aunque no creo que tengamos intereses en común. Usted parece una dama y yo no soy más que una chica del teatro. Así que si no quiere que compartamos el café...

— Tenemos algo en común...

—¿El qué?

—Un hombre.

—¿Qué insinúa?

—Mi marido.

—¡No diga tonterías!

—Lo sé todo.

— Es absurdo. No sé qué le importa una inocente amistad con un gran señor como...

—Con el que alterna desde hace años, y la visita muchas noches. Las mismas que no duerme en mi alcoba.

—Me despido. No tengo que dar explicaciones sobre mi vida. Y menos con personas a las que no conozco. Lo que está pensando es ridículo. ¿Por qué ha venido?

—Eso me llevo preguntando. Créame que esta no ha sido una decisión a la ligera. Lo comenté a mi mejor amiga.

Su respuesta fue: «Es una locura. No puedes perder tu dignidad en ir a ver a la...».

—Si dice una palabra más fuerte pido que la echen. Este es un café de artistas y usted, señora, no deja de ser una intrusa. No tengo por qué dar explicaciones. Sé lo que va a decir: que deje de ver a su marido. Como si yo le obligara. No me comparo con usted. Somos distintas.

—Supe de su existencia. Me lo confesó. También que le está pagando el alquiler del piso donde vive. Aunque el dinero es lo menos importante. Lo que cuenta es la dignidad...

—A mí no me va a hablar de... Nada de dar lecciones. ¿Qué pretende?

—Verá, no deseaba otra cosa que saber cómo es, cruzarme con sus ojos, para decirle que...

—¿Que le deje...? Pues lo tiene claro. A él no hay quien le obligue.

—¡Qué sabe usted lo que es pasar noches atendiendo a un niño con fiebre! ¡Qué le importa si una mujer amanece con ojeras porque su marido ha vuelto al amanecer o no ha regresado aún...!

—Me voy a despedir ya...Esto se parece a un folletín.

—Sepa que nos está haciendo daño a las dos, a usted y a mí. Nos engaña con buenas palabras y deja que pase el tiempo sin tomar decisión respecto a la relación. Yo soy su esposa, la madre de sus hijos y a mí no me va a dejar...Usted es la que más tiene que perder...Mi confesor me anima a que la denuncie de forma pública, aunque sea un escándalo.

—Encima me amenaza... ¡me pone de los nervios! ¡Con viento fresco!...

—No la voy a denunciar. Claro que no. La culpable no es usted, sino él. He asumido riesgos para conocerla yo misma. No nos parecemos. Solo le pido una cosa: cuando él la quiera acariciar o decir una palabra, recuerde que es la misma voz que antes me lo dijo a mí, por la mañana o la semana anterior. Las dos sabemos cómo es él. No le voy a pedir que lo deje aunque lo desee en lo más profundo de mi corazón.

—Van a dar el aviso para el primer acto... Me saca de quicio.

—Mis nervios los contengo. Recuerde: de todo lo que él pueda decirle sepa que otra mujer lo escuchó antes de sus labios. ¡Ah! Y por favor: no le diga que nos conocimos.

La *querida* es una palabra envejecida. No era una amante, una pareja sexual, sino una mujer que venía a complementar la «segunda familia» o vida paralela de un hombre casado. La referencia provenía del XIX y de principios del XX al hilo de la consolidación de la burguesía, y en la posguerra española alcanzaba características propias. No peligraba socialmente un matrimonio en una época en la que separarse era difícil y tenía mala imagen, especialmente para las mujeres, manteniéndose la ficción aunque el cabeza de familia mantuviera a una amante a la que sostenía económicamente. Se negaba a las mujeres cualquier deseo sexual o hablar de orgasmo femenino, pero el esposo podía atender sus necesidades bien ocasionalmente con una prostituta o de forma permanente con una querida; con la que podía generar un lazo de afecto paralelo o complementario al que se desarrollaba en el matrimonio.

De personajes y apellidos de la época se podía decir que tenían una querida, de la que se conocía hasta su nombre, porque en muchas ocasiones no era secreto. La querida podía residir en una vivienda facilitada o pagada por su amante, o bien este la habría permitido el recurso a un medio de vida.

No era infrecuente que la esposa tuviera información sobre la querida, y que tratara de difuminar la situación, como si no existiera. Podría ser una humillación para ella, pero en aquella época hubiera sido socialmente más lesivo para la esposa el escándalo de romper un matrimonio. Cuando hablamos de familias paralelas es necesario mencionar a tres sujetos bien distintos: por una parte el marido infiel pero reconocido como padre de familia, por la otra una esposa muchas veces consentidora o forzada a mantener una comedia pública a lo largo de la vida, y en tercer término la querida o amante fija, que no tenía por qué ser una prostituta, una aventurera o una aprovechada; también podía tratarse de una mujer enamorada de un hombre, pese a estar atrapado en un matrimonio por naturaleza indisoluble «hasta que la muerte nos separe».

EL ELEVADO COSTE SOCIAL DE LA SEPARACIÓN

La difícil separación civil en el caso de las mujeres suponía en la mayor parte de los casos asumir el riesgo de perder la custodia de los hijos, cuando los había, y de sus bienes, bajo la amenaza, antes de la reforma del Código Civil de 1958, de ser confinada y trasladada para su tutela a un «depósito», un convento o un centro regido por una comunidad religiosa. Separarse representaba un alto precio, aunque fuera víctima de maltrato físico o psíquico. En 1953, Mercedes Formica (1913-2002) publica en *ABC* el artículo «El domicilio conyugal», que en primera instancia la censura prohíbe. Pero su director, Luis Calvo, se decide a hacerlo público. Mercedes, abogada y escritora, había sido nombrada delegada del SEU femenino por José Antonio. Vinculada en la posguerra al falangismo y la Sección Femenina, dirigió *Medina* semanario de la organización, escribiendo en medios como *Escorial*, *Teresa*, *Gran Mundo*, *ABC* y *Blanco y negro*, además de ficción, y algo tan común en la época como novela rosa bajo pseudónimo. En 1950 realizó la primera reseña sobre *El segundo sexo* de Simone de Beauvoir en la *Revista de Estudios Políticos*. Al final de los cuarenta intentó ingresar en la carrera diplomática: no se le permitió por ser mujer, abriendo su propio bufete de abogada en Madrid, como la tercera mujer en todo el cuerpo.

El caso de una esposa (Antonia Pernía) maltratada por su marido y finalmente apuñalada ponía en evidencia la condición femenina en aquella sociedad. Había intentado separarse, pero fue advertida de que iba a perder sus bienes y la custodia de sus hijos, y que tendría que abandonar la «casa del marido». Con el riesgo de «ser depositada» bajo la tutela de un convento o una orden religiosa. Mercedes Formica atrajo la atención hacia esta discriminación. En el 56 un juez de primera instancia se atrevía a emitir sentencia en la que condenaba al marido a abandonar la vivienda, y no a la mujer como antes ocurría aunque no hubiera adulterio por su parte. Meses más tarde, en 1958 tras la reforma del Código Civil, se cambiaba el término por «hogar conyugal». El lenguaje de su exposición de motivos era típico de la época:

> [...] Se contempla [...] la posición peculiar de la mujer casada en la sociedad conyugal, en la que por exigencias de la unidad matrimonial, existe una potestad de dirección, que la Naturaleza, la Religión y la Historia atribuyen al marido, dentro de un régimen en el que se recoge fielmente el sentido de la tradición católica que ha inspirado siempre y debe inspirar en lo sucesivo las relaciones entre los cónyuges.

MUJERES SEÑALADAS

La prioridad del respeto al matrimonio tradicional y la inexistencia de divorcio empujaba a formas peculiares de adulterio penalmente tipificado de forma discriminatoria para hombres o mujeres. Entre las que estaba el delicado equilibrio del *modus vivendi* representado por la querida. Se daba por supuesto que una amante era incapaz de trabajar y de mantenerse por sí misma, y lo tenía que hacer el hombre. Esa dependencia era común a las esposas. Negar su trabajo fuera de casa, o limitar el trabajo femenino a unos pocos oficios mal pagados y de baja consideración social, se convertía en obstáculo definitivo para su independencia. Una mujer era incapaz de separarse, aunque sufriera violencia de género o el adulterio del marido, porque carecía de medios para sobrevivir, y legalmente se la privaría del ejercicio de la patria potestad en caso de tener descendencia.

Pero, de igual manera, la amante, la querida o la «otra» eran tan dependientes como la esposa sin la autonomía suficiente para forzar a romper con una situación que desde el punto de vista social tendía a señalar a la mujer que amaba o tenía relaciones con un hombre casado. Para mantener la ficción del matrimonio indisoluble tenían que ser sacrificadas varias personas.

Mercedes Formica (1913-2002). Del falangismo de primera hora a una visión nada integrista sobre el franquismo. Gracias a su influencia se cambió el Código Civil de 1958.

Una tercera categoría era la amante ocasional, diferente de la querida o de la prostituta. En una época en la que el adulterio se consideraba delito en el Código Penal y con diferentes varas de medir según se tratara de una mujer o de un hombre.

Los artículos 449 y 452 señalaban en el adulterio a «la mujer que yace con varón que no sea su marido, y el que yace con ella sabiendo que es casada», aunque después se declarara nulo el matrimonio. La redacción era especialmente penosa para las mujeres: si el acusado desconocía que la mujer era casada se podía librar de la pena. A la vez el marido podía en cualquier momento remitir la pena impuesta a su consorte. Hasta enero de 1978 en que la Comisión de Justicia del Congreso eliminó el delito de adulterio la casuística fue abundante. Sentencias donde se describía que «los procesados fueron sorprendidos completamente desnudos yaciendo en la cama», la mujer que recurría «por haber sido vista en lugares oscuros» sin que eso «pudiera presuponer que estaba manteniendo un acto sexual», a la pareja de casados en otros matrimonios «denunciados por el marido de ella al ser descubiertos tras haber realizado un viaje fuera de su domicilio».

El Código Penal que tipificaba el adulterio y el «amancebamiento» poseía un inequívoco olor a la sociedad del XIX con hombres dispuestos a vengar la infidelidad de la mujer/esposa y la comprensión social con la que se aceptaba al marido ofendido cuando agredía violentamente o acababa con la vida de ella o de su amante, para reivindicar su honor.

Centímetros de piel: grados de moralidad

La sensación de euforia se apoderó de los empleados de la compañía. La inauguración del aeropuerto de San Sebastián y a su vez de la ruta desde Madrid elevó la estima más arriba de la altura a la que volaban sus aviones, con la promesa de incorporar las últimas novedades de la aeronáutica civil. El director de la compañía cerró el acto en el salón del Palace ante el centenar de representantes que viajaron hasta la capital, para retratarse ante paneles y carteles donde se exponía el crecimiento y el futuro despejado de la marca en la que compartían trabajo y aspiraciones. Acabó su discurso dirigiéndose al director de operaciones:

—A usted, especialmente quiero mirarle a los ojos y desearle el máximo acierto en sus decisiones para guiar a esta gran empresa, mejor gran familia, con un mañana esplendoroso, vinculado al gran progreso de nuestra patria. La entrada del INI en Aviaco en una fecha histórica como la de 1954 hace que seamos todavía más fuertes con el respaldo de este estado que gracias a los frutos de la paz y el orden está consiguiendo colocar a España en el lugar que le corresponde. Las nuevas rutas consolidarán nuestra posición. Les anuncio que pronto volaremos a nuevos aeropuertos de otras provincias, y que nuestra compañía proyecta el salto internacional. Aviaco tiene futuro, porque ahora es todavía más de España, cuya senda de prosperidad empieza a ser reconocida en el mundo.

Los aplausos atronaron las últimas palabras antes del brindis, cava catalán, y canapés con anchoas del Cantábrico, para celebrar las futuras rutas a aeropuertos a punto de abrirse en la cornisa y otras ciudades. Después autoridades, altos empleados de la compañía e invitados se fusionaron en un compacto grupo.

—Don Rogelio, por favor…

Hubo de repetir casi tres veces la frase para que el jefe la hiciera caso. Se dio la vuelta y vio el rostro conocido de la jefa de María Dolores, la responsable de su secretaría.

—Dígame…

—Tal y como usted pidió ha venido Enrique Sacromonte con los bocetos. Y le acompañan dos señoritas modelos…

—Es que ahora mismo…

—Recuerde que me insistió.

—Es cierto, y me va a disculpar… No pensé que este acto iba a ser tan cálido y emotivo, más allá de la presentación de las nuevas rutas…

—…Se invitó a todos los jefes. Y al señor ministro…

—Le doy la razón. Deme diez minutos para que me despida de las autoridades del Ministerio y del Instituto Nacional de Industria que han venido. El apoyo del INI es decisivo para el despegue de Aviación y Comercio.

—Entonces llamo a…

—Sí, claro, Busque a los más importantes. También a la jefa de azafatas, al director de publicidad. No se olvide del responsable de operaciones...

—¿Alguien más?

— Hablaré con el director general de Industria, por si quiere entrar. Aprovechando que se dignó venir al acto.

La jefa de la secretaría se movilizó igual que el director comercial de la compañía. Como un añadido o colofón al evento, y cuando aún quedaban invitados apurando las últimas copas en un salón contiguo del Palace utilizado para celebraciones de bodas de tamaño medio, se sentaron de forma desparramada un reducido grupo formado por el director general de Industria, el jefe de operaciones, la jefa de la secretaría, el de publicidad, la intendente de las azafatas…Más camareros que entraban y salían con canapés de anchoa, botellas y refrescos. Rogelio Lozano se levantó y como un apéndice del acto, transmitió en tono familiar.

—Me van a perdonar el atrevimiento de hacerles perder su valioso tiempo: queremos compartir con ustedes la nueva imagen de la compañía y su puesta al día. No hace falta presentar a Enrique Sacromonte, viste a las mujeres más elegantes de España, de la Duquesa de Alba a la Condesa de Quintanilla, sus modelos saltaron a París donde se codea con importantes modistos. Hágalo pasar.

La secretaria se perdió unos instantes por una puerta contigua con el silencio y la expectación de los presentes. Al momento entró acompañado por un hombre delgado que vestía un elegante traje cruzado con una pajarita de color granate, a su vez flanqueado por dos modelos muy jóvenes.

—Distinguidos señores —se dirigió Sacromonte, con un acento donde parecía arrastrar las palabras— este el resultado de un concienzudo trabajo del taller al servicio de una gran compañía. A mi derecha, la señorita Marta lleva el que será el nuevo uniforme de invierno. Color azul cobalto sobre una blusa de muselina clara rematada con un gracioso lazo y un alfiler de corbata, cintura levemente ajustada, con la elegancia del traje sastre. Y sobre la cabeza ese elegante tocado en un azul más tenue. Sin la altivez orgullosa del traje de la dama que sube al Superconstellation acompañada hasta la pista por su chofer. Con la comodidad necesaria para saber atender en cabina a los gustos de los pasajeros.

Eran pocos para aplaudir, y si lo hicieran podría parecer que llamaban al sereno.

El nuevo traje de invierno daba una nota de color y gracia femenina sin estridencias. Las azafatas debían llevar el pelo recogido y podían ponerse una leve capa de pintura, no maquillarse como una cabaretera.

Las dudas surgieron con el traje estival. Enrique Sacromonte transmitía cierta sensación de vanagloria.

—Y, señores, esta es la versión de verano, que nos muestra la gentil modelo Mercedes. Tejidos más suaves, manga corta, falda más leve y cómoda en tejido de algodón fresco y ligero. Así la figura de la señorita azafata resultará más grácil y elegante resaltando todavía más su encanto femenino.

No se repitió la unánime acogida al uniforme de invierno.

El director de Industria tenía sus propias ideas. Apartó a un lado del salón a Rogelio Lozano. María Dolores, la jefa de su secretaría, pudo escuchar ráfagas de la conversación, mientras el resto de los invitados compartían las últimas bebidas y canapés.

—¿No le complacen, señor director…?

—Sí, son finísimos y delicados esos uniformes. Este modisto es uno de nuestros grandes talentos. Solo que…

Miraron con atención. Estaba buscando las frases.

— Nada que objetar al traje de invierno. Es muy elegante. Pero el de verano, si me permite la opinión…Demasiado explícito, con esa falda tan, tan corta… Es, como decirles, algo descarada…

—Cubre casi las rodillas.

—Pero dejan ver. Imagine cuando las azafatas ayuden a colocar los bolsos de mano, enseñarán demasiada pierna…

—Nada que no pueda verse en…

—Eso es lo malo. Personalmente no me molesta, pero estoy convencido que a doña…, ya sabe la esposa del señor ministro…Le molestará. Dirá que una azafata no tiene que parecer una vedette de revista… Con esa falda tan corta, que no favorece a la mujer. Nunca es elegante una mujer enseñando la rodilla, la pierna, mostrando sus brazos y sus hombros. Y menos en un avión…

—Apenas enseña… Es un uniforme que respeta el buen gusto.

—Soy de su opinión. No me crean anticuado… Pero no hay que ser tan explícito, ya me entiende. Yo le diría a su modisto…

— Enrique Sacromonte.

—… Que revise el diseño; alargando cuatro o cinco dedos la falda del traje de verano mejorará mucho. Así las azafatas quedaran más respetables; nadie se podría quejar y acusarnos de que incitamos a la imaginación. Tampoco estaría de más alargar algo más la blusa para que la manga acabe justo en el codo. No olvidemos los vuelos del Año Santo con peregrinos a Santiago de Compostela. Es inconveniente enseñar demasiado. Tampoco se pasa tanto calor en el avión para ir de manera descotada. Las azafatas lo aplaudirán. Ya no las mirarán con deseos tentadores. Para evitar la tentación lo mejor es no dar ocasiones. El decoro y la modestia es un principio al que no debemos renunciar. Nuestras mujeres, en este caso las azafatas, agradecerán que las protejamos...

—Pero este modisto también viste a…

—Lo sé. Pero un avión no es una noche de fiesta. Evitemos miradas de deseo hacia las señoritas que trabajan en nuestros aviones. Piensen que podrían ser nuestras hijas. No creo que le moleste a Sacromonte cambiar esos diseños. Él ya tiene a todas esas damas a las que puede hacer vestir con sus… extravagancias… Además, ¿sabe lo que le digo? Está bien que las mujeres puedan enseñar un poco de pierna, pero no tanto. Los españoles debemos estar orgullosos de defender por encima de todo el pabellón del buen gusto.

En 1569, tras mostrarse la monumental *Capilla Sixtina*, Miguel Ángel fue acusado de «hereje e «inmoral» por presentar al Creador sin ropa. Los autores del Renacimiento, lo mismo que Buonarroti, habían puesto sus ojos en el mundo antiguo, parte del cual se estaba redescubriendo; tomando al pie de la letra el precepto: «El Verbo se hizo carne». Dios se había encarnado en formas humanas que no temían su exposición a las miradas ajenas porque en ellas no había sentido de pecado. De esta manera se podía representar a un Cristo semidesnudo o incluso totalmente desnudo. El fenomenal trabajo de Miguel Ángel fue víctima de la intolerancia, el prejuicio y el puritanismo, pidiéndose su destrucción. Tras su muerte, Julio III ordenó pintar paños para tapar los genitales en uno de los ejercicios más descarados de censura artística de la historia del arte. En el XX volvían las imágenes a su estado original desprovistas de adherencias.

Idéntica situación se produjo con otras raras imágenes como el *Cristo crucificado* de Cellini de 1562 que se conserva en el monasterio de El Escorial, y que se suele exhibir con el llamado «paño de pureza» o *perizonium* que cubre sus genitales, y al que es posible retirar si se desea.

En junio de 1933, el Círculo Artístico de Barcelona, cuya presidencia honoraria había sido asumida en 1917 por Alfonso

XIII, convocó un concurso exposición sobre un tema clásico en la historia del arte: el desnudo. Por el Círculo/*Cercle* habían pasado los nombres más prestigiosos de la creación artística catalana, española y también mundial. Ese mismo 1933, se reunió el jurado para emitir su fallo, organizándose una exposición que habría de patrocinar el Ayuntamiento de Barcelona y la Generalitat de Catalunya. En *La Vanguardia*,[79] dentro de la sección titulada «Vida religiosa», se publicó un comunicado firmado por los presidentes de la Asociación de Padres de Familia y Amigos de la Enseñanza, así como de Acción Católica, en la que se protestaba por la muestra.[80]

La campaña generó el efecto contrario: enorme afluencia de público hasta convertirla en fenómeno de masas. De su repercusión daba cuenta la escritora Mercè Rodorera. Un texto sobre dos personajes enfrentados: Balba, el puritano, y Corrúa, el represente de una visión naturalista, al que la autora de *La plaza del diamante* describía con un sucinto bañador.[81]

La aparición de un naturismo utópico tuvo algún eco en la España de los últimos años de la Restauración, con la creación de las colonias naturistas, la formación de grupos y asociaciones, especialmente en Cataluña, y la aparición de revistas y boletines. Aunque fue en la Segunda República donde ese tipo de manifestaciones alcanzaron más presencia. Sería arriesgado hablar de una normalización desde el punto de vista del desnudo social; lejos de elementos que pudieran re-

---

79 *La Vanguardia*, 12-XII-1933, página 20.

80 «Esta exposición en plaza de Cataluña para los mayores es una agresión molesta a su delicadeza de sentimientos; pero para los niños y adolescentes será inevitablemente un gravísimo peligro. Por consiguiente, el solo hecho de que sus iniciadores hubiesen descuidado prevenir ese mal merecería nuestra viva protesta y censura. [...] Las asociaciones que suscriben créense obligados a dirigirse a las autoridades para reclamar respeto para la honestidad de la conciencia y de las costumbres, y defensa para el pudor en las relaciones sociales. Así como también hemos de dirigirnos al público para prevenirle y además descubrirle el sofisma de que el Arte para ser bueno y hacer bueno al artista y que para la pura emoción artística la siente todo el mundo, aún sin pasar por la formación que se reconoce ser necesaria para superar las impurezas naturales».

81 Roser Corta (2007) *Las primeres novel.les, el periodismo i la polémica. Barcelona:* Fundació Mercè Rodoreda.

presentar una manifestación erótica o de sexo. La demostración de ese tabú se comprobó con el estreno en salas de cine, en Madrid en la misma plaza del Callao, de un documental europeo donde se ofrecían imágenes de «colonias desnudistas»; de la misma manera que en el Reino Unido durante los años cincuenta llegó a colarse entre las diez películas más taquilleras un producto de similares características.

El concepto de *decencia*, aplicado al vestuario de las mujeres, llegó a ser una constante desde la década de los veinte, cuando las faldas se habían acortado al fragor de la *belle epoque*; dando lugar a códigos de estilo como los que se impusieron en la España de la posguerra. Tras la victoria de Franco no solo las faldas se alargaron por debajo de la rodilla, sino que hubo limitaciones a pasear con brazos al aire en verano, imponiéndose unos reglamentos de vestimenta a lo largo de más de veinte años: ir en mangas de camisa era «vulgar» y los hombres debían llevar chaqueta. Los tiempos en los que «por respeto» se impedía entrar a un templo con manga corta aún en estío —lo que dio lugar a los «manguitos» o añadidos que se sacaban del bolso para cubrir los brazos—, así como el veto estricto a los pantalones cortos y a las zapatillas o sandalias sin calcetines.

En las décadas de los cuarenta y cincuenta podía constituir una provocación acceder a una iglesia o santuario con un pantalón corto a media pierna, en zapatillas, ropa deportiva, e incluso con camisa o polo de manga corta; de la misma manera se fiscalizaba que en los lugares públicos no se vieran mujeres escotadas, con hombros o brazos al aire, o mostrando algo de su espalda. Se han descrito situaciones de los años cincuenta en las que una mujer intentaba entrar a misa vestida con pantalones largos o *blue jeans* siéndole impedido el acceso.

TAPANDO ESCOTES CON TINTA CHINA

Tanta era la preocupación por los escotes que cuando las fotografías de cualquier estrella eran llevadas a censura se devolvían con notas en las que se obligaba a la «rectificación». Llegando a hacerse chapuzas que alcanzan niveles ridículos, como las imágenes de Marilyn Monroe con un descarado retoque, o Sara Montiel en Italia, lo mismo que ocurrió con una foto de Sofía Loren, que en España se publicaron con un sofisticado añadido que simulaba encaje para tapar el escote.

La fiscalización afectó a carteleras de cines y teatros vigilados para que no se vieran imágenes donde se mostrara demasiada piel. En aquella época las fachadas ofrecían rótulos e imágenes pintadas sobre tela, que debían pasar censura, por lo que se cuidaban mucho de mostrar imágenes femeninas con escotes o figuras insinuantes. En las representaciones los inspectores de espectáculos controlaban que la longitud de las faldas o de los escotes se atuviera a lo que la censura había autorizado en el ensayo general, además de la vigilancia sobre textos y cantables, con la permanente obsesión por las «morcillas» o improvisaciones típicas de los espectáculos teatrales y de humor. Los vestidos eran muy controlados: los escotes debían ser lo más altos posibles evitando mostrar parte alguna del seno, cualquier traje de dos piezas especialmente los de noche donde hubiera aberturas que dejaran entrever algo del vientre, aunque el ombligo no quedara al aire, los hombros que debían ser evitados en las fotos y carteles, así como los bustos demasiado ceñidos o insinuantes. De esta manera, Lana Turner, en el afiche español de *El hijo pródigo* aparecía con el vientre cubierto, y se había tapado el sujetador con el habitual recurso del retoque con tinta china, tan habitual en la prensa.

Durante muchos años en TVE se dispuso de una colección de chales para colocar a las mujeres que se presentaran con un traje de noche mostrando parte del hombro o escotes. Así lo contaba el actor Pepe Martín (1933-2020):[82]

> Estábamos grabando un dramático con Mónica Randall en el máximo esplendor de su belleza y el censor llamó la atención porque llevaba un vestido de cremallera que en su parte superior se abría ligeramente. Se lo tuvo que cerrar hasta el cuello. Pero cuando el censor se distraía o daba la vuelta, Chicho Ibá-

---

82 Nacido en Barcelona, actor teatral durante más de medio siglo, habitual en la pequeña pantalla desde *Estudio 1* y *Novela* a *Cuéntame*, su personaje protagonista en *El Conde de Montecristo* (1969) lo convirtió en estrella.

> ñez Serrador le bajaba un poco la cremallera para que se la pudiera ver algo más y no pareciera ahogada por el traje. Al retornar el censor volvía a subirle la cremallera. Acabamos poniendo al traje de Mónica el nombre de «vestido-ascensor».[83]

El mismo afán moralizador llevó a censurar fotos de boxeadores y nadadores para que no se viera su torso descubierto, sobre las que se pintaba con tinta china una falsa camiseta de tirantes, de la misma manera que las redacciones de prensa y revistas se veían obligadas a tapar o cubrir bañadores femeninos con retoques manuales para evitar que aparecieran escotes pronunciados.

GILDA PROMUEVE «ACTOS DE DESAGRAVIO»

El estreno de *Gilda* en 1949 provocó documentos de obispos anunciando condenas a los que acudieran a los cines. Las protestas fueron más allá y organizaciones católicas promovieron manifestaciones, rasgaron las carteleras, rompieron lunas y arrojaron tinta; entre los manifestantes algún personaje que tendría un destacado papel en la Transición ya evolucionado democraticamente. El 10 de Noviembre de 1949 Monseñor Balbino Santos Olivera,[84] prelado de Granada, escribió en el Boletín del Arzobispado sobre la película:

83 Testimonio personal. 2006.

84 Monseñor Santos Olivera (1887-1953) entre 1935 y 1946 ejerció como obispo de Málaga. Se podrían destacar tres elementos de su personalidad: una entusiasta aceptación del Régimen que le llevó a aparecer sin reparos haciendo el saludo fascista con el brazo a la romana, su vinculación con el catolicismo social de aquel tiempo promoviendo las tómbolas de caridad para ayudar a los necesitados y colaborar con el Instituto de la vivienda para crear viviendas familiares; y especialmente su rigor respecto a la imposición de severas reglas de moralidad, tanto en la diócesis malagueña como desde el arzobispado de Granada entre 1946 y hasta su fallecimiento en 1953. Con campañas de moralización señalando especialmente los «peligros de vestidos y modas» criticando los bañadores, los maquillajes, y la práctica deportiva con atuendos que se consideraban «provocadores» e «inmorales». Durante su paso por la diócesis de Málaga consiguió que las salas de cine tuvieran que poner en los descansos un cliché o filmina donde bajo la imagen de Cristo aparecía el texto: «Los judíos me crucificaron el viernes, los cristianos faltando a misa, trabajando sin necesidad, asistiendo a espectáculos inmorales me crucifican el domingo».

La obsesión por los escotes afectó a la prensa, con censuras burdas (el retoque con tinta) o sofisticadas (el añadido de texturas fotográficas). Entre otras Ava Gardner o Sara Montiel, lo sufrieron. La esposa de un ministro vio un *No-Do* en un cine madrileño donde aparecía una actriz con escote y al día siguiente se presentaron en las cabinas de proyección de salas de la Gran Vía para cortar el plano de cada rollo.

Al igual que *Gilda* (1946), *Arroz amargo* (1949) provocó documentos episcopales y actos de desagravio porque las trabajadoras de los arrozales aparecían con los muslos al aire, y el bayón de Silvana Mangano en *Ana* (1951) considerado «descocado y procaz».

> [Es] Inmoral y claramente escandalosa [...] consiguientemente por derecho natural y eclesiástico ha de tenerse por ilícita y prohibida para todo católico, advirtiendo que ni los empresarios podrán proyectarla ni los periodistas y locutores podrán propagarla o recomendarla ni los fieles en general presenciarán sin manchar su conciencia con culpa grave, y que a los obstinados y contumaces deberán los confesores negarles la absolución.

Cuando esas protestas trascendieron al orden público, como en Madrid y Málaga, la película se retiró durante cinco meses en toda España, volviendo a ser exhibida meses después sin que se repitieran esas reacciones. En Madrid se celebró un acto de desagravio ante el cine Callao donde se estrenó, que acabó con el canto del *Cara al sol* ante la fachada. Otras turbadoras presencias femeninas levantaron críticas, como las que recibió Silvana Mangano, tras el estreno de *Arroz amargo* (1949, Giuseppe de Santis) —con cortes y cambios en el doblaje— porque se veía a las cultivadoras de arroz con parte de los muslos al aire, y el de *Ana* (1952, Alberto Lattuada) un melodrama sobre una antigua cabaretera que se metía monja. Su imagen bailando el bayón con discreto escote y ceñido pantalón generó descalificaciones desde ámbitos eclesiales.

El tabú en torno a géneros que venían de épocas anteriores impuso una oleada de eufemismos y cambios. En la primera posguerra se había prohibido el uso de la palabra *revista*, y los espectáculos aparecían bajo denominaciones como «comedia con canciones», «juguete cómico musical», «espectáculo lírico moderno», «fantasía musical», y cualquier otro que evitara asociar a la imagen del pasado. De esta manera en los escenarios teatrales de los años cuarenta y cincuenta se marcaba un fuerte contraste entre el «espectáculo fino» al que «podían ir las señoras sin avergonzarse», de las que el máximo referente eran las producciones de Celia Gámez, contra las obras teatrales con números de *vedettes*, a las que se vigilaba que no mostraran demasiada anatomía, y las situaciones cómicas estuvieran especialmente controladas. La censura llegó a preocuparse porque las vicetiples o chicas del coro salieran a escena con una medalla o un crucifijo al cuello, bajo una presunta irreverencia e incompatibilidad entre trabajar en un escenario y ser devota.

¿UNA REVISTA OBSCENA?

Mientras las producciones de Celia Gámez eran referencia de buen gusto de la época, en el extremo opuesto estaba la revista más típica, con el escándalo suscitado por *La blanca doble.* El 5 de abril de 1947 se estrenó bajo el epígrafe «humorada-cómico-lírica», sobre un libreto de Enrique Paradas y Joaquín Jiménez escrito antes de la guerra, al que en los cuarenta puso música Jacinto Guerrero. El éxito de esta producción lanzó a un trío de cómicos, Zori, Santos y Codeso, y sus representaciones se mantuvieron años en carteleras y giras teatrales por toda España.

Por su extrema intransigencia teocrática el Cardenal Segura llegó a ser incómodo incluso para el Régimen. Al frente de la diócesis de Sevilla lanzó constantes diatribas y amenazas de excomunión contra espectáculos como *La blanca doble,* estrenado en 1947 y que hizo giras por toda España, al que Segura calificó de «inmoral y pornográfico».

El argumento no podía ser más inocente visto con ojos actuales: la dueña de una tienda de lencería en Madrid, casada con un hombre que sólo la quiere por interés, el sobrino de ella que coquetea con las empleadas, un amigo del marido y un equívoco en torno a un velatorio. En la función se cantaba un estribillo que se haría popular —«¡Ay qué tío!, ¡ay que tío¡ ¡Qué puyazo le ha *metío*!»— donde se criticaba lo único que se permitía en la época: «en un carro de basura/ me he subido el otro día/pues por sucio y por cansino/ me creí que era un tranvía». O «los viajes de la Renfe/solo tienen una pega/ que se sabe cuándo sales/ pero nunca cuando llegas». El éxito dio lugar a que diversas compañías la representaran en giras por todo el país.

En las Navidades del 47 recalaba en Sevilla. El Cardenal Segura era conocido por su intransigencia —acusó al *Caudillo* de «tibio»— y sus modos extremadamente autoritarios, que llegaron a incomodar a Franco, y finalmente al Vaticano, la denunció por su «inmoralidad», «obscenidad» y «exhibición de desnudismo», publicando una Carta Pastoral de 8 de julio de 1948 en la que se condenaba a «pecado mortal» a quien asistiera a esa función. En ella Segura advierte sobre el «espectáculo altamente inmoral», de una «inmoralidad espantosa» y un «gravísimo peligro para las almas»:

> Es de tal naturaleza la revista teatral titulada *La Blanca doble*, que no hay frase adecuada para determinar el grado de inmoralidad que le informa, ni siquiera escapa al expresado carácter del propio título de la revista, puesto que el primero alude a una vida de adulterio de lo más vergonzoso y descarado que se puede registrar, y de ello exhibe escenas de la más depravada obscenidad [...]. Se producen, así mismo, exhibiciones de un desnudismo tal, que exceden cuanto pueda ponderarse: actitudes provocadoras, gestos abiertamente incentivos de las más bajas pasiones, y, en conjunto, diríase que se expone en ella un indecente mercado de elementos que, por lo soez de su hechura, incitan necesariamente al vicio más repugnante [...] marcada intención obscena, que invade y envuelve al público en un ambiente de vicio impuro, solo comparable al que en la época de pleno paganismo afectó y corrompió a la Humanidad.

Desde otras sedes episcopales se promovieron actos de boicot, como ocurrió en Las Palmas de Gran Canaria tras la dura descalificación de Monseñor Antonio Pildaín, que dio lugar a actos de protesta y a rezos del rosario de rodillas en los aledaños del teatro donde se representaba, como «acto expiatorio del grave pecado».

LA EXCEPCIÓN PARA EL DESNUDO

De la prohibición se libraban dos espacios: por una parte las facultades de Medicina, donde se hacían disecciones o se veían cadáveres; por otra los centros donde se enseñaba Arte, especialmente la Real Academia de Bellas Artes de San Fernando, en la calle Alcalá de Madrid, precedente de la futura Facultad de la Complutense. Aun así el desnudo absoluto quedaba restringido y los modelos solían posar con un suspensorio o una sucinta tela, a excepción de clases privadas o talleres de artistas cerrados al público.

Así lo analiza el artista plástico Antonio López (1936):

> En la España de aquel tiempo la única excepción para el desnudo público la constituía la Escuela de Bellas Artes de San Fernando y la Facultad de Medicina, una auténtica y rarísima reserva. La enseñanza que se imponía entonces era esencialmente manual. Se basaba en la disciplina del trabajo y no en la teoría. Los alumnos éramos escasos, creo que cuarenta o cuarenta y cinco, comparados con los que hoy están matriculados en una facultad. La clase de dibujo de anatomía era la más práctica de todas. En aquel edificio de Alcalá 13 se trabajaba de 9 de la mañana a 9 de la noche pintando y ejecutando. En aulas normales con no demasiada luz. En ese momento no le di ninguna importancia al dibujo de anatomía; hoy para mi tiene más presencia que en aquella época. En ese tiempo no me llamaba especialmente la atención comparándolo con el resto del dibujo. Cuando tenía que pintar sobre el dibujo de un cuerpo humano o una piel, músculos y huesos me daba la sensación de que estaba estropeándolo, manchándolo. A pesar de que en mi época era una de las clases más estimadas y una de las asignaturas más fuertes.
>
> Me ayudó a descubrir que en el interior del cuerpo humano, sobre la piel pasan muchas cosas. Eso lo percibí entonces

y mucho más en este momento de mi vida. No había otro criterio más que el del figurativo en ese tiempo. Quien mejor lo hacía era aquel que copiaba del modelo original. En pintura, efectivamente había distintos modelos que eran gitanos. En escultura en cambio, la mayoría venían de otras culturas. En general los modelos eran excelentes, tanto masculinos como femeninos.

El cuerpo lo es todo. También es la vida, la piel. Pero también el espíritu. Está todo el universo metido dentro de él. El cuerpo es mucho más que la anatomía. El cuerpo también es expresión. Ahora, por fortunas, el cuerpo desnudo puede ser mostrado con toda libertad. La censura de entonces solo permitía la desnudez de los modelos como excepción absoluta. Los desnudos son lo más grande que hay. Pueden llegar a emocionarte. Es lo que ocurre cuando contemplamos cuadros como *La venus del espejo* de Velázquez, o *La maja desnuda* de Goya. Nos producen una enorme satisfacción, se convierten en el gran espectáculo de la carne.

¿Erotismo? Claro que hay erotismo pero eso no tiene por qué ser negativo. La dimensión erótica se encuentra en las cosas y en los sitios más insospechados. ¿Por qué no va estar presente esa forma de sensualidad, que no tiene por qué ser criticada, si los seres humanos tenemos una condición sexual? Esos maestros aún bajo ese envoltorio carnal que nos produce honda satisfacción contemplar, muestran a la vez el alma, el espíritu humano a través de esas criaturas, bajo las formas de esos desnudos maravillosos y de unos cuerpos que exhiben su propia personalidad a la vez que su piel y su anatomía.[85]

Aún reconocida la excepcionalidad de ciertos cuadros en los museos en la posguerra las limitaciones para su contemplación y su difusión eran máximas; de ello dan ejemplo las restricciones a las visitas a museos como El Prado; varias salas evitaban la presencia de menores y estaban fuera de las visitas de los grupos colegiales. En una época de represión, los adolescentes debían recurrir a buscar en viejas enciclopedias cuadros clásicos o imágenes del mundo antiguo o del Renacimiento, únicas en las que se representaban cuerpos desnudos.

Sin embargo, había un matiz curioso: mientras en las películas estrenadas en España no podía haber nada que se parecía a una cierta exposición de epidermis, en los documentales

85 Testimonio personal, 2013.

sobre pueblos exóticos que se pasaban en los cines se veían fugazmente mujeres indígenas con el pecho al aire; lo que estaba totalmente prohibido cuando se trataba de la raza blanca.

BIKINI A REGAÑADIENTES Y CON PROBLEMAS

La prohibición del bikini llegó a causar quebradero de cabeza. Ese conflicto fue escenificado a la perfección por el incansable alcalde y jefe local del Movimiento de Benidorm, Pedro Zaragoza, un falangista con una gran intuición comercial que aplicó técnicas de promoción y lanzamiento hasta entonces poco conocidas en España. En 1960 Benidorm había pasado de ser un pequeño pueblo de pescadores con muy buenas playas a una ciudad caracterizada por el monocultivo turístico. Pero faltaba un elemento de normalización: la autorización del «dos piezas», en un momento en el que la policía seguía deteniendo o poniendo multas por usarlo en las costas. El audaz alcalde se presentó, conduciendo su propia vespa, en el Palacio de El Pardo para arrancar personalmente del *Caudillo* la autorización bajo el argumento de que «de no autorizarse, el turismo no vendría», cuando se le consideraba esencial para la economía española. Lo que, de paso, motivó una amenaza de excomunión al alcalde por parte del obispo Pedro Hormaechea.

Hubo que esperar a 1962 para que se pudiera ver un bikini en una película española, y a cargo de una actriz alemana, Elke Sommer antes de trabajar en Hollywood, en la película *Bahía de Palma* (Juan Bosch); una escena de pocos segundos de duración que dividió a los censores que acabaron aceptándolo a regañadientes y como mal menor. Rodada en la isla de Mallorca, uno de los censores hizo constar su disconformidad con el permiso. «Que se autorice, aunque soy padre de familia numerosa», escribió. Sorprende que esa secuencia sea brevísima, Elke Sommer lleve un bikini de gran tamaño, y en el cartel utilizado para el estreno español de la película no se utilice esa imagen sino otra de la actriz germana vestida. Sin embargo, en México se estrenó bajo el título *Mallorca, besos de fuego* y se utilizaban fotografías de la fugaz escena del bikini.

En 1962 la alemana Elke Sommer aparecía brevemente en el primer bikini del cine español. Sin embargo en su cartel publicitario iba muy vestida. A diferencia del afiche utilizado para su versión en Iberoamérica, retitulada *Mallorca, besos de fuego* donde enseñaba el bikini. Muy típico de las dobles versiones de aquella época.

Aunque los españoles de la época pudieron ver el bikini de la alemana Elke Sommer, y el de Ursula Andress en *007 Dr. No*, de tamaños más grandes de los que hoy se contemplan en cualquier piscina o por la calle, los censores siguieron obsesionados con la prenda en los años siguientes, obligando a cortar planos y suprimir escenas para que no se pudiera ver a mujeres con esa vestimenta. Para autorizar la exhibición de *Dónde tú estés* (1964, Germán Lorente) se ordenaron distintas eliminaciones, entre ellas «suprimir secuencia de la chica sueca bañándose en bikini y besándose después con Paul», «[quitar] besos de los protagonistas cuando entran en el mar después de la carrera a caballo», «suprimir planos de Luisa envuelta en la toalla antes de suicidarse», «suprimir la palabra "chulo" que Colette dice a Paul». Años más tarde de su estreno, el 1 de febrero de 1968 el diario *Última hora* de Palma de Mallorca era objeto de un expediente por el anuncio de dicha película al que se acusó de «conculcar principios de ética». La sanción fue recurrida ante el Tribunal Supremo, cuya sentencia expresaba:

> El anuncio [...] no solo por sus fotografías, de indudable provocación erótica, sino aún más por los adjetivos «cruda, descarriada, lacerante», que se emplean y por la frase «una bulliciosa feria de placeres en un ecológico de hombres y mujeres», que también se insertan en el anuncio, constituyen tan soeces excitaciones instintivas sexuales degradantes de la dignidad humana, que no solo a la luz de los principios de la moralidad católica, sino que aún contemplados con la mayor laxitud moral, significan un clara conculcación de los más elementales principios de ética [...].[86]

Entre los expedientes abiertos el correspondiente al número del 15 de abril de 1967 en la revista *Bolero Films.* Así se manifestaba el Tribunal Supremo de la época tras el correspondiente recurso:

> "[...] Es indudable que tanto la fotografía en color insertada en la portada de la revista sancionada, representando a una artista de cine con un escote tan ancho a la par que tan largo que permite ver gran parte de su seno, como las fotografías en negro de otra artista de cine, reproduciendo escenas de una película, en las que aparece desnuda de medio cuerpo hacia arriba, cubierta simplemente con un escasísimo sostén estampado que permite ver por encima y por debajo de esa prenda lo que incompletamente intenta ocultar, así como la fotografía , también en negro, de otra artista completamente desnuda en la parte superior de su cuerpo, aunque se cubra perfectamente el pecho con ambos brazos entrelazados sobre él, teniendo un reloj de pulsera en la muñeca, son tan descaradas que realmente ofenden a las buenas costumbres en la medida media en que son poseídas por la sociedad española, y como además la revista va dedicada a un público indiscriminado, es correcta la calificación de falta leve que hizo el Ministerio del ramo al sancionarla como atentatoria al debido respeto a la moral.[87]

86 Pedro Crespo de Lara (1975) *El Artículo Dos. La prensa ante el Tribunal Supremo.* Madrid: Prensa Española, Madrid. Pág. 116.

87 *Id.* Pág. 113.

Considerar el uso de esos adjetivos «atentatorios contra la moral» da la medida de las limitaciones de la época. Aunque se viera en una imagen a una mujer tapándose con sus brazos el pecho sin mostrar absolutamente nada podía ir contra los cánones morales. La publicación *Bolero Films* fue objeto de otro expediente en su edición de 12 de agosto de 1967, cuyo recurso fue comentado así por el Supremo:

> La fotografía [...] en la que dos artistas de cine se están besando y en el pie de la misma se especifica el número de minutos que ese beso dura, para calificarlo como «el beso más largo de la historia del cine y probablemente de la historia en general», así como la fotografía [...] en la que aparece la parte superior de los cuerpos de un hombre y una mujer, totalmente desnudos, y por el busto de ella cubierto con una ligerísima pieza, sin otro atuendo, abrazados y besándose, no puede decirse, sin incurrir en error, que no sean inmorales, pues la indumentaria de los segundos y el prolongado beso, que se desprende del pie de la primera fotografía, por su lubricidad, faltan el debido respeto a la moral.[88]

Incomprensible en términos actuales que una portada con una chica en bikini en una época tan emblemática como el 68 fuera objeto de sanción administrativa. Cuando supuestamente esa indumentaria parecía hacerse presente en playas y piscinas, en escenarios de teatros de revista o en algunas películas. En España seguía provocando problemas, bajo conceptos usados en tonos inapropiados como *pudor, decencia* o *buenas costumbres.*

EL MUNICIPAL Y «LA MAJA DESNUDA» DE... CÁCERES

Por sorprendente que pueda parecer dado lo tardío, en 1975 se produjo uno de los incidentes más comentados y a los que se sacó toda clase de punta. Un policía municipal de Cáceres quiso prohibir que en una librería figurara una reproducción de *La maja* de Goya en nombre de la «moral». Según la

88 *Id.* Pág. 115.

dueña de la librería[89] «todo el escaparate estaba lleno de reproducciones y no había jóvenes arremolinados como se dijo entonces. "¡Vengo a quitar esa inmoralidad de ahí!", me dijo el cabo». En el pleno del día 28 de marzo de 1975 a petición del concejal de policía, el alcalde propuso una felicitación al cabo «por su celo en la defensa de la moralidad»; tan solo un concejal se mostró en desacuerdo. «Se armó una buena —recuerda la propietaria— y me vino bien porque me dieron mucha publicidad y vendí bastantes reproducciones de *La maja*, pero también recibí amenazas de muerte. Franco aún no había muerto. A los pocos días la policía también multó a una pareja por darse un beso en la plaza de San Juan».

El suceso que parecía sacado de otra época provocó críticas, ironía y mucha mofa. Vázquez Montalbán (bajo el pseudónimo Sixto Cámara) publicó un ácido comentario en *Triunfo*:

> [...] Para escribir *La Capilla Sixtina* más triste esta noche, puedo pero no debo. Porque considero que toda la España sensata debería lanzar una campaña radical de apoyo moral al librero que exhiba el cuadro, y a los adolescentes que lo contemplaban, dijeran lo que dijeran los escaparates de *La maja desnuda*. Mirad esa carne algo decadente, que ya promete cuerpos fugitivos y arrinconados de pintores impresionistas. Esperad la llegada de todos los cabos [...] que quedan entre nosotros, de todos los alcaldes de Cáceres que crucifican nuestra geografía; y obligadles a que actúen según la ley de su instinto según la oscura verdad de sus propios ojos.[90]

Todavía en esa época el desnudo integral de modelos solo aparecía en los estudios privados de pintores o escultores, mientras en la Facultad de Bellas Artes se mantenía la obligación del suspensorio o la sucinta tela. En paralelo a la Real Academia de Bellas Artes de San Fernando en Madrid funcionaba el taller del Círculo de Bellas Artes. Fue en 1975 cuando, tras una deliberación de los alumnos y con el

89 Reportaje y entrevista de Sergio Lorenzo a Charete Figueroa, antigua dueña de la librería realizada a sus 86 años de edad, en *Hoy* de Badajoz de 26-III-2017.

90 *Id.*

beneplácito de modelos se decidió retirar los taparrabos siguiendo el modelo de representación del cuerpo que venía de la antigua Grecia, el Renacimiento y había tenido implantación en el XIX y el XX hasta el final de la Segunda República.

TARZÁN Y LA «DECENCIA EN EL VESTIR»

El temor a la debilidad moral de las jóvenes y el miedo a unas tentaciones que aparecían por doquier, llevó a quejas que hoy nos parecen tan sorprendentes como las de monseñor Eijo y Garay, uno de los prelados con mayor influencia y poder en la época, llamando la atención por los «pantalones demasiado cortos» de los miembros del Frente de Juventudes dado que podían representar un «riesgo de tentación para las muchachas». De la misma manera que en la mitad de los cincuenta el obispo Pildain de la diócesis de Canarias, cuya obsesión por el tema de la moralidad pública fue incesante —aunque también mostró una comprensión por los temas sociales no siempre frecuente en aquella jerarquía— se quejó ante Franco por la instalación de unas esculturas en el estadio de Falange en Las Palmas de Gran Canaria que podían representar un «atentado contra la moral», y que finalmente Franco accedió a tapar. Desde la primera posguerra se repitieron las quejas eclesiásticas sobre la presencia de jóvenes del Frente de Juventudes vestidos con «prendas indecorosas», es decir pantalón corto, que pudieran causar «perturbación» a la «frágil voluntad» de las muchachas.

El *Tarzán* de Johnny Weissmuller sufrió censura en sus películas en los años cuarenta para RKO. Además de la prohibición de *El triunfo de Tarzán* (1943) que no pudo estrenarse hasta después de la muerte de Franco porque el «rey de la selva» luchaba contra nazis, las tijeras aligeraron secuencias y obligaron a cortar planos de *Tarzán y las amazonas* (1947) para limitar la contemplación del cuerpo del hombre-mono porque «podía causar turbación en la moralidad de las chicas». Años más tarde, para el estreno de *La gran aventura de*

Tarzán (1960, John Guillermin) la censura impuso la calificación de «para mayores», cuando se trataba de una película de carácter esencialmente familiar; pero se quiso proteger a las jóvenes frente a la tentadora imagen que podía representar la contemplación del *rey de la selva*, ahora interpretado por Gordon Scott.

Pese a la vigilancia sobre las formas masculinas, el grueso de las obsesiones censoras gravitó de manera constante sobre los atuendos femeninos. Con el agravante de que frente a la discreción del vestuario y la moda de los cuarenta caracterizada por su recatada sofisticación, la de los cincuenta era expansiva y cercana, utilizando imágenes femeninas más «carnales» en todos los sentidos, como las que representaban focos tan característicos como Marilyn Monroe, las «opulentas» del cine italiano de mitad de siglo, o las cabareteras mexicanas, a las que la censura española condenó a la invisibilidad. Todas vestían trajes sinuosos y exhibían cuerpos fantásticos con generosos escotes. Y más allá del glamour de Hollywood y el sofisticado erotismo de Monroe quedaba la cercanía de las italianas en historias donde se las presentaba como «hijas del pueblo» en vidas cotidianas. A las que habría que añadir la irrupción de Brigitte Bardot, aunque su mito llegó muy a cuentagotas a España, donde apenas pudieron verse en su momento sus películas más representativas;, bastantes de ellas mediocridades en las que repetía el mismo personaje de ingenua-sexy, y enseñaba profusamente anatomía.

La exclusión fue casi total en el caso de la generación de las cabareteras-rumberas del cine mexicano de la mitad del pasado siglo, casi todas provenientes de Cuba, con un total de unas ciento cincuenta películas, en las que se mezclaba el melodrama más desaforado, la delincuencia, la mujer abocada a la prostitución o a la explotación, y los números musicales donde aparecían con vestidos insinuantes, mostrando hasta más arriba del muslo y generosos escotes. Con las rumberas llegaba otra obsesión: el mambo y los ritmos latinoamericanos. El bayón de Silvana Mángano en *Ana* (1951, Alberto Latuada) creaba conmoción; pese a las reticencias de la censura española fue autorizado por que se contaba el pasado de una monja arrepentida de sus pecados. Pero no solo estaban los movimientos de las cabareteras en los escenarios, sino que a menudo aparecían con trajes de dos piezas o amplios escotes con hombros al aire, lo que chocaba frontalmente con la censura.

La permisibilidad según el origen social

Alfredo Perales se pasa el pañuelo por la superficie de su calva sudorosa y respira hondo ante del cuadernillo donde anota cada información. Luego convoca a las doncellas y demás miembros de la servidumbre, antes de dar instrucciones en reducido grupo a sus tres ayudantes directos que hacen las veces de ujieres o mayordomos ocasiones. Dos han venido con él desde Madrid; tienen experiencia en organizar eventos de calibre, a los que han asistido personajes como Giscard D'Estaigne, el conde de Villaplana, dos diputados alemanes de la CDU, y un ácido y refinado escritor del que nadie se fiaba. Recordaba a un espía en una montería; cuando apareció no llevaba escopeta.

En esta ocasión todo es más fácil: se espera solo a españoles, con un solo invitado de fuera, Mister Robson, el consejero de una empresa petrolera americana al que invita el conde de Altamirano. Lo difícil para Perales es hacer que cuadren los *bungalows* con las demandas de los que asistirán a tres días de caza y convivencia, en esa apartada y enorme finca de la provincia de Ciudad Real, cuyos accesos controla la Guardia Civil, que patrulla decenas y decenas de kilómetros de su perímetro alambrado para evitar furtivismos o intrusos inesperados.

—Es esencial proteger la privacidad —recuerda Perales—, y quien quiera salir de ese marco es porque realmente lo elige.

Los *bungalows* permiten respetar los espacios sin testigos. No ha sido sencillo cuadrar el estadillo de la distribución pero al final se ha logrado con aprobación de todos.

No se pronuncia sobre ciertos rumores. Por ejemplo, en torno a Mr. Robson y Borja Junquera, al que se espera con su mujer Paula, y el padre de esta, conde de Vallefrío. Entre el yerno y el americano debe haber gran fricción, por una concesión de gasolineras que no ha ido como se esperaba: las jornadas de caza son la oportunidad de verse cara a cara y arreglar asuntos.

En cambio, no tiene inconveniente en soplar a sus ayudantes que el marqués de Villamencía acude con su esposa Clotilde, hija de un banquero, pero que a ella la caza no la entusiasmaba lo más mínimo, y hay que buscar un entretenimiento alternativo para otras damas en situación parecida, que acompañan a sus maridos. De esas que no se separan ni a sol ni a sombra porque desconfían. Otra vez Alfredo Perales tuvo una ocurrencia que salió bien; contrató a El Niño de Osuna, el guitarrista flamenco para que mostrara sus habilidades con las cuerdas. O invitó a Doña Nélida, la repostera que ha escrito ese libro de recetas de cierto éxito para que en la enorme cocina del palacete enseñe a hacer postres.

Villamencia y su gentil esposa deben ser alojados a la mayor distancia posible de Clemente Albadalejo, el tiburón de las finanzas, venido de la nada, todavía soltero, y con fama de seductor de solteras y casadas. El general Pancorbo se lleva mal con el marqués de la Ventisca, de una querencia que viene de largo. En la lista aparece Alberto Ferrero, el industrial que aspira a conseguir una licencia de importación; la ocasión es propicia porque está confirmada la presencia del subsecretario de Comercio, aunque es bien sabido que sus habilidades con la escopeta son magras. Se cotillea que con las fugas de tres días se quita de encima a su insidiosa y antipática mujer.

El encargado de la montería ha oído contar que esa mujer se presentó en la sede del ministerio hecha un torbellino, poniendo contra la pared a la secretaria. A gritos delante de todo el mundo y sin recato gritaba con desatada expresión: «¡No quiero ninguna fulana al lado de mi marido!». La pobre funcionaria hubo de hacer como si no oyera el insulto; para acallar cualquier sospecha súbitamente la trasladaron al archivo general del ministerio.

De mayor le gustaría hacer un libro sobre lo que recuerda de las cacerías. Como aquella vez, cuando el marqués de Estepona se presentó con una bellísima y elegante inversora alemana, que vestía de Christian Dior y Balenciaga, y se mareaba al ver los cuerpos de las piezas abatidas, pero se dejaba caer por el comedor donde se ofrecían viandas y bebidas. Recuerda su nombre, Hannelore, pero no su apellido. Su entrada constituyó una sensación tanto por la belleza como su clase. Como cada bungalow tiene dos habitaciones se hospedó en una de las reservadas por el marqués.

A poco de amanecer, el párroco de un cercano pueblo bendijo a los monteros, que hicieron colecta para las necesidades de su iglesia. La jornada fue larga y abrupta por los imprevistos cambios de tiempo; pero se cobraron importantes piezas. Al regresar estaban cansados y despreciaron la gran cena preparada. Se fueron a dormir más temprano de lo previsto.

De madrugada se encendieron luces de forma brusca con inusitado movimiento de personas, escuchándose voces destempladas y gritos. Cuando iluminaron las primeras luces del alba se empezó a hacer balance de la situación, que corrió de boca a oído. Ninguno de los protagonistas bajó a desayunar y la expedición se marchó en los Land Rover sin esperar. Fue comidilla de la jornada y de muchas más. La mujer del marqués de Estepona, y madre de sus cinco hijos, alguno casadero, hija de un gobernador civil, se presentó subrepticiamente y sin avisar en el bungalow de su marido, accediendo a su interior pese a la turbación de las doncellas que intentaban impedir que pasara, sin tiempo para avisar al aristócrata de la llegada de su mujer. Al ser descubierto junto a señorita Hannelore se montó la batahola.

«De haber venido el Caudillo no habría pasado. Las listas las revisa previamente Doña Carmen. Nada de "amigas" ni "secretarias" en las cacerías, únicamente esposas. ¡Lástima que Franco se haya hecho mayor y apenas tenga fuerza para sujetar una escopeta!».

El estrecho control eclesiástico respecto a la moralidad pública y la constante actuación sobre la autoridad civil para adoptar medidas e imponerla no constituyó obstáculo a la existencia de «zonas de sombra» social, es decir, excepciones dictadas por la posición económica o la cercanía al poder. De esta manera, en una sociedad en la que los carnavales estaban prohibidos por la presión de la Iglesia, el juego se condenaba, y había un potente mensaje contra el ejercicio de la sexualidad fuera del matrimonio, se celebraban bailes que para una élite se convertían en sustitutos de la fiesta vetada, había espacios de juego en selectivos lugares opacos para el resto de la sociedad, bajo una *sui generis* tolerancia vinculada a la disponibilidad de recursos, la pertenencia a un distinguido reducto o la afinidad al poder. Beneficiada porque su capacidad de trascendencia exterior era nula, en un tiempo en que la censura no dejaba escribir sobre separaciones, idilios, noviazgos, o relaciones extramatrimoniales, y el respeto por el peso social de los apellidos fue máximo.

La supresión y condena del divorcio obligaba a mantener relaciones paralelas que podían ser conocidas en el círculo más próximo pero que carecían de proyección pública. Una persona con los vínculos familiares de Ramón Franco (1896-1938), aviador que en 1926 alcanzó popularidad como piloto del legendario Plus Ultra en su vuelo transoceánico a través del Atlántico, Palos de la Frontera-Las Palmas de Gran Canaria-Río de Janeiro-Montevideo-Buenos Aires, había recurrido al divorcio durante la República. Ramón se había casado en 1924 con Carmen Díaz Guisasola, ella tenía diecinueve años y él veintiocho, separándose al principio de los treinta. Según Pilar Franco, también hermana, su matrimonio fue «consecuencia del alcohol». Por el contrario, la aludida contó en 1981 a José Antonio Silva que era hija de un ingeniero y había tenido una buena educación, y que jamás había visto a Ramón beber salvo vino en las comidas.[91]

---

91 Camen Díaz Guisasola y José Antonio Silva (1981) *Mi vida con Ramón Franco*. Barcelona: Planeta. Premio Espejo de España.

Juan Luis Beigbeder y Atienza (1888-1957) alto militar africanista y ministro de Asuntos Exteriores de 1939-40, posteriormente partidario de Don Juan de Borbón. Su vida extramatrimonial generó muchos comentarios dentro de la corte franquista.

En su vida se cruzó otra mujer, Engracia, de la que se dijo de todo en su momento. José María Zavala encontró en la Fundación Francisco Franco un documento de la policía donde se cuenta una presunta «identidad frívola» de esta mujer, que se hizo novia de un artista de circo después de pasar por varias relaciones, actuó en cabarets y de quien en 1928 había nacido una hija, Ángeles, que moriría en 1976. Zavala atribuye ese informe a la influencia del propio Franco, y sostiene en su libro que «ni era de vida fácil, ni cabaretera ni casquivana».[92] Tampoco hay pruebas de que esa hija la hubiera tenido con el artista de circo o con Ramón Franco. En 1935 y como consecuencia del divorcio implantado por la República, el hermano aviador de Franco se casa con Engracia con la que venía conviviendo desde hacía mucho tiempo, reconociendo legalmente a

92 José María Zavala (2009) *Franco, el republicano*. Barcelona: Áltera.

los pocos días a Ángeles como hija. Tras la muerte de Ramón el trato entre la familia de El Pardo y la mujer de su hermano fue nulo. En aquella época todo lo que pudiera aparecer con marchamo diferenciado respecto a la estricta moralidad pública tenía necesariamente que permanecer en silencio.

AMORES EN VOZ CALLADA

Bajo aquellos fuertes condicionantes ser ministro conllevaba un absoluto respeto a la moralidad y a la llamada decencia. El problema eran los versos sueltos que no se atenían a la rigidez de las formas. Juan Luis Beigbeder y Atienza (1888-1957) era un militar africanista nacido en Cartagena (Murcia) de padre de origen alsaciano. Casado en 1915 con una dama de la élite social de Alcalá de Henares (Madrid) con la que tuvo una hija, el matrimonio se había ido a pique. Aunque el divorcio no llegó a producirse por la oposición de la esposa aferrada a sus creencias religiosas. Entonces Beigbeder tuvo amantes, hasta encontrar a la que pudo ser la mujer de su vida fuera del matrimonio. Hombre con capacidad políglota había sido agregado militar en la embajada de España en París y Berlín. Falangista desde los primeros momentos de la guerra llegó a ser uno de los altos militares en el Consejo Nacional de FET y de las JONS. En aquella corte franquista llamaba la atención por mantener relaciones abiertas con la británica Rosalind Powell Fox de la que se decía de todo. Fue nombrado por Franco ministro de Asuntos Exteriores entre agosto de 1939 y octubre de 1940. Sus afinidades políticas y de bloque han sido objeto de interpretaciones contradictorias; para unos fue un germanófilo para otros aliadófilo, por influencia de su pareja sentimental, de la que se insinuaba que podía haber sido espía. En una anotación de 5 de octubre de 1954, Salgado-Araujo pone en boca de su primo, el *Caudillo* este comentario:

> Se explotan las debilidades de cada persona que conviene que sea espía, como se les tienda la red de las complacencias y medios para que disfruten de ellas, y al final se cierra el cerco y ya no tienen remedio.

Para describir a continuación a Beigbeder:

> Su debilidad por las mujeres, a pesar de su religiosidad especial, ya que le hacía compatible con todos sus vicios. Cuando estaba en Guadalajara siendo cadete, se hospedaba en casas de mujeres. Era buen estudiante. Durante la guerra europea, el embajador alemán, Von Stohrer, me pidió que no se entregara al ministro de Asuntos Exteriores ningún asunto o documento importante, pues no se fiaba de él, porque estaban convencidos de que tenía relación con los aliados y de que las mujeres que trataba, a muchas de las cuales se les obligó a salir de España, eran espías a sueldo de aquellos. Yo creo que estaba cogido por los judíos a los que probablemente debiera dinero. En la actualidad, este señor, según han dicho unos ayudantes, sigue dedicado a sus debilidades, dando sablazos, y en mala situación económica.[93]

El personaje de Beigbeder y su pareja ha dado lugar en época posterior a un abundante rosario de publicaciones.[94] Como las que en la contemporánea se han hecho sobre el sucesor de Beigbeder en la cartera de Asuntos Exteriores, en el momento de máxima cercanía al régimen nazi, el falangista Ramón Serrano Suñer (1901-2003). Además cuñado de Franco al estar casado con la hermana de Carmen Polo, mujer del *Caudillo.* Siendo aquel director de la Academia General de Zaragoza se habían conocido en la capital del Ebro, Serrano Suñer y Ramona Polo Martínez llamada familiarmente «Zita», hermana de Carmen, esposa del futuro jefe de

93 Francisco Franco Salgado-Araujo (1976) *Mis conversaciones privadas con Franco*, Barcelona: Planeta. Pág. 12.

94 Entre ellas aparece como personaje de ficción en *El tiempo entre costuras* de María Dueñas (Ed. Planeta, 2026), y junto a Rosalind en *Un jardín al norte* de Boris Yzaguirre (Planeta, 2014). Además de las memorias de la propia Rosalind Powell Fox publicadas en inglés *Tha Grass and the Asphalt*, o el foco puesto en la descendiente de Beigbeder vinculada a él y no tanto a la madre, en *La hija del general Beigbeder. Vida cotidiana durante la guerra civil y el régimen católico* de Urbano Brihuega Moreno (Queimada, Móstoles, 2017). documento sobre la élite de Alcalá de Henares y los prejuicios.

Estado. A lo largo de cuatro años, de 1938 a 1942, pasó por seis ministerios tan importantes como Gobernación, y Asuntos Exteriores entre 1938 y 1942, en el momento de mayor entusiasmo del Régimen con el III Reich. En 1940, Serrano había conocido en la fiesta de un elegante hotel a una atractiva dama, Sonsoles de Icaza (1914-1996).

Hija del diplomático y autor mexicano Francisco de Icaza y de una española de clase alta. Sonsoles era hermana de la también escritora Carmen de Icaza, que alcanzó notoriedad en la posguerra con sus novelas sentimentales. En 1936, a los veintiún años la joven Sonsoles se casó con Francisco de Paula Díez de Rivera y Casares (1890-1972), marqués de Llanzol, que en el momento de la boda tenía veinticuatro años más que ella. Coronel de Caballería y consejero del Banco de España, había participado en la guerra de Marruecos y en la campaña del norte y del Ebro durante la guerra civil. Este aristócrata era hermano de Ramón, marqués de Huétor de Santillán, almirante y futuro jefe de la Casa Civil de Franco, casado con María Purificación de Hoces, familiarmente conocida como «Pura Huétor», íntima amiga de Carmen Polo.

La pasión entre Sonsoles y Serrano Suñer, a la sazón ministro de carteras esenciales, dio lugar al embarazo de ella, con el nacimiento en 1942 de una hija, bautizada como Carmen en la iglesia de la calle de Goya. El marqués de Llanzol la reconoció pese a no ser hija biológica y se crió como una más entre los hijos de la familia. Hasta su fallecimiento Sonsoles de Icaza fue una mujer elegantísima, ocurrente, divertida, de fuerte e indomable personalidad, altivez y arrogancia, que conducía automóviles y era vestida por elegantes diseñadores como Balenciaga, de quien llegó a ser una musa. Mientras el matrimonio entre Serrano Suñer y «Zita» Polo se mantenía de puertas hacia fuera como si no ocurriera nada. Lo habitual en aquel tiempo era el perdón de la mujer al esposo adúltero; en esta ocasión fue al revés, el marqués ejerció como padre cariñoso también con su hija no biológica, en un tiempo en el que separarse constituiría un escándalo. Entre la mujer de Franco y su hermana «Zita» las relaciones fueron poco a poco distanciándose. Lo probable es que Carmen Polo se enterara del embarazo por su amiga Pura Huétor.

La ficción se mantuvo entre los marqueses de Llanzol que no rompieron relaciones de amistad con el matrimonio Suñer-Polo. Carmen Díez de Rivera y de Icaza (1942-1999) quiso casarse a los diecinueve con el hijo menor del exministro falangista, y su tía y un sacerdote tuvieron que advertir que ese matrimonio era imposible porque eran hermanos y compartían el mismo padre. Moralmente el golpe fue muy duro para la inteligente, culta, atractiva e inquieta Carmen, quien llegaría a ser uno de los escasos nombres femeninos de la Transición. Tanto la familia Díez de Rivera como la de Serrano Suñer hicieron un pacto de silencio sobre este tema que se ha prolongado a las siguientes generaciones de ambas familias.

Esta historia que parece sacada de una novela sentimental venía a demostrar cómo frente al poderoso control de la Iglesia sobre la moralidad pública y la hegemonía de unos valores muy conservadores que exaltaban la indisolubilidad del matrimonio había una corriente que no podía ser reprimida por dictados de rigor y pudibundez. Lo que, como tantas veces, ocurriera provocaba formas de representación entre una realidad de escaparate que socialmente pasaba por ser la única, y otra subterránea que no llegaba a ser conocida más que por círculos íntimos. Aparecían en paralelo distintas referencias de moralidad vinculadas al origen y procedencia social o determinadas por la capacidad para trascender exteriormente. En su libro de memorias aparecido de forma póstuma, Salgado-Araujo menciona el malestar de Franco con un general que acudió a una recepción con una mujer que no era la suya. A Carmen Polo le atribuye en sus memorias el director de cine Antonio Isasi Isasmendi la influencia directa en las dificultades del productor gallego, Cesáreo González, antiguo camisa vieja de Falange, para acceder a El Pardo de manera fluida, dada su fama de mujeriego.

EN EL ESCAPARATE PÚBLICO

La necesidad de guardar las formas y la apariencia externa afectó a un personaje tan cercano a Franco como Millán Astray (1879-1954), el fundador de la Legión Española. Casado en 1906 con Elvira, una mujer que quiso mantener voto de castidad dentro de su matrimonio, sus relaciones femeninas fueron de lo más variado. Padrino en la boda de Celia Gámez, uno de los acontecimientos sociales más sonados de la posguerra, de la que se dijo que había sido supuestamente amante, con el consiguiente revuelo de rumores, vivió su propia circunstancia al margen de las convenciones. Pese a los condicionantes de su físico y a edad, en una partida de cartas en 1941 había conocido a María Rita Gasset, hija del antiguo ministro de Fomento y prima del filósofo José Ortega y Gasset. Cuando ella queda embarazada, Millán pide a Franco la anulación de su matrimonio con Elvira; pero el *Caudillo* quiere evitar escándalos. Los amantes se verán obligados a irse a Lisboa donde inscribirán a su hija Peregrina (1942-2022). Bajo los usos de esa época donde más allá de una vida pública formal hay otra real, Millán Astray presuntamente siguió conviviendo con su primera mujer de forma oficial, con la que no había tenido relación, mientras mantenía vínculo con la madre de su hija. La esposa legal llamaba «sobrina» a la niña. En aquella época era frecuente recurrir a la ficción social para evitar lo que se llamaba «escandaloso».

Esa representación para guardar las apariencias daba lugar a que dos notorios amantes que venían siendo pareja de hecho durante mucho tiempo y lo seguirían siendo, como Edgard Neville y Conchita Montes, públicamente reconocidos como tal, residieran en un mismo edificio, pero en distintas plantas. De la misma manera que cuando viajaba por España una pareja que podía convivir desde tiempo atrás y se hospedaba en un establecimiento hotelero debía pedir habitaciones separadas al no poder enseñar el libro de familia.

A Carmen Polo se le atribuye protagonismo en la entronización social de su yerno, Cristóbal Martínez Bordiú, marqués de Villaverde, a quien Salgado-Araujo califica entre otras cosas de «conquistador». Esa proyección pública, pese a las imágenes permanentes de la hija de Franco, su marido y los sucesivos nacimientos de sus hijos, hasta componer un sucedáneo de «familia real, bis» a la española, se vieron acompañadas de constantes rumores sobre su personalidad de galanteador; ninguna de ellas hubiera podido trascender a la opinión pública no solo por la personalidad del protagonista sino por la prohibición de noticias vinculadas a relaciones personales de cualquier conocido público ajenas al rígido discurso matrimonial.

Ese impedimento provocó un fenómeno que en la España de hoy nos parecería insólito: en determinadas redacciones y círculos de poder, se hablaba de relaciones fuera del matrimonio, de hijos secretos o bien disimulados bajo formas convencionales de unión sacramental, de devaneos y toda clase de relaciones protagonizadas por nombres sonoros y reconocibles; pero que eran totalmente invisibles, en época anterior a la aparición de los *paparazzi*. Incluso al final de los sesenta circularon rumores sobre la supuesta relación de un ministro tecnócrata con un hombre, que pudieron llegar a conocimiento de Carrero Blanco, a quien le preocupaba mucho la moralidad pública.

SEXO Y DOBLE MORAL

Frente a esa obligada de sombras el discurso de la jerarquía eclesiástica era especialmente duro en términos generales contra cualquier expresión que pudiera sugerir una forma de erotismo o vincular a una expresión sexual ajena a la convencional. La mayor parte de los prelados emitieron severas críticas contra formas de moralidad que podían quedar al margen. Entre los más radicales el Cardenal Segura (1880-1957), cuyos roces con El Pardo fueron constantes. El prelado de la diócesis de Sevilla se embarcó en una permanente cruzada moral denunciando públicamente toda clase de excesos especialmente en espectáculos públicos, con tan falta de oportunidad que provocaba la promoción de los mismos. Segura había prohibido en la diócesis de Sevilla el baile agarrado. Fueron célebres sus diatribas contra la «inmoralidad» en cines y teatros, o sus condenas bajo amenaza de pecado como sus constantes descalificaciones de las «costumbres inmorales y pornográficas».

Hace pocos años, se revelaba otra cara desconocida del muy autoritario cardenal: su supuesta paternidad en época de juventud, en lo que parece otro caso más de fariseísmo e hipocresía social. Como cuenta el también sacerdote, escritor y periodista Carlos Ros[95] los rumores sobre esa paternidad habían corrido en algunos círculos. Siendo obispo auxiliar de Valladolid conoció a una sevillana a la que acabó casando con su único hermano seglar, quien tuvo un hijo cuyo progenitor podría ser el luego cardenal. El intransigente Segura se había enfrentado con muy importantes personajes católicos.

En 1929 monseñor Tedeschini, nuncio apostólico en España mientras paseaba con su escolta por la Casa de Campo de Madrid sufrió un atentado del que resultó herido el acompañante, que en su momento se atribuyó a «un marido despechado». El nuncio había tratado presuntamente de informar al Vaticano de las relaciones de Segura con aquella señora. El Cardenal fue expulsado por el gobierno de la República por su durísima actitud y descalificaciones, aunque Segura atribuyó la decisión no al ejecutivo sino a sus adversarios Tedeschini y Herrera Oria. Con el franquismo ocupa la sede de Sevilla con mano férrea y nostalgia por la teocracia. Se enfrenta a Franco como lo hizo con la República, llega a descalificar a la Falange, y se convierte en el más duro censor de la ciudad, obligando a que en misas se lean prohibiciones de películas y espectáculos públicos por ser «inmorales», con la amenaza de cometer pecado mortal a quien los vea o promocione.

Según Carlos Ros, fueron abundantes los rumores sobre la paternidad del Cardenal Segura, pero tras buscar en los

95 Carlos Ros (2016) *Pedro Segura y Sáenz. Semblanza de un cardenal selvático.* Madrid: Letras de Autor.

archivos el expediente matrimonial de su hermano y las actas del cabildo de la catedral de Valladolid aparecían páginas eliminadas[96] en lo que pudo constituir uno de los más clamorosos casos de doble moral de su época.

AMORES SIN PUBLICIDAD

Predicar contra el adulterio tenía una especial lectura y denominación cuando se trataba de las clases sociales desfavorecidas, en las que las notas policiales o las declaraciones desde los púlpitos la palabra *amancebamiento* que nunca era utilizada cuando se trataba de la élite social. Donde por la falta de transparencia y nula posibilidades de conocimiento público era difícil conocer relaciones extraconyugales, ni devaneos sexuales de sus protagonistas, siempre protegidos por el elevado muro de la invisibilidad social. Aunque esa prohibición de publicar noticias de lo que hoy llamaríamos crónica sobre famosos -de la misma manera que estaban limitadas aquellas relativas a los sucesos- tenía una evidente e imprevista contrapartida: dejar al libre arbitrio el chismorreo y cotilleo desaforado; personajes sobre los que no se podían publicar ciertos contenidos, pero tampoco impedir que los rumores, a veces especialmente insidiosos, infundados o maliciosos, corrieran por redacciones, espacios de poder y acabaran trascendiendo a la vida cotidiana.

A falta de una familia real como tal, el franquismo utilizó a la hija del *Caudillo* tras su boda con Cristóbal Martínez-Bordiú (1922-1998) heredero de los condes de Argillo, un médico aparentemente extrovertido de carácter. La pareja se había conocido a finales de los cuarenta en una elitista *boite* del centro de Madrid. Su boda en 1950 en la capilla de El Pardo mereció un tratamiento parecido al de un enlace de la realeza. Vestida de Balenciaga y con una larguísima cola, la pareja se dio el *sí* ante el arzobispo de Toledo. El suntuoso banquete, que congregó a la máxima representatividad del Estado,

96 Aurora Flórez. *ABC* Sevilla, 2/04/2016.

se quiso contrastar con algo que hoy nos parecería llamativo por comparación: el reparto entre los habitantes de El Pardo de café, azúcar, arroz, pasta alimenticia, patatas, chocolate, carne o tabaco.

Al poco tiempo del enlace en el que la hija de Franco a juzgar por su círculo se había casado «muy enamorada» comenzaron los roces entre los más cercanos al *Caudillo* y el yerno. A su influencia atribuyeron el tránsito hacia una alta valoración del lujo y la afición a los negocios, coincidiendo con las noticias publicadas en medios de la prensa extranjera sobre operaciones comerciales con tufo de escándalo como la importación de vespas. Durante años la sociedad española se acostumbró periódicamente a las noticias sobre cada uno de los nacimientos en la familia así como a los constantes viajes por el extranjero de los marqueses de Villaverde y su paso por los más selectivos lugares. Pero también a los rumores sobre presuntas galanterías repitiendo una constante en la élite social: los devaneos sentimentales y donjuanescos del marido frente al obligado silencio de la esposa, forzada a mirar hacia otro lado para mantener la indisolubilidad del matrimonio.

Tiempo en el que en España no existían *paparazzi* y las revistas de tono amable se ocupaban exclusivamente de la imagen pública y oficial de los personajes que retrataban; ya fueran los marqueses de Villaverde, los reyes Fabiola y Balduino, los entonces príncipes de España, Juan Carlos y Sofía, la Duquesa de Alba, los príncipes de Mónaco, Jacqueline Kennedy, Soraya, y los actores que habían alcanzado un status social destacado. Sin la más mínima insinuación a infidelidades, devaneos o adulterios en fase de conato o de realización.

La vitola de católico propiciaba un tratamiento todavía más riguroso y tamizado sobre esa esfera personal de la que no podía trascender más que la versión oficial. A la tamizada imagen española del actor Gary Cooper frente a su presencia exterior de infiel mujeriego, contemplado bajo un marchamo de catolicidad; se incorporaba John F. Kennedy, saludado como «primer presidente católico» de Estados Unidos, y a quienes la emergente y cada vez más viva prensa vinculada a una imagen renovada del Opus Dei saludó como emblema no solo de personalidad sino de familia católica de escaparate. Tiempo más tarde, algunas de las noticias sobre la vida sentimental del que fuera malogrado y asesinado presidente, o sus costumbres, como nadar completamente desnudo, habrían creado incomodidad a quienes difundían su imagen pasteurizada.

ESTRELLAS: VIDAS PÚBLICAS Y FORZADOS SILENCIOS

No solo no existía lo que hoy se llama prensa del corazón y que tímidamente empezó a asomar la cabeza al final del franquismo, sino que solo se publicaban contenidos de crónica social relativos a peticiones de mano, fiestas, bodas, bautizos, comuniones o entierros, que parecían redactados por los propios interesados. Hubiera resultado casi imposible publicar una noticia sobre una relación extramatrimonial entre dos personajes conocidos, un noviazgo o un ligue, incluso entre artistas. Sin embargo, el rumor hacía estragos y su poderosa presencia llegaba a muchas capas sociales, con la imposibilidad de los protagonistas para desmentirlos. Se pueden citar los que acompañaron a Lola Flores y Manolo Caracol en los últimos años cuarenta. Pero no se podía mencionar palabra al tratarse de un casado, y el horizonte de esa relación no fuera el de contraer matrimonio. En otras situaciones, se optaba por el eufemismo. Concha Piquer venía conviviendo con Antonio Márquez, un torero que había estado casado, en una España en la que desde 1939 se prohibió el divorcio y el matrimonio civil entre dos personas católicas.

En los años veinte Antonio Márquez (1899-1988) había alcanzado una gran notoriedad gracias a la tauromaquia, lo que le permitió acceder a una élite. En 1927 se casó con una aristócrata de origen vasco-cubano, Gloria de Arechavala, a la que había conocido en una de esas travesías interoceánicas en trasatlántico tan típicas del periodo de entreguerras.

La boda fue un importante acto público, celebrado en la capilla de un palacete del Paseo de la Castellana y seguida de una gran fiesta en el Ritz, al que asistieron primeras figuras de la vida social.

Al final de la década, en una fiesta de disfraces en el teatro de La Zarzuela de Madrid conoció a Concha Piquer (1906-1990), cantante y estrella que había pasado por América, y a la que su máximo éxito le esperaba en la posguerra. Con el paso del tiempo entablaron relaciones hasta convertirse en pareja. Pero bajo el Nuevo Régimen no se admitía el divorcio y él podría haber roto su anterior vínculo durante la República: la relación entre la artista y el antiguo torero venía siendo estable desde años antes. El nacimiento de su hija Concha Márquez (1945-2021) se realizó en Buenos Aires, donde la cantante española más representativa de la posguerra era también una estrella, siendo Eva Duarte-Eva Perón la madrina de la recién nacida. En España no se hizo mención a su situación legal, y con posterioridad se habló de una boda civil en Montevideo (Uruguay). Algunas de las letras de los títulos hoy clásicos de Piquer podían tener que ver con ella misma, como *La otra*, donde se hablaba de mujeres que sufren en silencio obligadas a ocultar tantas cosas, y amar aunque «no tengan un anillo».

UNA DENUNCIA POR ADULTERIO

Ese muro informativo sirvió para que en España no se dijera palabra de uno de los más curiosos *affaires* de los cincuenta. Franco comunicaba al gobierno británico la intención de presentar a Fernando María Castiella como embajador de España en Londres. Castiella formó parte de la División Azul en la que fue condecorado nada menos que con la Cruz de Hierro del nazismo, y pertenecía a ese grupo de falangistas que acabaron poco a poco decantándose por la etiqueta de *católicos*; y cuyo radicalismo de sus años jóvenes se fue atemperando con el tiempo, hasta que en su largo periodo como ministro de Asuntos Exteriores se desenvolvió con pragmatismo y distancia respecto al bunker inmovilista. El gobierno de Attlee no mostraba especial simpatía con el candidato a la cancillería española y el *placet* no se produjo; quizás por su pasado en la División Azul. El *Caudillo* jugó fuerte y propuso a Miguel Primo de Rivera (1904-1964); hermano del fundador de Falange. El heredero del Marqués de Estella acompañó al exilio a su padre, dictador entre 1923-30. Su trayectoria había sido paralela a la de José Antonio. Detenido y juzgado por un tribunal popular fue condenado a treinta años de cárcel, y canjeado tras las gestiones del cónsul británico en Alicante, pasando a la zona de Franco. En 1940 acompañó a Serrano Suñer a Alemania en un viaje para informarse de la maquinaria de propaganda nazi. Unos meses más tarde gobernador civil de Madrid y jefe provincial del Movimiento, desempeñó de 1941 a 1945 la cartera de Agricultura.

Frente al sorprendente rechazo a Castiella como embajador en Londres, Primo de Rivera obtuvo el *placet* por sus muchas amistades, amigos y vínculos en el Reino Unido. Personaje apuesto y socialmente desenvuelto se movió con soltura entre la élite de la capital británica, y llegó a acompañar en varias ocasiones a la reina a las competiciones hípicas.

The Times publicó el 24 de noviembre de 1958 una noticia que dio pie a que durante semanas arreciaran comentarios en la prensa británica y australiana. Anthony Greville-Bell, nacido en 1920 en la isla de Oceanía, mayor del ejército británico y héroe de la II Guerra Mundial, había denunciado por adulterio a su segunda mujer, Helen Scott-Duff con la que llevaba casado desde 1954, y a su vez a Miguel Primo de Rivera, embajador español. En el juicio se presentaron pruebas de anotaciones en su agenda y comentarios de la esposa sobre el español, en lo que en Reino Unido fue un caso mediático por la resonancia de los personajes. La relación la habrían mantenido en 1957. El marido engañado se salió con la suya; la sentencia manifestó que «todas las pruebas llevaban a indicar con una alta probabilidad que el adulterio podía haber sucedido», con la consiguiente condena a ella al pago de las costas, y la separación que dio lugar al divorcio del militar, que luego volvería a contraer nuevos matrimonios en 1972 y 1996.

El caso aireado por medios británicos llegó naturalmente a oídos de Franco que decidió cesar a Miguel Primo de Rivera como embajador de España en Londres. Asuntos ante los que el *Caudillo* era especialmente sensible, bajo su intención directa, o la influencia de su esposa, Carmen Polo, habitualmente muy preocupada por estos temas. La prensa española no publicó noticias sobre la demanda de adulterio por el esposo contra su mujer y su amante. No por la pertenencia de Miguel Primo de Rivera a una élite sino porque cualquier noticia de estas características referida a una persona española no se hacía pública.

LA NOVIA DE «MANOLETE»

Más allá de los poderes políticos, militares o religiosos, el personaje más conocido de la posguerra fue el torero Manuel Rodríguez Sánchez, *Manolete* (1917-1947). Un hombre de apariencia ascética y estilizada, aparentemente «sin vida propia», y bajo la severa influencia de una madre, Doña Angustias, que adquirió notoriedad pública antes y después de la muerte del torero en la plaza de Linares en el verano del 47. En la vida de Manolete se cruzó una «mujer con pasado», llamada Antonia Bronchalo Lopesino (1917-1959) más conocida como Lupe Sino. Hija de familia numerosa había llegado desde la provincia de Guadalajara a la capital para trabajar como empleada doméstica. Su atractivo físico le hizo intentar la aventura del cine, a través de pequeños papeles.

En 1937 en plena guerra civil se casó con un ingeniero y oficial del ejército al servicio de Cipriano Mera, en una ceremonia civil en la que participan Miaja, el propio Mera, y distintos personajes militares republicanos. Al final de la guerra, el marido tuvo que escapar a Orán (Argelia) donde fue encerrado en un campo de concentración. En el Madrid de los años más duros de la posguerra y el racionamiento había ciertas excepciones al extremo rigor de las formas de vida para aquellos que pudieran disponer de dinero sin necesidad de depender de las cartillas. Parece ser que Lupe Sino conoce a Manolete en una comida o en el bar de Perico Chicote. Entre ellos se traza una extraña relación, en la que el torero vuela libre sin la influencia de su madre o su apoderado. Conociendo a través de ese vínculo una nueva vida social bajo formas mundanas. En lo que pudo ser una pasión de amantes que hoy no causaría sorpresa, pero que en aquella época generó intensa preocupación no solo a la familia y su círculo más próximo sino a los controladores de la moralidad pública.

Por fortuna para esos guardianes la visibilidad de esa relación fue escasa o limitada. Ella, además de una chica que tenía una vida anterior, acarreaba una de las etiquetas de más difícil asimilación en la posguerra: era *roja* y bajo estrecha relación con los vencidos en la contienda. El círculo más próximo a Manolete presentó a Lupe Sino como una «cabaretera» , epíteto que sugería otro calificativo más fuerte, «ligera de cascos», «aventurera» y «depredadora» en busca de fortuna y relaciones. Llegaron a calificarla como «La Serpiente» o «La Buscona». Cuando un toro mató a Manolete no se permitió que Lupe Sino apareciera en la agonía o el duelo: se trató de evitar una boda *in articulo mortis* que la habría convertido en heredera de una fortuna.

Las interpretaciones sobre la personalidad de Lupe Sino —que acabó marchándose a México tras el fallecimiento del torero en Linares, donde tras intentar otra vez el reto del cine apareciendo en alguna película, se casó con un abogado, en un matrimonio que acabó al poco tiempo en divorcio— han sido diversas a lo largo del tiempo transcurrido después de 1947. En épocas posteriores se han conocido fotografías de la pareja de bastante calidad, sorprendentes por su tono desenfadado, como aquellas en las que aparecen en bañador y sin albornoz, y en lugares de prestancia cosmopolita.

¿CARNAVALES? SOLO PARA LA ÉLITE Y CON OTRO NOMBRE

Una Orden de 3 de febrero de 1937 de la Junta Técnica del Estado, primer organismo creado por los sublevados, enviada a los gobernadores civiles de las provincias en manos de este bando, suprimía los carnavales, por la prioridad de las actuaciones bélicas. El 12 de enero de 1940, después de acabada la guerra, Serrano Suñer, ministro de la Gobernación, mantenía idéntica prohibición instando a los alcaldes a cumplir con el riguroso control. En este caso no podía haber razones bélicas, sino morales-religiosas y de orden público. Desde el XIX habían sido abundantes las condenas porque se consideraba la fiesta podía representar una «incitación al pecado y al desenfreno moral». Sin embargo, el carnaval había nacido como un apéndice o sombra de fiestas religiosas, dentro del filo hilo que funde lo religioso con lo profano, lo espiritual con lo terrenal. La doble moral ya se hacía presente en la mitad de aquel siglo, donde frente a las diatribas y las condenas eclesiásticas, el carnaval estaba asentado en la tradición, con una doble representación: la elitista y la callejera. Mientras en los días anteriores al inicio de la cuaresma había disfraces en los más variados tonos, la reina Isabel II asistía a los suntuosos bailes de carnaval celebrados en el Teatro Real, aunque lo hiciera con una careta, pero todo el mundo de la élite de la época la podía reconocer.

En la posguerra la prohibición del carnaval vivió circunstancias especiales en los casos de Tenerife, Cádiz o Herencia (Ciudad Real). A los supuestos motivos de carácter moral se unían aquellos que lo prohibían por razones de orden público, y control sobre las expresiones que afectaran a la burla o la ironía. En Cádiz reaparecieron bajo la denominación de *Fiestas típicas* aunque sin capacidad de actuación para las murgas.

En octubre de 1951 se designaba gobernador civil de la provincia de Santa Cruz de Tenerife, a Carlos Arias Navarro, que se mantuvo en el puesto hasta septiembre de 1954.

Aunque en los primeros meses parecía que se miraba a otro lado respecto a los «bailes de disfraces», en 1954 Damas de Acción Católica y personas vinculadas a ámbitos eclesiásticos se dirigieron al gobernador para exigir su prohibición dado el «carácter lujurioso». Lo que se tradujo en una intensa represión, con detenciones y sanciones, para lo que debieron desplazar fuerzas policiales de refuerzo desde la cercana provincia de Las Palmas de Gran Canaria, en un conato de carnaval que se disolvió en nombre del orden público como cualquier otra manifestación.

Al principio de los sesenta se abrió una nueva fase con la retitulación de esos eventos como *fiestas de invierno*. De nuevo grupos de Acción Católica salieron al paso de los intentos para que disfrazados y comparsas pudieran aparecer en la calle, contratacando con el anuncio de procesiones y actos religiosos a la misma hora para evitar la salida de las comparsas. Pero mientras en la diócesis de Las Palmas de Gran Canaria, monseñor Pildaín se mantenía en una férrea oposición a cualquier expresión que representara un relajamiento en las formas públicas, en Tenerife el prelado Domingo Pérez Cáceres[97] fue comprensivo, aduciendo que esa fiesta no tenía que ser necesariamente pecaminosa y que si querían celebrar rosarios o actos religiosos en la calle las iglesias también estaban abiertas para ese fin.[98] En adelante, tanto en Santa Cruz de Tenerife, como en Cádiz o en Herencia (Ciudad Real) se recurrió a un subterfugio, evitando llamarlo «carnaval», con eufemismos como «fiestas de invierno», «fiesta de primavera», o «fiestas animadas» como hizo este último pueblo de La Mancha.

A finales del franquismo, se acentuaron las posibilidades para una élite de acceso a situaciones que no estaban al alcance de la mayoría de los españoles. Igual que en los cua-

97 Monseñor Pérez Cáceres (1892-1961) nacido en Güimar (Tenerife) fue nombrado Obispo de San Cristobal de La Laguna en 1947. Considerado un hombre «pegado a la tierra», parecía más sencillo y cercano que otros «príncipes de la Iglesia» de la época.

98 Ramón Guimerá Peña. «Breve historia del carnaval de Santa Cruz de Tenerife». Recurso online.

renta y cincuenta esa reducto pudo jugar cantidades de dinero en partidas secretas pese a estar prohibidos los casinos; en selectos grupos con disponibilidad económica se podían adquirir drogas como la cocaína para el uso privado, sin que trascendiera, también estaba la posibilidad de disponer de anticonceptivos comprados en otros países o traídos a España por vías diversas. Dando lugar a peculiares situaciones, como aprovechar viajes a Europa para conseguir la «píldora». E incluso para la práctica de interrupciones voluntarias del embarazo, mientras la penalización castigaba especialmente a las mujeres con menos recursos económicos. Jóvenes de esa élite podían quedar embarazadas de manera imprevista y contar con la atención médica adecuada, siempre en el más absoluto de los secretos; en el peor de los casos se admitiría como aborto natural.

Frente a la imposibilidad de la prensa para informar hasta principios de los setenta sobre parejas que no estaban casadas o amoríos extraconyugales, quedaba el camino del rumor insistente, de la constante propagación de chismes y comentarios, trascendiendo de los espacios de poder y de las redacciones, a la vida cotidiana. Pese a la rigidez de la crónica pública reducida al formalismo, circulaban rumores sobre relaciones, devaneos, adulterios y encuentros aún entre casados; con el natural inconveniente de que al no permitirse la difusión de esas «noticias» sus actores quedaban en manos de la interpretación o el bulo. Aun así, se llegaron a insertar pies de foto, e incluso anuncios sobre personajes públicos, y no solo del espectáculo, donde se manifestaba de forma expresa, y a veces burda, que su relación era exclusivamente artística, o su encuentro en un evento público era «ocasional y fortuito», sin que pudiera deducirse cualquier otra relación. Bajo la técnica del sobreentendido típico de una sociedad donde la información no era libre.

De la misma manera, desde finales de los sesenta cuando ya era posible una mayor visibilidad social se difundían rumores sobre personajes cercanos o adláteres a la élite social con la que llegaban a confundirse, que se ocupaban supuestamente de «traer y llevar amistades», «presentar a amigos o amigas», «organizar fiestas y reuniones sociales», en labores que en otras épocas hubieran merecido otra clase de términos. Podían ser ocasionales actrices, que llevaban décadas sin pisar un escenario o un estudio, con una importante agenda de relaciones dentro de esa élite, capacidad de información y soltura para expresarse al más alto nivel, o supuestos relaciones públicas a veces con coqueteos en el periodismo, que se movían con una enorme desenvoltura en ciertos ambientes, en los que podía saberse quién era quién sobre personajes, a los que, presuntamente solían servir; facilitando contactos y relaciones de «amigos» o de «amigas» siempre del más alto nivel y a la altura de las circunstancias, al servicio de nombres pertenecientes a una élite que pisaba mullidas alfombras.

Censura que evita pecados

—Buenos días, don Pablo. Ahí tiene ese asiento. Don Agustín ya está avisado. Cuando salga de la proyección hablará con usted.

—Se lo agradezco. Vine desde Barcelona con la intención de ser recibido.

—... Ya sabe que los miembros de la comisión carecen de despacho. Vienen a menudo y se reúnen para sus deliberaciones, pero no son funcionarios, y por lo tanto no tienen sitio fijo. Salvo el jefe, don Nicolás. Usted ya estuvo aquí otra vez anterior, ¿no?

—Si. Claro.

—¿Y tuvo suerte?

—A medias. Se negoció el cambio en varios planos, por ejemplo una escena muy breve en la que ella se quita las medias. Fueron unos cuantos minutos: la película se estrena dentro de un mes en el Capitol. Usted, como secretaria, conocerá a mucha gente.

—A casi todos. Tanto a productores como a distribuidores. Me envían invitaciones para los estrenos. Son muy amables.

—¿Suele ir a verlas?

—... A veces. Si no puedo, va mi madre con mi hermana la que está casada... Mire, ya están saliendo.

—Se lo agradezco. Esta noche regreso en el tren a Barcelona.

—Lo comprendo. A ver si tiene suerte. Por aquí pasan compañeros suyos...que trabajan en lo mismo que usted.

—Ya...Quiere decir que vienen a hablar con miembros de la comisión.

—A veces, no siempre. Pero cuando le anuncié que quería ser recibido no puso objeciones... Ahí le tiene.

— ¿Cómo está, don Agustín?

—Le voy a hacer levantarse. Es mejor que vayamos a otro sitio si queremos seguir hablando. Dentro de tres cuartos de hora tengo que ver otra nueva película, y si prefiere tomamos algo. Hay una cafetería aquí enfrente, cruzando la Castellana.

—Conozco el sitio de otras veces que he venido al Ministerio.

—Pues vamos andando y tomamos algo.

—Sí, pero invito yo...

—Así que viene por, ¿cómo la quieren llamar?, *La esclava del deseo.*

—Sí, la traducción al español del título americano.

—¿No sería mejor un título algo menos...insinuante? Por ejemplo: *Aventuras en el desierto,* o algo parecido.

—¿No le gusta el original?

—Comercialmente le puede venir bien como distribuidor. Pero es demasiado sugerente, provocativo. Y ese cartel tan digamos...exhibicionista. ¡Esa mujer con el estómago al aire!

—Yvonne de Carlo.

—Una señora muy guapa, desde luego. Pero demasiado tentadora. No sé si usted tiene hijos...

—Me casé hace tres meses...

—Pues ya verá lo que es tener que estar siempre vigilante contra la gran cantidad de peligros que acechan por todos lados, especialmente a jóvenes. Es necesario ser precavido. Somos permisivos, eso sí. En España se permite todo, siempre dentro de un orden. Si no lo respetáramos, dónde iríamos a parar...

—Supongo que habrá visto la película tras las indicaciones que nos hicieron ustedes, los señores de la Comisión. Se suprimió la escena en la que pasea por la noche al lado del puerto con el capitán del barco, el diálogo cuándo él la pregunta con cuántos hombres estuvo antes. También se aligeraron las escenas de la Polinesia cuando las nativas bajan a recibir a los del barco. Hay otras dos secuencias que se han retocado, como la del baile de la protagonista…También la escena en la que roza la rodilla de ella.

—Algo procaz… Y el contoneo de Yvonne de Carlo.

—En efecto. Pero solo son cuatro segundos. Casi no se la ve de pie…

—¡Qué atractiva! Pero descarada... Con ese atuendo todavía más…

—Pero no enseña nada. La casa Universal la estrenó en Estados Unidos y ha recibido el calificativo «para todos».

—Lo comprendo. Pero España es distinta. Ellos son un país donde se permite todo. Aquí pensamos en la moralidad de nuestros hijos y evitamos que caigan en tentaciones.

—No creo que al señor ministro Arias Salgado le moleste una película como esta. A final ella se redime y se casan ante un sacerdote católico.

—Lo cierto es que ese final nos satisfizo. Por eso solo son unos pocos los detalles que debe cambiar. Especialmente el cartel. Recibimos el aviso de la Delegación Provincial de Barcelona denegándolo.

—Ya le digo que es como el cartel americano. Y la película tiene que estrenarse para las Navidades. Cuando *Gigante* salga del cine de estreno…

—Comprenda que nuestra misión no es agradable, pero es necesaria, si queremos proteger a la juventud. No le costará hacer ese «arreglo» en los carteles y el cambio de título pertinente.

—¿Quiere decir tapar el estómago de Yvonne de Carlo? Y poner ese otro título…

—Tan comercial como el anterior. Menos obtuso. Además la película es para todos los públicos… ¡Camarero, me pone un café con pastas, y para el señor…!

—Un refresco de cola con un aperitivo. Quería además hablarle de otra película que queremos traer. Es italiana, sale… Sofía Loren. Algo escotada, ya sabe. Pero se puede arreglar. Lo hemos previsto. Con unos planos menos no enseña nada… Y además está la película que vamos a producir en Barcelona, cuando nos aprueben el guion. En la primera lectura lo tiraron abajo porque les pareció que se decían palabras «fuertes». Como «mantenida» o «buscona», ya sabe.

—No creo que les moleste tener que cambiarlo a «vividora»; así se la aprobará la comisión de guiones. ¿Y quién hará esa película...? Cuiden mucho el vestuario de las actrices y eviten las palabras procaces... Por cierto: quería hablarle de algo. Hace cuatro años salió mi novela *La fuente de piedra*, tuvo buenas críticas, le puedo mandar recortes de *ABC* y de *La Estafeta Literaria*. Si echa un vistazo verá que sale una buena historia para una película. Usted que tiene una distribuidora y también es un productor solvente...

—Necesito licencias.

—Pues eso... Que me gustaría ver si le interesa. Y recuérdeme cuando me traiga la película de Sofía Loren. Pero no se pasen demasiado ni se tomen excesivas licencias. Estoy de su parte y miraré con comprensión lo que traiga. Y no se le olvide echar un vistazo a mi libro; podría salir una buena producción. Pero recuerde: en España somos libres como bien sabe, pero la libertad tiene sus límites. De lo contrario esto sería la anarquía y el desorden.

A pocos meses del estallido de la guerra desde el territorio controlado por Franco una Orden Ministerial de 24 de diciembre del 36 mezclaba la pornografía con las «ideas disolventes». En su preámbulo describía:

> Una de las armas de más eficacia puesta en juego por los enemigos de la Patria ha sido la difusión de literatura pornográfica y disolvente. La inteligencia dócil de la juventud y la ignorancia de las masas fueron el medio propicio para el desarrollo del cultivo de las ideas revolucionarias y la triste experiencia de este momento histórico.

Para pasar a prohibir:

> La producción, el comercio y la circulación de libros, periódicos, folletos y toda clase de impresos y grabados pornográficos o de literatura socialista, comunista, libertaria y en general, disolventes.

Se pueden destacar elementos específicos de la censura franquista que los distancian de situaciones similares desde el punto de vista histórico.

a. El intento de vincular o atribuir la «obscenidad», la «sexualización» o la «pornografía» al bando vencido en la Guerra Civil
b. La omnipresencia de la Iglesia en el control, desde el principio hasta el final del Régimen, cuando los «vocales religiosos» podían tener la «acción de oro». En 1946 para desvincularse de un incómodo pasado de relación con el nazismo y el fascismo, la censura de cine se reconvertía bajo el eufemismo de Junta Superior de Ordenación Cinematográfica desapareciendo el censor militar. El único que permaneció de principio a fin fue el religioso.
c. Se pasó del despotismo de los censores de la posguerra bajo un iluminado criterio de «ordeno y mando» a una familiaridad, una vez que se dio categoría normativa a sus funciones y se las dotó de una estructura. Eran conocidos por su nombre, incluso los afectados podían entrevistarse con ellos y se entablaban relaciones de cercanía. Para acabar a finales del franquismo con un relativo sentimiento de vergüenza tratando de justificar o explicar la existencia de esas labores.

Del carácter diferenciador del Régimen respecto al fascismo en su versión clásica el elemento católico es definitivo. En el post-franquismo se han podido escuchar críticas, siempre matizadas, sobre aspectos concretos de la dictadura por parte de quienes sirvieron a ella o bien ostentaron puestos destacados o de influencia; pero ninguna fue capaz de manifestarse desde el punto de vista de una disidencia en clave confesional. Tan solo podemos registrar una excepción y muy poco conocida: Jesús Aparicio Bernal (1929), en su libro *No te lo creas,*[99] bajo el subtítulo *La dudosa credibilidad de*

99 Pamplona: Lactoli Editorial, 2018.

los dogmas de fe. Aparicio, procurador en Cortes, jerarca del SEU y director general de Radiodifusión y Televisión entre 1964-69, se declara «ateo militante».

La generación de quienes sirvieron en la única organización política del franquismo asumía sin fisura aunque con matices el ideario de la moralidad católica. No pueden extrañar los distintos alcances de la censura de la posguerra, donde se mezclaba la condena política a todo lo que quedara fuera del ámbito del Partido Único, a la vez que a lo extranjerizante asociado a esa referencia. En paralelo a los aspectos vinculados con la sexualidad. Mientras desde los púlpitos se predicaba contra el baile agarrado, vigilado por la autoridad civil, en las emisoras se establecían severas reglas de control. Una circular de la Delegación Nacional de Propaganda del 17 de diciembre de 1942, confirmaba la estricta censura en las frecuencias radiofónicas. «Todas las emisoras de radio presentarán a censura sus emisiones de un día en un guion-índice o programa. Debiendo figurar el contenido íntegro, hora por hora, el texto, así como el nombre de los autores o de los ejecutantes». La censura también afectaba a la publicidad de las llamadas guías comerciales, que deberían ser autorizadas con treinta y seis horas antes como mínimo.

PROHIBIDO EL JAZZ Y EL BLUES

La fiscalización fue extrema con respecto a la música: «Queda terminantemente prohibido transmitir por medio de discos o por especialistas que actúen en el estudio la llamada «música negra», los bailables *swing* o cualquier otro género de composiciones cuyas letras estén en idioma extranjero, o que por cualquier concepto puedan rozar la moral pública o el más elemental buen gusto». Los dos términos, *moralidad* y *buen gusto,* se repetirán hasta el final de los cincuenta en muchas de las órdenes de Gobernación que atañen a los signos exteriores de esa moralidad, como los vestidos.

El recelo frente a las «modas extranjerizantes» en las emisoras de radio no fue obstáculo para que se hicieran canciones en castellano, asumidas por los «modernos» de la primera posguerra, especialmente desde Barcelona; que buscaban su espacio frente al género de la copla. Dos de esas figuras fueron Katia Morlans que en 1941 grabó *Loca por el hot*, y Rina Celi que pasó por el *fox*, el *jazz* y el cabaret para llegar a la revista, aunque se la prohibía denominar como tal.

Respecto a la música de baile, «las emisoras podrán dedicar una sección especial a la música de baile, pero eliminando de ella todas las obras comprendidas en la prohibición que antecede». Concretándose en estos aspectos: «La sección especial de música de baile tendrá una duración máxima de dos novenas partes del tiempo total de la emisión del día en que se realice, sin que en ningún caso pueda exceder de una hora, proponiéndose como finalidad poner de relieve y dar preponderancia a los tradicionales y castizos bailes españoles». Los elementos anteriores —*moralidad, buen gusto, rechazo radical* al denostado mundo de la «Anti-España» republicana, se veía a unir a otro más: el ultranacionalismo imperial y católico, unidos de manera indisoluble. No solo se evitaba cualquier improvisación ante un micrófono de una emisora de radio «terminantemente prohibida» sino también que hablara a un extranjero sin la previa autorización de la Delegación Nacional de Propaganda. El control afectaba a los discos dedicados, muy populares en aquella época, a los que solo se permitía decir los nombres de las personas a las que se les dedicaba «con exclusión de cualquier otra alusión, expresiones o circunstancias».[100]

Se llegaron a reglamentar las músicas de las cuñas y las sintonías, dando preferencia a las de las noticias oficiales de Radio Nacional de España, única emisora que estaba autorizada para ofrecer información, y lo hacía en lo que se denominaba el «parte», título de resonancias bélicas, ofrecido inicialmente dos veces al día. Hasta 1978 en esa emisora se rezaba diariamente el Ángelus. La totalidad de las emiso-

100 Francisco Sevillano Calero (1998) *Propaganda y Medios de Comunicación en el franquismo*. Alicante: Universidad de Alicante, Pág. 132..

ras españolas cerraban a partir de la medianoche hasta el día siguiente, y lo hacían tras ofrecer el himno nacional o el *Cara al sol*, y tras los pertinentes vítores de rigor a Franco, José Antonio y los «Caídos por Dios y por España». Hay referencia a expedientes en los cincuenta y primeros sesenta por «haber ofrecido esos vítores en voces masculinas de escasa marcialidad».

Esa censura pudibunda había afectado a una de las canciones más conocidas del género de la llamada canción española, *Ojos verdes*. El tema había surgido en 1931 cuando en Barcelona se encontraron al poeta y aristócrata Rafael de León con Federico García Lorca, en los días del estreno de *Yerma*, y al cantante Miguel de Molina; esbozándose alguna idea sobre la letra a cargo del primero, hasta componer las estrofas con Salvador Valverde, y a la que Manuel Quiroga puso música. La canción se estrenó en el teatro unos años más tarde. Grabada en disco por variadas estrellas del género las versiones de Miguel de Molina y Concha Piquer llegarían a ser referenciales. Sobre su temática argumental hay una doble versión. En la primera se trataría de un encuentro entre una prostituta y su cliente, en la segunda entre dos amantes homosexuales; dentro de la soterrada ambigüedad erótica que está presente en buena parte de los títulos de este género en aquella época. Una estrofa despertó la ira de los censores: «*Apoyá* en el quicio de la mancebía», fundamental para comprender el sentido de la historia, que se iba a convertir en las versiones que se harían en años posteriores en «*Apoyá* en el quicio de tu casa un día», o «*Apoyá* en el quicio de la celosía», en lo que constituye una burda forma de desvirtuar un argumento.

PERNICIOSAS LECTURAS DE CLÁSICOS

A pocos días de acabada la guerra, el Sindicato Español Universitario celebró en Madrid el Día del Libro con una quema de «lecturas inmorales y disolventes», entre ellas obras de Freud, Marx, Rousseau, Voltaire… Mientras en Cataluña se prendieron fuego a docenas de toneladas de publicaciones procedentes de editoriales, bibliotecas privadas o públicas. Algún tiempo más tarde ya no era necesario el «fuego purificador» sino la actuación de la censura antes que cualquier libro fuera editado o distribuido. En un primer momento no solo se prohibieron *Guerra y paz* (Tolstoi), *Crimen y castigo* (Dostoievski), *Poesías completas* (Antonio Machado), *Sonata de otoño* (Valle Inclán) o *La rebelión de las masas* (Ortega y Gasset), sino que también *La Celestina* fue retirada de las bibliotecas públicas por su «crudeza». Además tuvo problemas para volver a publicarse en los cuarenta y cincuenta *La Regenta* (Leopoldo Alas *Clarín*) porque en su argumento aparece un triángulo uno de cuyos personajes es un sacerdote; prohibida por su «lascivia sacrílega», por lo que no pudo volver a salir hasta 1962.

El problema de las novelas del XIX que no habían tenido obstáculo para circular en las décadas anteriores alcanzó peculiar matiz con el caso de la película *La fe* (1947), que explica el papel de una censura que interviene directamente en los contenidos y para la que el vocal religioso es decisivo y tiene la última palabra. Rafael Gil era junto a Sáez de Heredia el «director de prestigio del Régimen». Su obra estuvo repleta de adaptaciones literarias, y en ella estaba presente tanto la catolicidad como el anticomunismo; en la Transición rodó sus últimas películas reivindicando al franquismo. En uno de sus mejores momentos profesionales, Rafael Gil pensó en adaptar la novela de Armando Palacio Valdés, *La fe*, publicada en 1892. En su argumento un sacerdote, el padre Lastra (Rafael Durán) asiste a su rica feligresa, Marta (Amparo Rivelles) a quien acompaña a ingresar como monja de clausura. En el relato, el cura se hace preguntas sobre ciencia y fe, que resuelve a la luz de los Evangelios, a la vez que se insinúa el inicio de una pasión de la mujer hacia él, que nunca llega a consumarse.

Gil presentó a censura el primer tratamiento de guion en 1945. Siendo rechazado por fray Mauricio de Begoña, que anotó, entre otros, estos extremos:

> Juzgo casi insuperables las dificultades que la novela presenta para su adaptación cinematográfica [...].
>
> 1º. La exposición del estado de duda en el sacerdote de suerte que luego su reconquista de la fe y de la paz resulte más débil que su estado anterior.
>
> 2º La representación visual o las efusiones sentimentales de la falsa mística Obdulia [...].

El director tuvo varias reuniones posteriores con el clérigo censor, introduciendo cambios hasta que se logró el permiso de rodaje, bajo la fórmula de un filme de presupuesto superior al habitual, a cargo de Suevia Films, Cesáreo González; también un productor con buenas relaciones con Franco, y camisa vieja de Falange,[101] empezando a rodarse a principios de 1947. Cuando se acabó el montaje, los censores quisieron introducir nuevos cambios, pese a la dificultad de volver a doblar diálogos por no encontrarse en Madrid algunos de los actores. Finalmente se estrenaba en las salas de cine en octubre de 1947. Las críticas fueron en general positivas así como la acogida del público.

Pero la censura paralela tenía gran presencia. Aunque la revista *Ecclesia* la valoró de manera aceptable, el obispo de Badajoz la quiso prohibir en toda su diócesis; al no conseguirlo, trato de promover un boicot por razones «morales». El 6 de noviembre Monseñor Modrego, obispo de Barcelona, advertía en una carta a los feligreses:

> Ponemos en guardia a nuestros diocesanos para que ni con sus comentarios, ni con su asistencia ni de otra forma alguna, recomienden o propaguen este film.

El obispo de Zaragoza, Rigoberto Domenech se adhirió a ese documento e hizo suyas las críticas. Fue más allá el aguerrido Cardenal Segura en Sevilla, publicando una «amonestación pastoral» donde advertía que ver la película *La fe* podía ser causa de «pecado mortal». Como reacción, comandos

101 Aunque su pragmatismo empresarial le hizo llevar adelante títulos fundamentales en la carrera de Bardem como *Muerte de un ciclista* (1956), *La venganza* (1958) y *Nunca pasa nada* (1963).

impulsados por su ardor juvenil, rompieron lunas y arrojaron tinta en salas donde se proyectó.

La decisiva influencia de la Iglesia sobre la moralidad se demostró en la traslación al espacio civil de prohibiciones que afectaban al ámbito religioso. El franquismo hizo suyos los vetos centenarios impuestos por el *Índice de Libros Prohibidos,* donde figuraban unas 4.000 obras y en su caso autores, que no podían ser leídos por los católicos salvo pecado, y que en España se extendieron a la totalidad de la población. En el *Índice* figuraban obras por su carácter ideológico, político o moral, como por su carácter sexual. Entre las incorporaciones más recientes, en los cincuenta se habían incluido textos de Alberto Moravia y de André Gide. Una parte muy importante de ese listado correspondía a textos fundamentales de la Ilustración y las Revoluciones del XVIII, como *El espíritu de las leyes* de Montesquieu, o *El contrato social* de Rouseau, la *Gran Enciclopedia Francesa* de Diderot y D'Alembert. También estaba en esa lista *El origen de las especies* de Darwin, todas las obras de Giordano Bruno, o la *Historia del Imperio Romano* de Gibbon, además de casi todo D'Annunzio, Stendhal, Dumas, padre e hijo, Voltaire, Anatole France, Proudhon, Heine, Sartre, y hasta *Nuestra Señora de París* y *Los miserables* de Víctor Hugo. En el *Índice* figuraba un importante capítulo dedicado a las obras prohibidas por razones de «moralidad», empezando por las *Memorias* de Casanova. Textos que no se podían editar en la España de los cuarenta y cincuenta. Fue la Iglesia Católica del Concilio la que decidió eliminar esa relación de libros prohibidos, muchos de los cuales se venían editando en la España de antes de la guerra y pudieron volver a salir de manera legal en los tiempos de Fraga en Información y Turismo cuando Pablo VI decidió acabar con la lista negra.

JARDIEL PONCELA, ¿INMORAL?

Autores afines al Régimen o no hostiles tuvieron problemas con la censura, como le ocurrió a Jardiel Poncela, no solo con la prohibición de *Pero ¿hubo alguna vez once mil vírgenes?,* sino con las dificultades para representar obras teatrales como *Usted tiene ojos de mujer fatal*, *Las cinco advertencias de Satanás* y *Madre, el drama padre*, bajo el argumento de que ofrecían «críticas a la institución matrimonial». Su situación fue paradigmática: Jardiel mostraba una afilada misoginia tamizada por un fuerte componente sarcástico e irónico. En 1930 había escrito la novela *Pero, ¿hubo alguna vez once mil vírgenes?*, que venía a ser una coda al debate abierto por el ensayo de Gregorio Marañón en torno a *Don Juan* y al donjuanismo. Su protagonista era un conquistador que al final era mordazmente seducido por una mujer. Dos años más tarde, en 1932 Jardiel publicaba una nueva novela, *La tourné de Dios*. donde utilizaba un humor cargado de cinismo. En su vida privada, el escritor había cruzado ciertos límites, con paternidades fuera del matrimonio.

Al principio de la posguerra ha de obtener la autorización de la censura para un texto, lo que le obliga a cambiar muchas palabras. Primera versión / modificada.

- *Intimidades del sexo / intimidades del amor*
- *La entrega de su organismo / los besos apasionados y su amor*
- *Las mujeres son todas unas golfas / las mujeres son todas cualquier cosa*
- *Casino de Ancianos Impotentes / Casino de Ancianos Importantes*
- *He sorbido su boca / He besado su boca*
- *Mi primer amante / Mi primer marido*
- *Aullando de deseo / Llorando de deseo*
- *Tan negros como una sotana / Tan negros como una levita*
- *Excitante / Deleitante*
- *Con los labios de una cortesana / Con los labios de Ninon de Leclos*
- *Porque la mentira es la única / Porque mentir es lo propio de verdad del mundo sinvergüenzas*

- *Espermatozoides de Loewenhoeca / corpúsculos de Loewenhoeca*
- *Ya me he acostado con ella / Yo he estado complicado*
- *Tenía una amante / Tenía una novia*
- *Tranquilamente en tu cama / Tranquilamente en tu alcoba*
- *La esposa del militar ha muerto / La esposa del abogado ha heroicamente en la guerra muerto en la vista de la causa.*[102]

La censura llegó a vetar la publicación de obras de quienes eran afines o cercanos. *La colmena* de Cela es prohibida por su «descarnada sexualidad», y tiene que publicarse en Argentina en 1951 porque en España los censores no lo permiten.

Podría de igual manera sorprender el maltrato de la censura a otro autor que en su momento pertenecía al selecto club de intelectuales falangistas, Gonzalo Torrente Ballester, cuyo devenir va a ser común al de una parte de ese grupo que del entusiasmo idealista de la revolución bajo la ilusión de los fascismos de los años treinta pasará a la frustración, la decepción y la crítica años después. En 1943 Torrente había publicado su primera novela, *Javier Mariño,* donde se describe la historia de un joven gallego de clase media que en el verano de 1936 logra salir de Madrid hacia París. Sus ideales son ferozmente antimarxistas, lo que no es obstáculo para que se enamore de Magdalena, una aristócrata comunista. Al hilo de lo que está sucediendo en la guerra de España decide marchar a América con la utopía de fundar una nueva ciudad y civilización, pero toma conciencia de que su papel está en volver a España y apoyar a los «nacionales». El 10 de enero de 1944, a las tres semanas de hacerse puesto a la venta los ejemplares de *Javier Mariño* son retirados por la policía de todas las librerías, y el texto no puede volver a publicarse hasta muchos años después, por las consabidas «razones morales y políticas».

102 M. L. Abellán (1982) «Censura y autocensura en la producción literaria española». *Nuevo Hispanismo.* Pág. 169-180.

Su hijo, Álvaro Torrente, lo comentaba en 2011:

> Mi padre solía incluir párrafos llamativos para que los censores agarraran por ahí y no vieran otras cosas. De hecho, no se dieron cuenta de que *El golpe de estado de Guadalupe Limón* era una metáfora de la falsa mitificación que Franco había hecho de Jose Antonio.[103]

La censura afectó a partir de los años cincuenta a uno de los escritores teatrales más importantes de la España de medio siglo a esta parte: Alfonso Sastre. No puede extrañar que, en aquella posguerra, el autor de *Escuadra hacia la muerte* hubiera pasado por Falange, como tantos otros personajes del mundo cultural en una sociedad cuyo idealismo ideológico solo era posible canalizarlo legalmente hacia la revolución joseantoniana —reconvertida en burocracia— o el potente asociacionismo católico. Fuera de esas identidades no cabía más que la clandestinidad. Aquél Alfonso Sastre, en plena evolución hizo el guion de *La noche y el alba*[104] (1958, José María Forqué), una de las más peculiares (y desconocidas) películas de la época donde aparecen resonancias de *Muerte de un ciclista*, veladas referencias al enfrentamiento de clase y a la guerra civil. Pero cuyo argumento, por los condicionantes de la censura, parte de un absurdo: una muchacha que es acompañada a su casa por un casado en ascendente carrera muere fortuitamente. Sin que entre ellos se describa el menor acercamiento físico, ni siquiera un beso. Dando lugar a una ocultación y un grave conflicto. Es decir: el presunto adulterio se intuye de forma gaseosa, porque no se le hace mención alguna; todo queda en el terreno de la insinuación del espectador.

Aunque se ha focalizado el tema de la censura en los escotes, bikinis o exhibiciones carnales, los besos eran otra obsesión permanente. Las actas de ese tiempo están llenas de notas en las que se exige eliminar los acercamientos físicos

103 Paula Corroto, *Público* Madrid, 28-01-2011.

104 Se cita en los rótulos alguna intervención de Alfonso Paso y Mariano Ozores.

entre las parejas, en términos que hoy parecen hilarantes, referidos a «suprimir besos con la boca abierta», «eliminar planos en los que los novios se junten demasiado», así como quitar cualquier insinuación física en la que se pueda deducir que ya son amantes. Podemos citar como ejemplos poco conocidos la censura sobre producciones más bien inocuas desde el punto de vista sexual, como la obligación de suprimir besos en *Las chicas de la Cruz Roja* (1958, Rafael J. Salvia), *¿Dónde vas, triste de ti?* (1959, Luis César Amadori) o *El Cid* (1961, Anthony Mann), aunque se tratara de casados o de parejas destinadas a la boda.

Del aislamiento al plan de estabilización: la expresión de la catolicidad

Callejear implica no apartarse del barrio, y explorar alternativas. Está la de ver carteleras de los cines, donde colocan las fotografías de las que echan y las que vendrán. Hay imágenes de estrellas italianas pero no de las que les fascinan. Sofía, Gina, Marisa, Giovanna y otras gustan a los albañiles y a los hombres más mayores, no a ellos. A cambio ponen sus ojos en las rubias del Oeste que no se despeinan en un tiroteo o un ataque de los indios, ni se manchan en las cargas sioux. O las lánguidas francesas morenas de pelo largo y lacio de las portadas de microsurco en la tienda de electrodomésticos.

Los chicos practican un juego consistente en puntuar a las que ven en las películas, a las de los anuncios de las revistas y las de las carteleras de los cines. De «uno» a «diez» se valora su belleza, los ojos, o su simpatía, aunque ninguno las conoce. Obtienen las medías de su valoración y las contrastan con otros compañeros. Los mayores podrán entrar en los cines el año que viene, cuando cumplan dieciocho. Este curso todavía han de engañar al portero, apretándose la corbata o pegándose a alguien más mayor de la fila de adelante.

La moda de las puntuaciones se amplía a las chicas que van conociendo. En este caso incluyen más categorías, una última e inconfesable, capaz de provocar tormenta en caso de que alguna se entere. La escudan en una misteriosa *F.* El signo significa muchas cosas: facilidad para accederla, acercarse e invitarla el jueves que viene, dado que el domingo es el día familiar por excelencia... *F* por dejar apoyar una mano sobre su hombro, sin salir disparada o tolerar que en el cine se acerque una rodilla a la suya, pendiente que nadie los descubra tan pegados... Pero las chicas que les gustan no son de las que dejan ir a ver una película, cuando lo hacen van siempre acompañas, de una prima o un hermano pequeño que no se separa de su sombra.

A poco de conocerlas descubren un territorio intermedio. Muchos jueves acuden al cine de su colegio, que empieza a las seis de la tarde, y acaba de día salvo en invierno. Se cobra a la entrada, las películas se anuncian en el patio, con un cartel o un papel blanco y el título pintado en gruesa y tosca letra negra. Ramón y Andrés reciben una buena noticia de las chicas: permiten la entrada a los que estudian en colegios religiosos de la zona; no a los del instituto ni de las academias.

Los muchachos prueban suerte con dos chicas que antes han puntuado alto, aunque hay dudas en el apartado de la *F*. Cruzan preguntas como: «¿"Metidas en harina", besan como las de las películas?», «¿Son verdad los besos que se dan?», «¿Habrá "tomate" cuando acaban los rodajes?», que es como denominan a sensaciones que no pueden detallarse. Las chicas se parecen poco a las que resisten el ataque de los indios en el interior de la caravana, las que recorren un río de Zanzíbar, o a las dependientas o telefonistas de películas italianas que llevan jerseys ajustados y tienen labios carnales... Aunque el tiempo hace madurar las cosas, y quién sabe si dentro de unos años ellas, sin el uniforme, todas se parecerán.

A lo largo de varios jueves, antes de Semana Santa cuando se interrumpen las sesiones de cine y el salón de actos acoge ejercicios espirituales y jornadas cuaresmales, los chicos van acompañando a las muchachas. Una vez empezada la función la sala queda iluminada con más luz que en un cine cualquiera, y monjas y profesoras se sientan entre alumnas y acompañantes. Su presencia no ha pasado inadvertida. Con amabilidad son saludados por una profesora, sentándose en la mitad del salón, hasta esperar que se llene.

La semana anterior hubo aplausos tras la proyección de *Molokai* y a la salida se habló del sacrificio del Padre Damián. Esta vez toca una de aventuras africanas, sobre una dama inglesa buscando a su padre desaparecido en la selva africana. Salen unos aventureros que trafican con diamantes, y un engañador que la llama de usted pero aspira a conquistarla con malas artes. Y finalmente, un explorador elegante y galán con indígenas disciplinados, que la defiende del ataque de un león, y del Mau Mau.

Es posible que a las muchachas no les interese tanto esa aventura como la del Padre Damián. Pero a Ramón y Andrés les sorprende el aplomo con que la inglesa rubia y bien peinada se desenvuelve en la jungla y defiende del ataque de una araña venenosa hasta que el cazador, el «bueno», va en su ayuda y desenmascara al mentiroso, el «malo» de la historia. Tras el duelo que el primero gana con esfuerzo, el cazador y la inglesa se marchan en un barco de vapor camino a Inglaterra o a no se sabe dónde. En la escena final se miran a los ojos… Pero no pueden ver más. Antes del beso la encargada de la proyección pone la palma de su mano ante del ojo del proyector, y se hacen las tinieblas.

Por unos segundos se escuchan frases deshilvanadas. «Quiero ser tu esposa. Mi destino es el tuyo»; «Estás hecho para mí. Lo supe desde el principio. Mi vida»; «Te amo profundamente. Nunca sentí nada parecido. Amor mío». «Cariño. Te quiero. Nunca nos separaremos».

…Pero no pueden detectar más que una oscura mancha en la pantalla, mientras el audio se mantiene en su plenitud, con la melodía sentimental a todo volumen enlazando con compases épicos.

Por la mente de Andrés cruza una idea fugaz.

Susurrantes voces en tan perfecto español, donde se habla de amor, deben estar contando algo tentador. El cazador toma a la chica, mete una mano por el costado de su blusa y se lanza a besarla en el cuello, mientras en el leve forcejeo empieza a mostrar la parte superior de su blanco seno. Ardiente en su mirada con expresión de deseo, para luego besarse frenéticamente…

Cuando se atreve a compartir su idea fugaz, Ramón confiesa que también cruzó por su mente algo tórrido en los segundos de oscuridad, distinto al leve acercamiento a los labios que sale al final de esas aventuras autorizadas para todos los públicos, antes del *The end.*

Franco había ido concediendo cada vez mayor papel en sus equipos de gobierno a representantes de la catolicidad, con estrecha relación con el Vaticano de Pío XII y la jerarquía española, en áreas como Asuntos Exteriores (Martin Artajo), Educación Nacional (Ruiz-Giménez) o Información y Turismo (Gabriel Arias Salgado), que inauguró la cartera del nuevo departamento en 1951. Una gestión que se caracterizó por el extremo rigor y control sobre las materias relacionadas con la sexualidad. Tanto rigorismo suscitó críticas internas y malestar dentro del aparato de poder, incluso disensiones con alguna de las familias católicas, por querer ser «más papista que el papa».

Arias-Salgado (1904-1962) tenía cierto parentesco con Salgado-Araujo, primo hermano de Franco, teniente general de Infantería y secretario de su casa militar.[105] El padre del futuro ministro era vicealmirante de la Armada; en su primera juventud Arias-Salgado había aspirado a ser ordenado jesuita. Licenciado en Clásicas y Humanidades y doctorado en Filosofía y Teología, cuando estalla la guerra se une a los sublevados donde ingresa rápidamente en Falange escalando puestos con prontitud. En 1941 es vicesecretario de Educación Popular que asume las competencias de prensa y propaganda que antes llevaba el Ministerio de Gobernación, trabajando con Juan Aparicio, delegado nacional de Prensa.

En esta etapa se crea en 1941 la Escuela Oficial de Periodismo bajo las coordenadas jerárquicas del Régimen, y en

105 En su libro, *Mis conversaciones privadas con Franco,* que levantó mucha discusión a las pocas semanas de la muerte del dictador, pone en boca de Franco estas opiniones sobre Arias Salgado: El 7-VI-1962: «Reconozco que Arias Salgado no es un hombre enérgico, y por exceso de bondad no exige demasiado cumplimiento a sus subordinados; pero es persona muy leal y yo le quiero mucho» (pág. 344). O el 21-VII-1962: «Arias Salgado fue un buen ministro, pero bastante débil. Es muy culto y yo le aprecio muchísimo y le estoy muy agradecido por su lealtad que siempre ha tenido para mí y para el régimen al que servía» (pág. 349).

el verano de 1942, *No-Do*, cuya primera edición aparecerá en los primeros días de 1943. Tras el triunfo aliado, Franco busca desesperadamente un cambio de imagen ante los nuevos amos del mundo. En julio de 1945 se disuelve la Vicesecretaría de Educación Popular, cuyas competencias pasan al Ministerio de Educación Nacional. En estos años emerge uno de los perfiles característicos de Arias: su identidad de «católico a machamartillo», aspecto que comparte con el camarada Arrese. Arias será nombrado delegado nacional de Prensa y Propaganda de FET y de las JONS, se sentará en el Consejo Nacional y más tarde alcanzará el puesto de procurador en Cortes. En 1951 es designado para la nueva cartera de Información y Turismo; allí se rodea de un equipo formado tanto por falangistas (especialmente en las áreas de prensa, como Juan Beneyto, Pedro Aparicio, Adolfo Muñoz Alonso...) como por quienes provienen del espacio confesional católico (papel que en el área cumple Florentino Pérez-Embid, vinculado al Opus Dei).

Durante esos años, Información y Turismo se caracteriza por una vigilancia fiscalizadora sobre los contenidos relacionados con la moral. El ministro justifica la censura atribuyéndose la misión de salvar a los españoles del pecado.

> La de la Eucaristía y que conviven en las calles y las plazas de cada ciudad es como un emblema de la comunión de los Santos, forma suprema y sobrenatural de la paz, nos reúnen en el centro de un mundo inseguro, temeroso y escéptico para implorar de Dios la salvación. Nos salvaremos en el favor de Dios y gracias a nuestra unidad. La voz del Caudillo acaba de reclamar y autorizar consecuencia de tantas almas amenazadas, que en tantos idiomas diversos piden al Señor a los españoles para que cada uno se sienta protagonista de un gran destino histórico.[106]

Este párrafo del discurso de inauguración en 1952 de las nuevas instalaciones de onda media de Radio Nacional de España en Barcelona, resumen un estilo característico, en el que la confusión de papeles entre la autoridad civil y la eclesiástica es máxima, y los roles intercambiables.

106 *La Vanguardia* Barcelona, 28-V-1952. Pág. 19.

Desde 1945 la Iglesia encontraba en Italia y otros países una realidad nueva. Tenía que convivir y adaptarse al antes denostado liberalismo político, dentro de una sociedad pluralista con libertad de asociación y de expresión bajo diferentes credos religiosos; y una potencia hegemónica como Estados Unidos de carácter multiconfesional sin religión oficial. En esa época el Vaticano se convertía en potente motor movilizador de las opciones políticas más cercanas a sus intereses de ese momento histórico, con el apoyo a las Democracias Cristianas, que competían en el espacio público en las mismas condiciones que otras organizaciones de variado signo. La institución decidió pasar a la acción dejando de lado la anterior actuación exclusivamente negativa, desconfiada y defensiva frente a los medios. Ese paso adelante tuvo importancia en España, con un escenario donde se producía una confluencia de intereses: el Régimen valoraba la identidad católica como esencial para aparecer con una imagen presentable ante Occidente; y la Iglesia una oportunidad de adquirir mayor influencia y control social. Fueron aquellos años cincuenta los de las películas de temas religiosos, vidas de santos y apóstoles, en los que misioneros y sacerdotes eran personajes indispensables en la comedia o el drama. En cualquier género aparecían curas y religiosos dispuestos a llevar la iniciativa.

Al tiempo entidades vinculadas, dependientes de la Iglesia o pertenecientes a alguno de sus grupos más influyentes aspiraron a tener protagonismo en la industria del entretenimiento y la cultura de masas —productoras de cine, distribuidoras o salas de exhibición— con el mismo propósito con el que se hicieron presentes en los medios de comunicación, la prensa, la radio y las revistas. El Opus Dei fue muy activo en esta política especialmente a partir de la mitad de los cincuenta llegando a tener una gran intervención. Su actuación en principio parecía modernizadora por comparación, y las sociedades vinculadas con la Obra se desenvolvieron bajo un criterio empresarial-comercial, donde sin olvidar el ideario se buscó la optimización industrial y la rentabilidad; como la que representaron las productoras y distribuidoras con las que tuvo estrecha relación.

«CON ARIAS-SALGADO, TODO TAPADO»

El ruido de esa intransigencia moralizante alcanzó a escucharse en El Pardo, pero Franco valoraba la confianza en Arias-Salgado al que consideraba «un hombre bueno y fiel» y le mantuvo durante once años en la cartera. Arias se atribuyó un papel casi misional y apostólico en la defensa de las almas de los españoles. En sus memorias, Fraga reconoce que «era un hombre de bien, pero muy limitado; creía de verdad en su concepto muy rigorista de la moral pública. Más grave era su idea del monopolio casi teológico de la moral política».[107] El choque con su antiguo colaborador, también falangista, el escritor y ex censor Darío Fernández Flórez, le hizo escribir duras opiniones: «[...] Era un fanático y me persiguió implacablemente porque se cree destinado por Dios para salvar el alma de los españoles».[108] Otra falangista, la abogada y escritora Mercedes Formica, opinaba: «Mientras el ministro Arias Salgado imponía la censura de los temas que rozaban el sexo, José María Alfaro fundaba con Ridruejo y Antonio Marichalar la revista *Escorial* abierta a todas las tendencias».[109] El ministro se tomó su trabajo con vocación de redentorista, dispuesto a no dar la mínima oportunidad al pecado aunque tuviera que establecerse un rígido control. A José María Pemán le dijo: «La libertad es la opción entre los bienes posibles, pero excluido el mal».

La obsesión por el control estricto de la moralidad llevó a fiscalizar cualquier «liberalidad pagana» por mínima que fuera, agazapada entre motivos bíblicos o evangélicos. En la mexicana *El mártir del calvario* (1952, Miguel M. Morayta) los censores impusieron «suprimir la escena de la playa en la

107 *Memoria breve de la vida pública*. Barcelona: Planeta, 1981. Pág. 29.

108 Ángel S. Harguindey, *El País*, 19-XI-2015.

109 *Escucho el silencio*. Barcelona: Planeta, 1984. Pág. 110.

que San Pedro se presenta en paños menores». Se prohibió totalmente *David y Bethsabé* (1951, Henry King), pues se consideró «inmoral» la atracción del Rey David (Gregory Peck) por la hermosa casada (Susan Hayworth). Con ocasión del estreno español de *La túnica sagrada* (1954, Henry Koster) fue imprescindible «aligerar» o quitar besos entre Marcelo y Diana. Para la exhibición de *Los diez mandamientos* (1956, Cecil B. de Mille) hubo que suprimir besos de Moisés y Nefertari, eliminar las escenas de danzas, cortar planos de orgías, suprimir un plano de dos hombres forcejando con una muchacha... En *Salomón y la reina de Saba* (1958, King Vidor) se quitaron las escenas de baño de la reina, su entrevista con Salomón —ya que los censores creían que «se le transparentaba el vestido»— y los besos, así como «toda la escena de Salomón y Saba en la cueva». A *Esther y el rey* (1961, Raoul Walsh) se le pidió eliminar planos de piernas cortesanas, quitar toda la fiesta en palacio, y todo aquello que sugiera «exhibicionismo de cuerpo». También en *Francisco de Asís* (1962, Michael Curtiz) se suprimieron planos de un mesón «porque aparecían mujeres con escote».

El carácter enfermizo de la censura obligó en un documental sobre el Museo del Prado a eliminar cuadros de Tiziano o Rubens porque contenían desnudos. Hasta el punto de censurarse planos de *Sissi Emperatriz* (1958, Ernest Marischka) porque los jóvenes esposos se daban castos y leves besos.[110]

CONTROLADORES DE LA MORALIDAD

Durante los cincuenta se incrementó la presencia de críticos o periodistas afines/«amigos» bajo un sistema peculiar. Aunque pueda parecer extraño cobraban relativamente poco dinero por la «apreciación sobre películas, textos o proyectos», y en muchos casos ese trabajo representaba

110 Se la circunstancia de que la trilogía *Sissi* fue distribuida en España por una compañía cercana al Opus.

un complemento económico a otra actividad. Una parte de ellos, especialmente en la última parte del Régimen, no se sentían cómodos en la misión o al menos mostraban cierto prejuicio a ser identificados como censores. En ocasiones había una familiaridad con el censor, al que con bastante frecuencia autores, productores y directores acudían a ver; lo mismo que ocurría con altos cargos, a los que se conocía previamente por compartir itinerarios políticos o por su cercanía social. Se producía un hecho peculiar: que algún censor fuera a la par crítico o colaborador de cine o de teatro, o escritor con libros en el mercado.

Con la creación del Ministerio de Información y Turismo en 1951 y la llegada de Gabriel Arias-Salgado se daba impulso al momento de mayor control de la moralidad pública. Bajo un criterio de finalismo casi misionero, presente en discursos, intervenciones públicas bajo la idea de que «con la censura se salvan almas del infierno». Las circunstancias eran propicias, tras la firma del Concordato con el Vaticano de 1953 y auto presentación del Régimen como «encarnación política por excelencia del catolicismo y ejemplo de gobierno católico». No podía extrañar que el ministro de Información y Turismo se atribuyera una misión finalista-confesional en su acción de gobierno, cuando Franco en su discurso a las Cortes de 23 de octubre de 1953 afirmaba lo siguiente:

> Si somos católicos lo somos en todas sus obligaciones. Para las naciones católicas las cuestiones de la fe pasan al primer plano de las obligaciones del Estado. La salvación o la perdición de las almas, el renacimiento o la decadencia de la fe, la expansión o reducción de la fe verdadera son problemas capitales ante los que no se puede ser indiferente [...].[111]

La censura se ejerce no ya por razones políticas o ideológicas sino para evitar el pecado y la condenación eterna. En 1956 Arias-Salgado responde a un medio francés: «[...] Antes de que implantásemos las normas de orientación» —es

111 Fundación Francisco Franco, *Discursos.*

decir, de censura— «el noventa por ciento de los españoles iba al infierno. Ahora, gracias a nosotros, solo se condena el veinticinco por ciento de los españoles». Se cuenta la anécdota del productor de cine que se queja ante el ministro del grave quebranto económico que supone una prohibición, a lo que el responsable del ministerio contesta: «Usted puede irse a la ruina, pero ha salvado su alma».

Parece desconcertante que Arias-Salgado chocara incluso con personajes pertenecientes a familias políticas de raigambre católica. Habida sido manifiesta su polémica con Gil-Robles, el líder de la CEDA, el partido de derechas de la Segunda República y jefe de Gobierno, en los días finales de la II Guerra Mundial. Pero especialmente la que mantuvo en 1955 con monseñor Herrera Oria, obispo de Málaga, y figura estelar de los propagandistas católicos de la ACdP, que pedía una regulación de la libertad de prensa para que la católica pudiera informar sin tantas cortapisas, en una época en la que solo *Ecclesia* se editaba sin censura previa, pero el resto de los medios, incluidas las esquelas de prensa o los anuncios por palabras, tenían que lograr el visto bueno de la censura.

GOBERNACIÓN PERSIGUE EL BIKINI Y EL SLIP DE COMPETICIÓN

Para contrarrestar las nuevas imágenes que tímidamente empezaba a aportar el emergente turismo y el temor a nuevas modas que incidieran en la vida cotidiana, se convocaron los sucesivos Congresos Nacionales de la Decencia en Playas, Piscinas y Riberas, completados con iniciativas semejantes, rápidamente aceptadas y apoyadas por la autoridad civil. La preocupación se acentuaba al inicio de cada verano.

En 1951 el Ministerio de la Gobernación a través de los gobernadores civiles hizo pública la primera de las advertencias que se repetían de año en año con ligeros matices:

> Se prohíbe el uso de prendas de baño que resulten indecorosas como las llamadas de «dos piezas» para las mujeres y de «slips» para los hombres. Aquellas deberán llevar el pecho y la espalda cubiertas y usar faldilla, y estos pantalones de deporte.
>
> La permanencia en playas, clubs, bares, y establecimientos análogos, bailes, excursiones, embarcaciones, y en general fuera del agua, en traje de baño, ya que estos tienen su empleo adecuado dentro del agua, no puede consentirse más allá de su verdadero destino; que hombres o mujeres se desnuden o vistan en la playa, fuera de casetas cerradas para cambiar el traje de calle por el de baño y viceversa; cualquier manifestación de desnudismo o de incorrección en el mismo aspecto que pugna con la honestidad y el buen gusto tradicionales entre los españoles; los baños al sol fuera de los solarios, que habrán de estar tapados al exterior y con la debida separación de sexos, siendo imprescindible el uso de albornoz.
>
> Que en general cualquier extralimitación que, con motivo de baños o mal entendidas prácticas higiénicas, puedan menoscabar el decoro público o atacar a la raigambre moral del país.

En septiembre de 1954, monseñor Modrego desde una diócesis tan importante como Barcelona, publicaba un documento en respuesta a la invitación de la Sagrada Congregación para el mundo católico:

> Cierto es que en nuestra católica nación y concretamente en nuestra diócesis, la fuerte tradición católica, la influencia de la vida cristiana del hogar, la devoción mariana que cuando es sincera tan poderoso freno pone a la disolución de las costumbres, y por otro lado, las provenientes disposiciones legales y la vigilancia de las autoridades competentes hacen que el mal no revista entre nosotros, ni con mucho, la gravedad de otros países; pero sería pueril y dañoso, alimentar la ilusión de que aquí nada queda por hacer [...].
>
> [...] Ante todo en el modo de vestir y en algunas otras maneras de comportarse en las vías públicas de nuestras ciudades y aldeas, en las playas, piscinas, etc. Las causas de mayor inmoralidad en este aspecto son principalmente la especial dificultad de la represión de esta clase de transgresiones morales y el ciego y alocado afán de servir a las modas. Y no es eso lo más lamentable, sino que se ha llegado a una perversión del sentido del pecado, a una corrupción de criterio tal que induce a los transgresores a tratar irónicamente, como a gente anticuada y desplazada, a quienes, fieles a la moral cristiana y aun

verdaderamente humana, a los dictados del pudor y a las tradiciones laudabilísimas de nuestro país, y de nuestra ciudad, comportan en cuanto a las modas y costumbres sociales se refiere con gran dignidad, sabiendo hermanas las legítimas exigencias de una moda racional y honesta, con la más fina y verdadera elegancia.

[...] En cuanto a los cines, gracias a Dios, en nuestra Patria la vigilancia es mucho más eficaz, pero no sabemos por qué medios o artes diabólicas se proyectan a veces películas no poco dañosas a la moral y a los sagrados intereses religiosos y patrióticos; casos frecuentes, que estimamos dolorosos, lamentables lo demuestran. La Religión y la Patria saldrían ganando mucho con la represión de esas audaces infracciones que no suelen tener otro móvil que el afán de lucro.

[...] Queremos formular [...] un voto y es que se haga cuanto sea posible por desterrar de nuestro suelo las revistas, folletos, postales, etc. que clandestinamente vienen de fuera y llegan a manos de no pocos que se envenenan con esas lecturas pornográficas y degradantes [...].[112]

BURLANDO LA PROHIBICIÓN

Los intereses vinculados al sector cultural de la época se quejaban de la carencia de una legislación que permitiera conocer de antemano y con detalle que es lo que se podía decir y expresar y lo que no. La demanda se mantuvo durante la década de los sesenta donde los únicos criterios referenciales para los espectáculos correspondían a las normas de censura de 1963 creadas para el cine. Pedir la supresión de la censura en los tiempos de Arias-Salgado hubiera sido un imposible condenado no solo al fracaso, sino directamente sancionado. Con ocasión de las Conversaciones de Salamanca de 1955 se demandaron «normas y criterios a la censura»; cuando en el fondo lo que se estaba deseando era la eliminación de la misma, algo incompatible durante la existencia del Régimen.

El mismo problema afectaba al teatro. Al igual que en el cine había dos fases de censura: previa y posterior. Durante la etapa de Arias-Salgado los censores manejaban unas fichas obligatorias que debían ser cumplimentadas para la autori-

112 *La Vanguardia*. Barcelona, 3-IX-1954. Pág. 13.

zación de cualquier espectáculo. El productor o director de una obra presentaba a la Delegación Provincial tres ejemplares del libreto, más la correspondiente solicitud oficial donde constaban los nombres de quienes participaban en ella, desde el director, reparto, figurinistas, directores artísticos, escenógrafos, músicos, etc., así como la fecha prevista y el local de estreno. Los tres censores rellenaban unas plantillas técnicas, en las que aparecía un breve resumen del argumento, su tesis (es decir su supuesta ideología), valor literario y teatral, contenido político y moral-religioso, más un juicio u opinión que cada censor escribía. A continuación venían los párrafos o palabras que debían ser eliminadas o reemplazadas por otras, y en su caso las correspondientes correcciones. Además se debía responder a si debía ser tolerada para menores o mayores, o en el caso de obligar a hacer cambios si estos se podrían llegar a acomodar en lo político, social o moral a los imperativos vigentes en España. Por último se indicaba a directores y productores los puntos o escenas de la obra en los que habrían de llevarse a cabo modificaciones.

A la censura previa había que añadir la del estreno. Al ensayo general solían acudir dos o tres censores casi familiares para las gentes del teatro, quienes debían definitivamente dar vía libre. Pese a haberse autorizado y estar en cartel no era rara la visita inesperada de los controladores de espectáculos, para evitar que se cambiaran diálogos o situaciones respecto a lo aprobado. Problema que afectó de manera especial a producciones musicales o a comedias, donde la tendencia a la improvisación podía acarrear multas y sanciones.

En cine la imposibilidad de salir a los mercados exteriores, abocó a un subterfugio no reconocido administrativamente, pero semi-aceptado y tolerado, como era la doble versión. El sistema pudo haberse «inventado» por primera vez en *Camino cortado* (1955), producida-dirigida por el oportunista Ignacio F. Iquino, que era presidente de la Junta Económica de Cinematografía del Sindicato Nacional del Espectáculo. La protagonista femenina era la exótica morena Laya Raki a la que se contempla en un número musical bailando un mambo-rumba con evidente contoneo. Naturalmente, en España no pudieron verse imágenes más explícitas de la atractiva belleza rodadas para la exportación.

Perfeccionó la doble versión con *Juventud a la intemperie.* Iquino trajo a una popular *stripteuse* francesa de nombre artístico tan artificial como Rita Cadillac. En la versión española no enseñaba nada. Pero en 1960 con ocasión de la boda de Balduino y Fabiola el 15 de diciembre en Bruselas, españoles desplazados al enlace entran en una sala en cuya fachada aparecen carteles de la despampanante estrella. Dentro comprueban que se trata de una película totalmente española, pero en su modalidad exportable. Y la vuelta se provoca el relativo escándalo.

Las dobles versiones obligaban a rodar la misma escena pero con vestidos corregidos. Xavier Cugat y su entonces atractiva pareja, Abbe Lane trabajaron en una comedia producida por Benito Perojo, *Susana y yo* (1957, Enrique Cahen Salaberry), en la que había un número, *Me lo dijo Adela,* donde bailaba con escote pero sin mostrar prácticamente nada de pecho. Se rodaron dos tomas paralelas, algo habitual en la época: con un idéntico vestido, uno pensado para España con unos añadidos de tela que taparan el escote, otro con algo más de carne.

CON POLOLOS Y CHALES

En octubre de 1956 nacía un nuevo espejo al que mirar, la naciente televisión, aunque hasta 1960 no hubo más de unos pocos miles de aparatos entre Madrid y Barcelona, y por su elevado precio su consumo fue selectivo. Emitía de la hora de la comida hasta media tarde, y luego a partir del atardecer a la medianoche. En un primer momento la «ventana» creo preocupación entre defensores de ciertas esencias, que se repitieron cuando España pidió adherirse a Eurovisión con ocasión de la boda de Fabiola; la primera vez que TVE ofrecía imágenes desde el extranjero. Se temió que las retransmisiones de Eurovisión introdujeran contenidos que no pasaran por la censura.

La apoteosis de la versión doble: *Juventud a la intemperie* y su modalidad para la exportación.

Un problema en aquel 1956: las imágenes en las que aparecían mujeres en púdico traje de baño o con un apunte de escote. Por ejemplo las que correspondían a una sesión de circo, donde había trapecistas, noticias en torno al turismo en las playas o competiciones de natación donde se las contemplaba sin albornoz. Lo que motivó desde la superioridad un oficio a los responsables de los informativos a quienes se amonestaba por «fomentar la inmoralidad». Dando lugar a una insólita respuesta: «Vista la amonestación recibida y comprendiendo la razón que asiste al mando, a partir de hoy suprimimos del "Telediario" la mujer desnuda que sacamos todos los días».[113]

El control sobre los contenidos fue constante. No solo los que tenían que ver con temas políticos sino las abundantes limitaciones por motivos de moralidad, que afectaban al vestuario femenino, con prohibición de escotes, hombros al aire o ropas ceñidas, la imposición de los pololos y las mallas para las bailarinas, y una exhaustiva fiscalización sobre guiones y grabaciones. En los estudios podía haber dos o tres censores «en vivo», fundamentalmente político y religioso, con la misma capacidad de veto que en las películas. Además, los «rombos» advertían previamente a los espectadores de la calificación moral de los contenidos.

Así lo contaba el prestigioso director realizador Pedro Amalio López, uno de los creadores de *Estudio 1*:

> Los besos estaban radicalmente vetados, y se atribuía a Arias-Salgado la orden de prohibirlos porque había dicho que «en la vida nadie tiene ocasión de ver tan cerca un beso como ocurre a través de la pantalla de un televisor». Las prohibiciones eran habituales, y no solo sobre el guion sino en el estudio, cuando los censores, que eran bien conocidos, presenciaban *in situ* la elaboración de cada producción que se iba a emitir.[114]

Pese a esa rigurosidad en los controles se plantearon dos situaciones contradictorias en torno a sendas películas españolas. Fernando Fernán Gómez presentó el guion de *El*

113 Miguel Pérez Calderón (1981) «Los 25 años de TVE». *Tele-Radio*. Pág. 21.

114 Testimonio personal, 2004.

mundo sigue, basado en la novela del escritor falangista Juan Antonio de Zunzunegui. Un retrato descarnado en el que hay ambición desmedida, obsesión por el dinero, codicia y violencia de género. La censura rechazó la primera versión y tuvieron que presentarse sucesivas hasta lograr la autorización para rodarla. Entre otras cosas aparece un diálogo donde se habla de un aborto, sin pronunciar la palabra, con frases ambiguas sobreentendidas por el espectador.

UNA PELÍCULA FILO-GAY

Junto a ello el caso todavía más sorprendente de *Diferente* (1962) uno de los goles más inesperados en la portería del franquismo y la estrecha moralidad de la época. Alfredo Alaria, bailarín y coreógrafo argentino que había pasado por importantes escenarios internacionales iba a rodar en España un melodrama con números musicales donde actuaba como protagonista absoluto, y cuya dirección firmó Luis María Delgado. Los ballets tenían una concepción estética de ese tiempo, cuando el éxito de *West Side Story* cambió el diseño de los musicales, y no solo en escenarios y salas de fiesta. Alaria creó ballets de carácter eminentemente fantástico y expresión barroca, entre los que había uno de corte casi sadomasoquista. La película que en principio se iba a llamar *Ellos son diferentes,* título demasiado explícito, parte de unos títulos de crédito en los que la cámara recorre la habitación de un hombre joven (Alaria) dejando ver libros de Garcia Lorca, Whitman y Oscar Wilde, así como objetos sinuosamente fálicos.

El montaje añadió un insólito erotismo. Con un plano tan sugerente como la mirada con delectación de Alaria al poderoso brazo y bíceps de un hombre que maneja un martillo neumático, y a continuación un plano corto de un dedo que se introduce como si fuera un agujero en un timbre redondo. Para dar paso a una de las escenas más sensuales del cine español. Él va a visitar a la joven esposa de un trabajador, interpretada por la insinuante y *sexy* Mara Lasso quien trata de seducirle con un juego de poses y miradas, sin que él reaccione a los encantos femeninos, El mismo tono está presente en otras secuencias donde se evidencia un rechazo al acercamiento sexual a las mujeres.

Alfredo Alaria en *Diferente*. Un musical filo-gay que pasó la censura sin problema alguno.

Pero ni la censura ni casi nadie de la crítica de la época en España percibió el contenido homosexual. Según declaró en su día el director Luis María Delgado, pasó la censura sin un solo corte. Incluso el Padre Benito, vocal religioso, felicitó a los responsables: «Es la película artística más bonita que he visto en mi vida». Otro de los censores, Alberto Reig anotó en su ficha del 22 de febrero de 1962: «Como ballet es realmente espléndido puesto que además el nexo o motivación esta magistralmente concebido. Magnifica fotografía en color, así como la realización en su conjunto. En cuanto a lo de "diferente" eso es otro asunto».[115]

115 Reig recordaba un comentario de un vocal religioso a su compañero censor tras calificar una película de Marilyn Monroe: «¿Oiga? Esta señorita es coja o debe tener algún problema al andar». Se refería a los contoneos de la estrella.

«Con Fraga, hasta la braga»

El *hall* del Castellana Hilton es el ombligo del mundo. Félix ha sido obligado a un minucioso examen para ser auxiliar de recepción. No bastó con que enseñara el certificado de una academia cerca de la Glorieta de Bilbao donde se especificaban sus seis meses de inglés: se le sometió a un examen verbal. No lo dominaba pero al menos sabía decir las frases suficientes para entenderse con quien solo habla el idioma de moda. Le inspeccionaron de arriba abajo, recomendando cada quince días la visita al peluquero para que no mostrara huella de lanillas en el cogote; se fijaron en sus manos: las uñas no podían superar los dos milímetros, no tener roces o asperezas...

Cuando acababa su trabajo, llevando y trayendo equipajes del taxi a recepción y a las habitaciones, se daba una crema que dejaba un regusto a manteca para impedir que las palmas se cuartearan o aparecieran cayos. En su categoría no vestía como los hujier de librea que se turnaban esperando las llegadas al lujoso establecimiento, con paraguas por si caían gotas; siempre con una sonrisa, sincera o impostada. Pese a que ganaba menos que los de recepción o los conserjes recibía respetables propinas de cien o doscientas pesetas, y billetes de diez o veinte dólares que corría a cambiar al banco de la plaza de Castelar. Al segundo día de trabajo se enteró que las propinas no eran directamente suyas: los empleados solían depositarlas en un bote para repartirlas semanalmente entre todos.

Tenía cosas que contar a los del barrio. Lo sabían y muchos días le esperaban en el bar. A los veintidós podía presumir de lo que otros nunca verían: las estrellas de cerca. Algunas se dirigieron a él:

—*Can you help me...?*[116]

—*Watch out for that hat, it's very fragile.*[117]

—*Bring me the «New York Times» when I get there...*[118]

En pocos meses la lista de nombres que anotaba en una pequeña libreta aparecería llena. Pese a que muchos le eran desconocidos. Un pinche de cocina era vecino, o algo así, de un tipo de su edad que escribía para una desconocida revista de cine. Supo que el hombre mayor con un ojo de tuerto se llamaba Raoul Walsh y era director de películas, que estaba en Madrid para reunirse con Samuel Bronston. A este último le conocía porque salía en los periódicos y el No-Do; aunque no vivía en el hotel, sino en un chalet elegantísimo de una urbanización, y debía tener tanta guardia como el Generalísimo. Otro día fugazmente apareció Bronston para verse en un salón privado con otro americano con bastantes años y de cuerpo encogido. Le dijeron que era un director de cine muy importante, y se llamaba John Ford.

Estaba prohibido que les interrumpieran o dirigirse a ellos. En la puerta estaban parejas de la policía armada, con su uniforme gris, o de la secreta. Vio entrar a John Wayne, con una morena menudita que decían que era su mujer. Caminaba y vestía como en las películas. Yvonne de Carlo, con su hijo de la mano, se parecía poco a la que sale entre piratas. ¡Qué pena que Ava Gardner ya no viviera en el hotel! Por lo que escuchó, entraban y salían amigos a su suite como por el hall. Charlton Heston: daba buenas propinas pero tenía malas pulgas. Y la chica esa italiana, que estaba tremenda, Claudia Cardinale. No la había visto en ninguna película, pero salía en las revistas y su cara le era conocida. También aparecían cantantes francesas y actores italianos. El Palace y el Castellana no ponían inconvenientes a los artistas, como le pasaba al Ritz, ya fuera el mismísimo Sinatra:

116 «¿Me ayuda?».

117 «Cuidado con esa sombrerera, es muy frágil».

118 «Tráigame el *New York Times* cuando llegue».

contaban que James Stewart tuvo que registrarse como militar de las fuerzas armadas y no como actor.

Los conocidos del barrio se hartaron de preguntar hasta aburrirse por quién entraba y salía, si «estaba buena», como iba, si llevaba a alguien del brazo, si era antipática o no, cuánto dejaba de propina, qué bebía, quién venía a verla…O si se ponía calcetines rojos como ese cómico que vino a actuar un solo día a un teatro. Estaba advertido por sus jefes inmediatos que debía ser discreto y ponderado. Tampoco se iban a enterar de lo que contara a los amigos. De la misma manera le advirtieron sobre otros huéspedes nada conocidos; los había militares americanos, hombres de negocios, busconas disfrazas de cualquier otra cosa, y periodistas de cotilleos que en la ficha de entrada ponían como profesión: «*Writer*».[119]

La discreción fue rotunda con aquel actor francés que rodaba una película. Le proporcionaron una azafata y acompañante para los primeros días de su estancia en la ciudad. Era increíblemente esbelta y alta, vestida como una modelo, entraba de su brazo en el ascensor, y subían a la habitación. Salían a primera hora del amanecer cuando el coche de la productora le recogía. Ella no siempre se iba con él, pedía un taxi y desaparecía.

Se enteró que ese actor ya no se hospedaba en el hotel. Debió pasar en otro turno: un tipo con malas pulgas esperaba en el lobby a que el famoso saliera con ella para montar el número. Tan español como la chica, debía ser el marido. Hubo agarrones y palabrotas, pero el protocolo era estricto: fueron conducidos hacia un pequeño salón hasta que apareció la policía. Al actor le alquilaron un discreto chalet de las afueras, pero menos lujoso que el de Samuel Bronston. Al menos don Samuel no montaba broncas y las veces que llegaba solía saludar con un gesto de su mano. Una vez se le vio junto a un ministro entrando a un comedor reservado.

Félix les contó la fugaz aparición de Gregory Peck antes de subir a su habitación. Su compañero ujier le dijo cuando nadie les oía cuchicheando, que podría haberle pedido un

119 «Escritor».

autógrafo aunque tenían prohibido solicitarlos; porque Peck era tan agradable que no le importó firmárselo a la mujer del guardarropa del bar, y se lo habría dado sin problemas. Pero Félix no tenía novia ni a quien regalar una dedicatoria firmada por una estrella de Hollywood en una vulgar nota de hotel.

En 1962, con el cambio de ministros llegaba a Información y Turismo, este enérgico, trabajador, y decido catedrático de Ciencias Políticas con una clara misión: cambiar la imagen exterior del sistema sin que eso supusiera variación en sus características fundamentales.

La primera percepción de esa cosmética afectó al lenguaje. Ya no eran innombrables palabras como «progreso», «apertura», «modernización» y otras. Con una novedad: se mencionaban modas, productos culturales del exterior, películas, libros, personajes... que aunque fuera para criticarlos o atacarlos duramente, adquirían visibilidad, pese a los recelos respecto a la Europa más cercana. En 1963 se leía en una tribuna de prensa una mención a la película de Pasolini, *Acatone*, que evidentemente no se podía estrenar en España, para asociar como en la primera posguerra la pornografía al comunismo: «Los comunistas favorecen, elogian y glorifican a los cineastas pornográficos, como por ejemplo Pasolini [...]. Los pudorosos comunistas favorecen la pornografía en los países enemigos como un instrumento de corrosión y disolución».[120] Fraga llegaba con intención de renovar códigos estéticos e imágenes exteriores del país, propiciando las entradas de turistas y sus necesarios ingresos, imprescindibles para la economía del desarrollismo.

En el tránsito aproximado de las etapas de Arias Salgado a Fraga Iribarne se produjo en Madrid un hecho tan insólito como la actuación en un local de la Gran Vía, Pasapoga, de una estrella *trans* que se hacía llamar «Coccinelle» (1931-2006). Un hecho singular porque estaban prohibidos los travestidos en los teatros españoles. Pero Coccinelle se

120 A.M.T. en *La Vanguardia*, Barcelona, 1-VI-1963.

anunciaba como una atractiva vedette francesa. En aquel tiempo hubiera sido imposible publicar noticias más explícitas sobre su historia personal. Con todo, el diario *Pueblo,* que dirigía Emilio Romero, publicó una reseña informativa del periodista Tico Medina. Años más tarde, este aludía a Cocinelle al hablar de Bibi Anderssen/Bibiana Fernández: «Apareció en mí el reportero de otros tiempos cuando uno iba por ahí con el látigo, en lugar de la rosa en la mano. La misma pregunta la había hecho diez años atrás a Cocinelle en la última página del periódico *Pueblo.* Cocinelle me había dicho moviendo sus manos grandes y frías como las de Bibi: «Yo soy una mujer».[121] La sala se abarrotó de un público expectante por descubrir a la estrella *trans* cuya condición se conocía gracias a un rumor que llegó a inesperados ámbitos sociales. Parece que no recibió grandes aplausos al finalizar la actuación, sin que registraran expresiones de rechazo.

El Ministerio de Fraga no hacía ascos al bikini, como ocurría con Arias Salgado, preocupado por la sexualidad hasta una obsesión represiva. Aunque la pugna entre los partidarios de mantener el férreo control sobre la moralidad pública y los aperturistas, que no cuestionaban el sistema sino sus formas, se mantuvo. Fraga impulsó cambios para actualizar el sistema, pese a las enormes rémoras. Con personajes clave en su equipo como Gabriel Elorriaga, estudiante durante los sucesos del 56 de la Universidad de Madrid que aparecía como el resto de los detenidos tratado de *usted* en una conocida nota policial, y en 1962 era responsable de gabinete técnico. Elorriaga defiende la actuación de aquel equipo ministerial: «Se hicieron muchas cosas, como la participación de España en la Feria Mundial de Nueva York, cuyo pabellón fue el más visitado, la Ley de Prensa, el impulso al turismo o al cine. Aunque fracasamos en no haber podido avanzar en el terreno de las libertades».[122]

---

121 *ABC,* Madrid. 27-II-1980, pág. 56.

122 Testimonio personal. Declaraciones para el documental *Hollywood rueda en España.* 2018.

Coccinelle (1931-2006) vedette *trans*: despertó curiosidad *sotto voce* en el Madrid del franquismo.

El ministro rescataba para el puesto de director de Cinematografía a un jurídico militar y católico, José María García Escudero, que en 1951 había desempeñado fugazmente el cometido nada más llegar Arias Salgado al nuevo ministerio de Información y Turismo. Buscó favorecer la presencia de las películas españolas en los festivales internacionales a través de una nueva generación de directores, con un leve mejoramiento de los controles de la censura; que siguió siendo rigurosa, pero permitió dar una segunda oportunidad a títulos prohibidos por razones sexuales. A diferencia de otros altos funcionarios del franquismo García Escudero, que había pasado por emblemáticos espacios de influencia del Régimen tenía buena información cultural, sensibilidad, y quería distanciarse del *bunker* más inmovilista.[123]

Esa «repesca» de películas censuradas en época de Arias Salgado permitió que se pudieran ver, entre otros, títulos

123 En la necrológica de *Ecclesia* (25-V-2002) Antonio Lago Carballo decía de él: «Más que como intelectual católico, García Escudero debe ser calificado de católico intelectual, puesto que lo sustantivo en él era su profunda fe religiosa».

protagonizados por Marilyn Monroe, *La tentación vive arriba* (1956) y *Con faldas y a lo loco* (1958), estrenadas en España tras su muerte. *Con faldas...* había sido en su día prohibida «por el mariconeo»; es decir, el travestismo vetado en escenarios teatrales y fiestas de disfraces. En esa repesca de 1963 se dio luz verde a *Desayuno con diamantes* (Blake Edwards), prohibida en 1961 donde la censura había creído ver «escenas de orgías» en lo que no era más que una *party*.

Pese a que aparecían bikinis en algunas playas, otro motivo de inquietud quitó el sueño a los timoratos: la lenta pero gradual aparición de la minifalda en las calles. Lo que motivó una petición de monseñor Alonso Muñoyerro al ministro Fraga para que por decreto se prohibiera su uso por su «manifiesta inmoralidad». Fue en ese momento cuando se atribuyó la frase «Con Arias Salgado todo tapado, con Fraga hasta la braga» para señalar el límite de la permisibilidad. Tampoco era exacto: la censura seguía preocupada por escotes, hombros al aire y «dos piezas».

En 1964 el obispo Pablo Gúrpide publicó un documento donde criticaba la presencia de contenidos que podían «atacar a la moralidad»:

> El mayor estrago de los adolescentes lo causa la política de apertura, hoy vigente. Ya se ha introducido el cine de Michelangelo Antonioni, realizador italiano que propugna una práctica del amor inspirada en lo que se ha llamado «simple contacto de epidermis». ¿A dónde caminamos por vías tan abiertas a la inmoralidad en los espectáculos, especialmente en el cine? Sin alardear de profeta, nos atrevemos a afirmar que, por esos caminos de inmoralidad, llegaremos más pronto o más tarde a las mismas metas y las mismas situaciones pasadas, que reclamarán de nuevo la puesta en marcha del bisturí potente que saje el tumor canceroso de la nación.

De la mano de Fraga (y de García Escudero) se había aprobado en 1963 un nuevo código de censura en el cine, en el que se marcaban límites relativos al sexo. Se prohibían, entre otras cosas: la justificación del suicidio y el homicidio por piedad (como la eutanasia), la «justificación del divorcio, las relaciones sexuales ilícitas, en particular, y en general, todo cuanto atente a la institución matrimonial y la familia», así como la «justificación del aborto y los métodos anticonceptivos», la «presentación de las perversiones sexuales, la toxicomanía o el alcoholismo», «así como la presencia de aquellas imágenes que puedan despertar las bajas pasiones en el espectador». De la misma manera que «la difusión de imágenes irrespetuosas contra las creencias y prácticas religiosas», «la presentación denigrante e indigna de ideologías políticas y todo lo que atente de alguna manera contra las instituciones o ceremonias que el recto orden exija sean tratadas respetuosamente», de la misma manera que «todo cuanto atente contra los Principios Fundamentales del Estado», las «películas blasfemas, pornográficas y subversivas» y «la difusión de imágenes que atenten contra la persona del Jefe del Estado».

Los mismos criterios se aplicaron al teatro desde 1964 al no existir un código específico. Con una salvedad: las autorizaciones se concedían en función de la repercusión. Se podía dar vía libre a espectáculos siempre que se hicieran una sola vez y en un ámbito reducido de público, pero se vetaban cuando su convocatoria era más amplia. Las normas generales de censura se prestaban a la interpretación de los censores, y en su momento se dijo que más que un código o reglamento eran un pretexto para evitar la circulación de aquello que quedaba más alejado de las coordenadas políticas o de moralidad del Régimen.

Entre relevos ministeriales, la exposición de temas relacionados con el matrimonio o la sexualidad tenía todas las papeletas para chocar con la censura; y no solo la del Estado. Jorge/Jordi Grau (1930-2018), director barcelonés, tuvo una inquietud cultural aun dentro de las coordenadas industriales. Su primera película, *Noche de verano* (1962) estaba coproducida con una marca italiana, y la española, Procusa, vinculada al Opus Dei, que sin embargo sacó adelante proyectos en géneros diversos, alejados del anticuado modelo de las películas casi confesionales de catolicidad preconcilar. Así lo contaba:

> Nunca llegué a ser miembro del Opus, aunque trabajé para una empresa de la Obra. Yo era un hombre joven que desde Barcelona había conseguido una beca para estudiar en el prestigioso Centro Sperimentale di Cinematografía de Roma, conocer y convivir con personajes como Federico Fellini, que influyeron mucho en mi vida y carrera. Mi primera película era una historia sobre una pareja. Hubo muchos problemas antes de hacerla. Quise que la protagonista fuera Mónica Vitti, ella estaba dispuesta, pero se le pusieron toda clase de problemas por parte española. Finalmente conseguí rodarla y cuando se acabó la vio en persona Monseñor Escrivá de Balaguer, que no tenía un pelo de tonto. Le molestaron varias cosas, la más importante, pensaba que se podía estar defendiendo el divorcio, otras objeciones parecían ridículas como que en un plano de una barraca de feria se veía un grotesco muñeco en bikini, y cosas parecidas. La película corrió el peligro de desaparecer o no estrenarse jamás, de no haber sido porque se les ocurrió delegar la parte a española a unos «novatos», entre ellos, Elías Querejeta, que consiguieron que se exhibiera y se estrenara. De nada valió que ganara el premio de la Oficina Católica Internacional del Cine en Mar del Plata. Circunstancia que venía a expresar la discrepancia interna que podía haber en la Iglesia mientras tenía lugar el Concilio.[124]

Ante la necesidad de renovar las imágenes culturales en el exterior el ministerio Fraga también recurrió a quienes mostraban talantes innovadores, factor percibido especialmente en el terreno de las artes plásticas y la cinematografía, donde se primó a los nuevos realizadores surgidos de la Escuela de Cine. Sin embargo, los roces con la censura fueron permanentes. Censura que tenía en sus manos, como desde el principio del Régimen, un enorme papel, a través de la autorización previa de guiones, las ayudas para la financiación de los proyectos, las calificaciones de categoría y los premios. Que también se extendió en el caso de los filmes extranjeros al doblaje. Buena parte de los actores de doblaje que conocían inglés, francés o italiano, se sorprendían al leer los diálogos ante el micrófono, porque no tenían nada que ver con los originales.

124 Testimonio personal, 2016.

PASANDO POR LA AUTOCENSURA

La década de los sesenta representó un cambio de modelos de referencia dentro de la sociedad occidental, cuyas resonancias de una forma o de otra, tenían que llegar a España. García Escudero en uno de sus libros de memorias y de balance de época lo describe:

> [...] En el cine, en el teatro, en los mundos del libro y de la prensa se abrieron cuatro ventanas. La Ley de Prensa de 1966 fue el momento culminante de la operación. Difícilmente se encarecerá su importancia. Habría sido decisiva si la Ley Orgánica del Estado, aprobada en referéndum el 14 de diciembre de 1966125, hubiese respondido a la expectación que legítimamente despertó y si al edificio público que planificó (y que se aún tardó en levantar integramente) hubiese acompañado sin dilaciones la puesta en marcha del mecanismo representativo que la ley permitía. Era el momento ideal para hacerlo. Franco seguía contando con el apoyo del Ejército, mayor que nunca como consecuencia de la desaparición de las grandes figuras que antaño pudieron intentar hacerle sombra, y aunque la Iglesia ya no fuese la de 1937 ni la de 1945, y la adhesión desinteresada de la clase media tradicional no se hubiese prolongado en la nueva media clase antes descrita, la oposición eclesiástica era aún privativa de determinados ambientes minoritarios e inquietos y se podía prever que la nueva clase media seguiría apoyando al régimen, al menos mientras el desarrollo económico la mantuviera en la cresta de la ola. En cuanto a la oposición, un frente unido, con un programa y con fuerza para hacer algo más en el fondo que esperar la muerte natural del sistema cuyo fin venía anunciando vanamente desde hacía años, no lo tenía. En ese momento el régimen disponía de todas las cartas y sólo podía perder la jugada si no se decidía a ponerlas sobre la mesa.
>
> Pero eso fue exactamente lo que pasó [...].[126]

---

125 Los datos de los referéndum del franquismo fueron rotundos. En el de la Ley de Sucesión a la Jefatura de Estado de 1947 votó *sí* el 93 % y *no* un 4,7. En 1966 el correspondiente a la Ley Orgánica del Estado tuvo oficialmente un 95,06 % de *sí* y un 2,47 % de *no*. Cifras absolutamente increíbles, en consultas donde no existió la posibilidad del escrutinio independiente, ni siquiera de hacer campaña a favor del *no*.

126 José María García Escudero (1987) *Los españoles de la conciliación*. Madrid: Espasa Calpe. Pág. 256..

Con la Ley de Prensa del 66 no desapareció la censura sino que se instauró una autocensura, bajo el temor a publicar algo inconveniente que motivara una sanción, o el secuestro de una edición. Sin embargo, existía un marco relativo sobre los límites de lo que se podía decir y lo que no. Aunque solo fuera para criticarlas aparecían menciones sobre una cuestión que cambió parámetros: la aparición de la píldora anticonceptiva. Pese a las críticas y descalificaciones se estaba dando publicidad a un hecho de gran influencia en el enfoque de la sexualidad a partir de entonces.

En los escenarios se autorizaban autores que estaban en lista negra como Valle Inclán, García Lorca, Peter Weiss o Harold Pinter, pero no todas sus obras. Desde 1967 se permitieron los cines de arte y ensayo en versión original subtitulada, únicamente en ciudades y con reducidos aforos. Lo que no las liberó de la censura, alguna tan tosca como la de *Deserto rosso* (1964,Antonioni), estrenada en 1969: mientras el espectador escuchaba la frase italiana «*Fare l'amore*», el rótulo en español escribía «Enamorarse». Aunque, por primera vez se podían ver de manera parcial y brevísima escenas «fuertes» o mostrando piel.

Dos títulos constituyeron fenómenos que hoy producen risa o rubor. Durante más de un año se mantuvo en cartel en Madrid y otro tanto en Barcelona el mediocre documental *Helga* donde se veían imágenes de un parto; llegando a fletarse autobuses desde localidades de provincia para asistir a las salas. Lo mismo que con la búlgara *Cuerno de cabra* (1972, Metodi Andonov) una historia del XVII sobre una muchacha violada y educada como un hombre para consumar su venganza. El discreto morbo temático de su argumento hizo que la gente de la época hiciera colas pese a exhibirse subtitulada. Aunque los mayores éxitos de esta modalidad de distribución permitida únicamente en urbes de más de 100.000 habitantes fueron *Repulsión* (1965, Polanski), con algunos cortes, y *To be or not to be* (1940, Ernest Lubitch), cuyo estreno debió demorarse nada menos que treinta y un años. En la pintoresca repesca de las llamadas «salas especiales» entraba en 1970, cuando ya no estaba Fraga en Información y Turismo sino Sánchez Bella, miembro del Opus Dei, *Et Dieu crea la femme* (1956, Roger Vadim). Con Arias Salgado en el ministerio, Brigitte Bardot fue censurada por mostrar parte de su trasero y la espalda: la película llegó a España catorce años después, con algún corte y solo en versión original. Hubo que esperar a la muerte de Franco para que la censura permitiera ofrecerla doblada. Sin otra cosa que el erotismo de B.B. poco había de valor en la envejecida cinta.

La nueva disidencia

A Roser le pica la curiosidad cuando se entera que Antoni, su marido, planea una corta excursión. Afablemente, contesta que es una cosa «solo para hombres». Aunque no le causa inquietud: entre los dos se cuentan todo. Le confesó que una noche, a la salida de un bar de L'Eixemple, junto a la Diagonal, tras celebrar la cena de Navidad del club de amigos de Charlie Brown, estuvo a punto de cometer una infidelidad en la persona de una chica que se quedó descolgada tras perder a su acompañante en la desbandada final. No fueron más que unos besos, tocamientos y escarceos, con promesa de volver a verse, aunque la chica y él sabían que era una mentira. La noche siguiente Antoni se lo contó a su mujer, sin sensación de arrepentimiento. Roser no le da importancia, porque conoce bien a su marido. Cualquier infidelidad la detecta sin que abra la boca.

Ahora es distinto. Los amigos de Charlie Brown también lo son de las canciones de Nuria Feliu —a la que tantas veces han visto en el club de *jazz*—, de Brassens o de los ballets de Roland Petit. «Después de París no hay más que Barcelona», presumen.

Roser no quiere ser una esposa convencional. Se ha organizado la vida para no depender de los niños. Cuando se van de viaje, ya sea a La Molina o en barco a Menorca, recurre a su madre, que disfruta cada vez que los ve corretear por su casa, aunque se la revuelvan de arriba abajo. Además la abuela desde hace dos años tiene una chica servicial, que ha venido de un pueblo de Teruel y si es necesario los lleva y trae al colegio. Esa seguridad permite a Roser dedicarse a su ocupación y negocio, una *boutique* en un local que antes fue tienda de empeños, situada en un sitio estratégico, cerca del Portal de l'Àngel; ella y una dependienta jovencita, atienden a una clientela atraída por modelos sin posibilidad de copia, más baratos que los de grandes modistos porque ya no son de temporada. Por sorpresa ha entrado una señora de su edificio, al principio de Capitán Arenas donde viven desde 1965; la vecina busca un modelo de primavera, «moderno pero sin estridencias».

—No, Roser. Esta vez no. Vamos solo nosotros. Al final se han apuntado cuatro al viaje, y decidimos compartir coche. Tampoco es tan largo el trayecto. En unas horas estamos allí…A lo mejor ni reservamos hotel en ese sitio.

A ella no le convence pero lo acepta sin contemplaciones. Conoce a los amigos más cercanos, a sus mujeres o novias, cuando las tienen. Uno vive de hacer traducciones para Planeta y otras editoriales, entre ellos libros de los que se habla mucho; el otro ingeniero pero debe vivir del dinero de su padre, empresario textil, y hay uno que tiene farmacia en El Prat, está soltero y le parece algo amanerado. Lo comenta pero no le da importancia. Como si le hubiera dicho un cotilleo sobre una de sus alumnas en la escuela de Arquitectura.

Antes de casarse Antoni quería acabar la carrera con aspiraciones de modernidad e innovación en sus diseños. Pero los deseos no siempre se tocan con las manos; se conforma con dar clases, y de pascuas a ramos, colaborar en algún proyecto; mejor dicho firmarlo porque hacer bloques de diez pisos en Rubí o Badalona no le hace sentirse orgulloso.

Los planes varían. Roser deduce que hay cambios al escuchar la voz entrecortada de su marido al teléfono. Dos de sus amigos, el ingeniero y el traductor se han dado de baja en la expedición, ahora no les es posible, aunque prometen hacerlo por su cuenta cualquier otro día sin necesidad de que sea en domingo. Cruzar al otro lado de la frontera queda relativamente cerca y a su alcance.

—Entonces voy yo…

Es un imprevisto para una excursión concebida en principio solo para hombres, pero lo acepta sin problemas. Irá el matrimonio con el farmacéutico que tiene carnet de conducir. Cuando este se entera los deja solos: probablemente no quiere ser apéndice en un viaje de matrimonio. Quedan marido y mujer para hacer lo que quieran. O casi.

—Ya sabes que esas películas... En la facultad hablan tanto... Aunque no sé si tu...

—¿Y qué pasa...?

Repasa un diario en francés.

—*El gran dictador* de Chaplin...¿Te acuerdas de las películas de Charlot en el colegio? Nadie nos contó que hizo una riéndose de Hitler y Mussolini...

—Puede ser interesante. ¿Alguna más?

—Si nos levantamos pronto llegamos a Perpignan a la hora en que comen los franceses, y a las tres programan *El último tango*... Dicen tanto... Bueno y malo.

— ¿La de Marlon Brando...?

—Y da tiempo para regresar no muy tarde a Barcelona...

—¿Y si estamos cansados...?

— Pues en último extremo hacemos noche en el primer sitio que veamos. Así da tiempo a ver...Pero, no sé si tú... A lo mejor no te interesa...

—¿Cuál...?

—...Es que no son películas para ir con la mujer de uno; aunque entre casados se sepa de todo... Si no te gusta, cierras los ojos y te duermes. Son cines pequeñitos, el título da igual... *Bacanal de lesbianas, Excitación en un consultorio de señoras, La mujer del gobernador y los viciosos*... Pero no sé si tú... ¿Te da miedo que nos vean...?

— Si no lo soporto te lo digo al momento y salimos...

—Estate segura de ello...

—... Aunque no creo que sea el sitio más adecuado para una mujer casada y con hijos pequeños.

—Va todo el mundo. Gente muy diferente. Nadie te va a reconocer, no te preocupes.

Se embarcan con el amanecer en el bolsillo. La primera etapa hasta el paso de la frontera. Bajan del coche, y enseñan y sellan los pasaportes en los pasos fronterizos. Aún no caducó el que sacaron para su viaje de novios a París de

1969, en tren normal desde Barcelona y tras esperar dos horas en la frontera subir al coche-cama francés. Ahora es distinto, solo una rápida excursión de ida y vuelta que puede resolverse en pocas horas. Les da tiempo a comer antes de entrar al cine, aunque con un contratiempo. A las 3 proyectan *El gran dictador* en una sala donde la mayor parte de los espectadores son de Barcelona, otros deben haber llegado de Zaragoza hasta desde Madrid pues se oyen expresiones con acento castizo. Los franceses debieron verla de niños, y no se ve a ninguno... Aunque no les da tiempo a entrar a *El último tango...* o *Emmanuelle,* y dejan para mejor ocasión las efusiones de Brando y la Kristel.

Roser adivina la intención de su marido.

—No debes inquietarte. Te quedas en la avenida principal, lejos de la fachada del cine. Saco las entradas y te hago pasar cuando no se vea gente. Estos cines son de sesión continua y no hay filas ni esperas. Te colocas el pañuelo del cuello en la cabeza, y con las gafas de sol nadie sabrá quién eres.

Se sumerge en una catacumba tenebrosa donde no se ven acomodadores y un solo halo de luz ilumina la pantalla, mientras un sonido de respiraciones y jadeos entrecortados da paso a una excitación en forma de pequeños gritos que se convierten en alaridos. Cuando Roser, pegada siempre a su marido logra que sus ojos se acostumbren a la oscuridad, percibe que en las no más de ocho filas de la sala debe haber poco más de una decena de cabezas. Le da tranquilidad que ni por asomo se sientan como en la película de Chaplin, donde se veían a padres españoles con adolescentes. De reojo le inquieta la sombra de un hombre en la fila de delante que puede estar tocándose la entrepierna, o que los de detrás sin tapujo se rocen, pero menos que lo que se ve en la pantalla...

Atraviesa fugazmente el temor a que alguna de las personas que viven en su edificio de la parte alta de la ciudad la descubran presenciado un acto sexual; esas gentes con las que comparte ascensor. Como Ignacio, que trabajaba en la Seat de Martorell y su mujer sevillana, Marisa, la que hace postres de rechupete. Está ese poeta mayor cuya mujer es profesora en una escuela de niños; parecen secos, pero cuando se fundieron los plomos de la escalera y quedo la finca sin luz, ofrecieron linternas de los hijos hasta que viniera el electricista. O la mujer del redactor jefe de *La Prensa*, el periódico del Movimiento, que alguna vez pasó por la *boutique*, aunque el marido le parece distante y un pelín antipático. Y los del piso superior que trabajan en la Organización Sindical: sí, deben ser muy de Franco, pero son simpáticos, saludan y respetan.

Le preocupa que su madre, por muy moderna y liberal que sea, se entere: «¿Tu marido, cómo te lleva a esos sitios?». Aunque le explique que son abiertos y se cuentan todo, la abuela pertenece a otra generación...

De forma abrupta las luces se encienden. Sin que se escuche música de fondo como en los cines de verdad. Con tres cuartos de hora tienen suficiente; Roser no quiere que la noche se eche encima en el camino de vuelta. Ya habrá otras ocasiones para ver Perpignan, que tendrá sitios más bonitos que sus tristes cines. La cortina que separa la sala de la calle no está limpia y evita rozarla.

Entonces estalla la bengala. La mujer no lleva gafas ni se ata pañuelo a la cabeza, y se acompaña de un hombre más mayor que ella. ¡Qué atrevidos!

—*Hey Roser... què estàs fent aquí...?*

El último lugar del mundo donde hubiera querido saludar a una vecina.

El Concilio Vaticano convulsionó las bases sociales de la Iglesia, aunque no siempre en la jerarquía, acentuando diferentes tendencias y posicionamientos dentro del catolicismo, que ahora aparecía con matices, a diferencia de su pasado todavía reciente, y cuestionando una relación donde no se sabía cuándo acababa la Iglesia y empezaba el Estado. Se mostraban dos elementos nuevos.

En primer lugar, la aparición de una disidencia que no surgió directamente por asuntos políticos sino por el reconocimiento de la diferencia con el mundo occidental motivada por los contenidos vinculados a la vida cotidiana, y especialmente aquellos que tenían que ver con el contraste entre una sexualidad más abierta, y otra severa y restrictiva. Una parte muy importante de la discrepancia se canalizaría al final del franquismo y en la primera transición directamente hacia el espacio de la oposición política democrática.

Esa divergencia emergió en sectores de clase media y media-alta que compartían pautas urbanas y aspiraban a un todavía etéreo cosmopolitismo, a los que también se unieron personas de clase trabajadora en contacto o con buena información sobre realidades exteriores. Además de personajes vinculados a medios intelectuales artísticos, e incluso wsnobs contagiados por las nuevas modas del exterior en una década de tanto impacto como la de los sesenta. A los ojos de ese núcleo, el franquismo se había quedado como un viejo, duro y férreo objeto pasado de moda.

La disidencia antifranquista «no vestía de mono azul ni trabajaba en una fábrica», «no era propia de maleducados o patanes», podía tener disponibilidad de recursos; y a finales de los sesenta eran más fáciles los viajes a la Europa más próxima. La permeabilidad favoreció que llegaran nuevos aires, y con ellos aparecían los estilos de vida, como combinación de intereses, opiniones, conductas y comportamientos.

Al final de esa década en la que se produjo un radical cambio de estéticas los discursos sobre la sexualidad —se hablaba con escasa propiedad de «nueva sexualidad»— aparecían en España de forma matizada. La utilización de unos mitos sobre el sexo por esa todavía minoría fue constante; pero favorecía que por primera vez en conversaciones cotidianas se hablara sobre asuntos que antes pertenecieron al estrecho y oscuro reducto del tabú. Aunque se utilizaran con un sentido aparentemente rompedor y provocador, y del dicho al hecho hubiera una distancia enorme, coincidiendo con el inicio de los setenta por primera vez se empezaba a mencionar en voz baja de «intercambio de parejas», de «tríos», o de «sexo anal», a modo de curiosidad snob.

Paralelamente se venía a manifestar en toda su intensidad en una minoría creciente en su origen apolítica o sin excesivo interés en vincularse a esa disidencia, un malestar por las limitaciones o el encorsetamiento en los temas relacionados con la vida cotidiana, y fundamentalmente los que tenían que ver con la moralidad y la sexualidad. La demostración: en el tardo franquismo no se podía proponer un debate sobre el divorcio. Con la ley de prensa en la mano se secuestró en 1967 un efímero periódico barcelonés, *Diario femenino* por incluir un reportaje en el que se lanzaba la pregunta: «¿Cree que alguna vez se implantará el divorcio en España?», y las respuestas no eran ni mucho menos positivas. El mero hecho de sugerirlo quedaba fuera del marco ideológico, y de la forzada confesionalidad del Estado.

En segundo lugar, El tímido inicio de una tendencia consolidada más adelante en la España de finales del XX, pero que ya adelantaba sus planeamientos a finales del franquismo, donde aparecía un compatibilidad *de facto* entre la adscripción a un estilo de vida, y la aceptación limitada, incompleta u ocasional de una ortodoxia de origen religiosa. A la que a su vez acompañaría décadas después la presencia de una mayor tolerancia desde el punto de vista de la moral pública y sexual en el espacio de la derecha política, lo que hubiera sido inconcebible en los sesenta, setenta y ochenta.

Esa derecha podía manifestar públicamente acato y evidenciar una cercanía a los preceptos y a los usos religiosos; pero con el transcurso del tiempo acabó por aceptar elementos de laicidad. Una demostración evidente: tiremos de hemerotecas ante el anuncio de presentación de Ley de Divorcio por el gobierno de Suarez en 1981 y las críticas de sectores eclesiales y católicos sobre el «peligro que representaba» para la «estabilidad de la familia» y la moralidad de la sociedad. Cuatro décadas más tarde, sus herederos ideológicos serían incapaces de cuestionar el divorcio como institución.

LAS «OFENSAS A LA MORAL» DE *LA DOLCE VITA*

En los últimos años sesenta esos contrastes y tensiones eran evidentes por la rígida interpretación de la moralidad realizada desde el plano institucional. Un caso simbólico fue la larga peripecia sobre la prohibición de *La dolce vita* en el franquismo. La película de Fellini se había rodado en 1959 sin posibilidad de poder estrenarse con Arias Salgado en el Ministerio de Información. Aunque con la llegada de Fraga y la repesca de películas, libros y obras antes prohibidas en 1962 se abría una nueva perspectiva. Una emblemática productora-distribuidora, Cifesa, sondeó a la administración para su posible importación a España. En 1962 los herederos de Cifesa realizan su postrero canto de cisne, una inversión que pudo ser costosa para adquirir los derechos para España de *La dolce vita*.

En 1969, cuando parecía que se estaba ante otro periodo de cambios, Cinesco, cooperativa derivada de Cifesa, vuelve a presentar la petición de autorización, amparándose en que *La dolce vita* llevaba más de diez años dando vueltas por el mundo sin causar escándalo o inducir a la inmoralidad de sus espectadores. Solicitud que el Ministerio deniega de nuevo, por lo que, recurre en alzada y se le vuelve a prohibir, para finalmente acudir al Tribunal Supremo. La sentencia de mayo de 1972 es explicita sobre los criterios ideológicos aplicados por el franquismo. En su sentencia la Sala Tercera destaca que «en España no hay libertad de espectáculos, pues para ellos rigen unas normas de censura según las cuales la Junta de Censura y Apreciación de Películas no puede juzgar sobre el valor estético del filme, sino simplemente sobre si la película contiene secuencias contrarias a la moral, al orden público, a la Patria, a los principios fundamentales del Estado o a la Iglesia Católica».

Confirma la prohibición «tanto para salas comerciales como especiales por atentar contra el concepto de moral»: «Se atenta contra esa moralidad, donde no cabe referirse a los valores éticos que tienen las minorías, sino a la concepción media que la sociedad nacional tiene de los valores morales». Una década más tarde, en 1981, *La dolce vita* se estrenaba sin cortes en España, a través de otra distribuidora, CB films, donde a su vez figuraban personas que tenían vínculos con entidades católicas, sin problema alguno, sin causar heridas morales, sin atentar contra el pudor, ni dar lugar a actos de desagravio, sin escándalo…

DIFERENTES FORMAS DE DISIDENCIA

Aparecía en los últimos años del franquismo una confluencia de disidencias cuyos orígenes no siempre fueron los mismos, como tampoco su composición social, hasta llegar a tomar cuerpo en un espacio cultural-político o si se quiere político-cultural. Cuestión que en buena medida abarcaba a las formas y los estilos de vida, y especialmente a la adopción de aquellas que podían representar aunque solo fuera desde la perspectiva simbólica lo contrario al franquismo. No puede extrañar, por lo tanto que un tiempo bastante corto, en los primeros setenta se empezara a hablar entre una cierta élite de contenidos con vitola de aparente transgresión. Desde la homosexualidad como moda, a las relaciones sin compromiso o al mito de las orgías y el «sexo, drogas y *rock and roll*».

Típico de los últimos años del franquismo era este perfil:

- Proveniente de clase alta o media.
- Educado en valores burgueses.
- Asistencia a un colegio privado, principalmente católico.
- Pertenencia a un grupo o asociación religiosa en sus primeras décadas de vida.
- Disponibilidad económica para desenvolverse en espacios cosmopolitas.
- Residencia en grandes ciudades o zonas con presencia de extranjeros.
- Asunción, a veces súbita, de las nuevas culturas y sus estéticas.
- Aclimatación a sus estilos de vida: en la forma de vestir, las relaciones sexuales, el uso de drogas, la utilización de una determinada forma de lenguaje de moda…
- Hedonismo en los enmarques vitales.
- Crisis existencial que en unos casos implicaba la ruptura con el medio familiar de procedencia, pero en

otras no, puesto que se seguía disponiendo de bienes suficientes para sobrevivir.

- Cercanía o contacto con los espacios de moda o lugares cosmopolitas, ya fuera en el extranjero (Londres, París, India, California...) o españoles (Ibiza, Torremolinos, Costa Brava, Canarias...).
- Generación de nuevas redes sociales informales: grupo, clan, familia...
- Descubrimiento-aprendizaje retórico y meramente enunciativo sobre otras identidades sexuales: homosexualidad, lesbianismo, bisexualidad, sexo en grupo, intercambio de parejas, etc.
- Oposición a los valores del franquismo y a sus simbologías inicialmente desde una perspectiva social, pero que acaba también por serla desde la política. A donde se llega firmando o apoyando manifiestos, participando en encierros y manifestaciones, y finalmente acercándose a formas de militancia clandestina.

El discurso se mantuvo en los primeros años de la Transición hasta su clarificación cuando las condiciones de normalización democrática empezaron a tomar cuerpo. Los discursos eran complejos, mixtos y contradictorios. Con «sesenta y ochistas» que decían «haber vivido el mayo de París desde la primera línea» que se convertían en ministros o en directores de grandes compañías, empresarios con un pasado *hippie* que quedaba reducido a una fotografía de la Ibiza de los primeros setenta, maoístas que provenían de grupos católicos y familias de clase media, artistas comunistas, hijos de familia ensayando nuevas actividades empresariales que no rompieran con su ideario; podían tener editoriales, crear bares de moda, distinguidos comercios o cadenas, trabajar de creativos para agencias de publicidad con muchas ideas nuevas, y más adelante para grupos de comunicación y productoras de televisión.

En junio de 1971 la policía acordonaba una zona de Torremolinos, una antigua calle llamada Pasaje Begoña, donde al calor del turismo se abrieron como en otros lugares bares, clubes y tiendas, frecuentadas por extranjeros y españoles, pertenecientes a las más variadas identidades: *hippies*, cosmopolitas... En torno a varios de esos locales aparecían supuestos homosexuales, que vestían de forma nada convencional y no se reprimían de mostrarse públicamente como querían. La policía cerró la zona con la identificación de 300 personas tanto españolas como extranjeras, de las que 114 fueron llevadas a comisaria. Su causa: «atentar contra la moralidad y las buenas costumbres» en aplicación de la Ley de Peligrosidad y Rehabilitación Social. El trato no fue benévolo y para algunos pudo representar un trauma su identificación como «invertido» o aparecer junto a personas de esa cualificación. El gobernador civil parece que actuó tras las quejas de su mujer y de su hija por la hipotética presencia de homosexuales. Después de la redada medios alemanes publicaron informaciones, puesto que aparecían detenidos ciudadanos de ese país. Habían pisado Pasaje Begoña[127] desde principios de los sesenta personajes conocidos, entre los que se recordaba a Brian Epstein, el manager de The Beatles, Amanda Lear, Cocinelle, Grace Jones, Antonio Gala o Helmut Berger. En la citada calle tras la redada cerraron buena parte de los locales y bares decayendo ese espacio hasta ser rescatado años más tarde, tal y como había ocurrido en Madrid con el barrio de Chueca, que en los últimos setenta y ochenta parecía una zona céntrica y socialmente degradada con una gran presencia pública de las drogas, hasta su reconversión total como espacio de identidad LGTBI.

127 En 2019 el Congreso de los Diputados y el Parlamento Andaluz reconocían a Pasaje Begoña de Torremolinos como parte de la Memoria Histórica LGTBI de España. El 15 de junio de 2020 un sello de Correos se dedicaba a ese espacio, y unos días más tarde un décimo de la Lotería Nacional hacia otro tanto.

Resquicios para una libertad en claroscuro

De Madrid a Alicante en un vagón de tercera. De allí al autobús con el tiempo para alcanzar Denia y subir al destartalado barco. Era la primera vez que navegaba y temió sentir mareo. Mientras se fijaba en el variado abanico de pasajeros - de soldados de uniforme dispuestos a llegar a su cuartel en la isla antes de la retreta a parejas en cariñosa actitud de recién casados- no tuvo tiempo de sentir angustia. Todavía empleaba el petate de tono pardo que birló de la entrega de prendas obligatoria tras cumplir el servicio militar: ¿para qué necesitarían esos trapos viejos, tantas camisas roídas y gorras capadas?

Su contacto, un compañero de filas y escapadas se había evaporado al llegar al puerto de San Antonio. Ni señal de él, aunque le mandó una carta. Corrió a buscar una cabina en un bar de la explanada junto donde atracaba el barco de Denia. Tenía un teléfono. Era el suyo: una voz femenina le respondió que hacía un par de días que no venía por la casa. Debía ser una pensión, más o menos lo que estaba buscando. El encargado del bar le explicó que para ir a la capital debía cruzar al otro lado de la isla. Le molestó que le preguntara:

—El autobús pasa cada dos horas. Pero si el señor quiere llamamos a un taxi…

Lo dijo con tal retintín que parecía estar riéndose de él. Tardó dos horas en llegar a la ciudad, después de recorrer kilómetros por una carretera mal asfaltada. Allí le dieron la dirección de una casa donde se hacían cargo de huéspedes. Era en la parte vieja; se llegaba a través de una calle en cuesta con suelos de piedra por los que no podían subir los coches. La que parecía la encargada le pidió el documento de identidad, trescientas pesetas por adelantado, y le preguntó cuánto se quedaría. Él no debía de tener pinta de turista sino de buscavidas. Dijo que venía a una cita de trabajo y a ver sitios nuevos. La mujer entrada en años no se lo debió creer pero sin poner pegas a que se quedara tres días en la habitación. Aunque le recordó hasta volverse un poco pesada, que el agua estaba racionada, y si quería tomar una ducha no podría estar más de cuatro minutos seguidos. Le recordaba al cuartel.

Se perdió por las calles del barrio viejo, al pie de un monumental castillo-palacio, al que se accedía fácilmente por un camino. Desde la altura se contemplaba una hermosa vista del mar, el puerto y parte de la ciudad que no debía ser grande. A su izquierda pequeñas casas de campo, de una sola planta, parecidas a las del trayecto desde San Antonio. Empezaba a caer la luz y sentía sensación de cansancio. Sin haber resuelto el problema que le llevaba a la isla. De su antiguo amigo ni la sombra. Por última vez llamó al teléfono y se repitieron las evasivas. Era posible que se hospedara en algún hostal cerca de su pensión: la ciudad no era tan grande para perderse.

Al salir del bar, quien le despachó una cerveza estaba descargando jaulas de gaseosa, bebidas y depósitos de cerveza con la ayuda del conductor de la camioneta. A punto de perder el equilibrio transportando una jaula de refrescos. De forma instintiva le echó una mano. El otro lo agradeció con un gesto. Tras dudar del camino hacia la pensión escuchó a su espalda la voz del encargado.

—¡Tú!, ¿de dónde eres?

Estuvo a punto de responder mal, tenía nombre y no iba a atender a una voz como la del amo a su perro. Pero se dio la vuelta. Sin tiempo de balbucear la frase, el otro le soltó:

—Quiero decir, si tienes familia, o estás de visita...Tengo un problema: se ha marchado el camarero. Unos días de permiso, dice que su madre está enferma...

Le estaba ofreciendo trabajo, que es lo que en el fondo venía a buscar en su escapada hacia lo desconocido.

—¿Cuánto?

—Cuatro mil, de momento.

—Le pagas más a tu camarero… ¿no?

—Pero este no es el caso. Serán pocos días, hasta su regreso.

—Si funcionas te subo quinientas más. Como contigo no tengo que pagar seguro…

—¿Cuantas horas?

—La tarde y la noche. Hasta que se cierra.

Entendió que los horarios no existían.

—Te doy un día entero todo tuyo, para que no aparezcas ni en pintura. Ya sabes, seriedad, y tiento. Como rompas un vaso lo pagas…

Lo dijo con cierta sonrisa, sin intención de hacerlo cumplir. Al menos eso fue lo que interpretó. El trabajo le permitía levantarse tarde, comer algo en el bar y servir a un público variopinto donde se mezclaban payeses que venían a hacer gestiones en la capital de la isla y extranjeros vestidos con aire estrafalario o por lo menos distinto a los españoles. También entró una pareja de la guardia civil a quienes el encargado debía conocer porque se trataron con familiaridad. Tanta que una extranjera se dirigió al encargado dada su atención hacia el gorro de los guardias y quería comprobar con sus manos de qué material estaba hecho. A tanto no debía alcanzar la confianza y la turista tuvo que conformarse con explicaciones verbales.

Se le hicieron duros los tres primeros días, pero como el primero de mes estaba cerca, el encargado del bar le pagó la parte proporcional, y eso le quitó parte de sus dudas.

«No rompí ni un vaso», le dice con retintín. El responsable del establecimiento añade un:

—… Todavía.

Se rieron con sorna. Supo que estaba casado y tenía dos hijos, no era de Ibiza, había conocido a su mujer en Valencia, ella trabajaba de administrativa en el ayuntamiento, la madre de la mujer vivía con ellos y se encargaba de los pequeños. El jefe le contó esta historia después de que dos hombres jóvenes, uno venía de Andalucía y el otro era extranjero, parece que holandés, invitaron a una fiesta que coincidía con su día libre. Y de no haberlo sido habría pedido cambiarlo.

Albergaba ciertas dudas. ¿Por qué tenía que escudarse en que era casado y vivía con la familia de la mujer? A él no le interesaba la existencia del encargado. También le dijo que el bar perteneció a una tía de su esposa, que se encargó durante cinco años de trabajar como asalariado, pero ahora que el tío había muerto tramitaban los papeles del traspaso para ponerlo a nombre de su mujer.

Le recogieron a las siete de la tarde, cuando era pleno día. Se vistió con una muda, un vaquero blanco y un polo verde. El andaluz conducía un Mini de color rojo, donde el holandés tuvo que colocar las piernas casi en horizontal en el asiento trasero. Era la primera vez que se subía a uno de aquellos coches, tan bajos que iban pisando el suelo, con el miedo en el cuerpo cada vez que cruzaban con un camión de reparto, en el corto viaje que les condujo a una casa desde la que se veía a lo lejos el mar, pero no la playa. Estaba a unos cinco o seis kilómetros de la ciudad, en una zona donde había huertos y gallinas. Una vivienda aislada con la apariencia de una vulgar vivienda de agricultores. Al entrar comprobó que la totalidad del suelo estaba cubierto por telas estampadas de colores. El andaluz contó que las habían traído de la India. Cuando llegaron no había nadie dentro. Tendría cerca de cuarenta, era de Cádiz y le dijo que se dedicaba a arreglar casas que se pintaban para alquilarlas o venderlas a extranjeros. De eso conocía al holandés, que debía tener más de treinta. Chapurreaba el español; mezclando con alguna palabra en inglés, y con la ayuda de su compañero, pudo enterarse que acababa de llegar de la isla de Wight y lo contaba con orgullo.

«¿Sabes lo de Dylan?», añadió como si conocerlo fuera obligatorio.

Cuando ya era de noche llegaron tres personas más, dos muchachas jóvenes, una morena y con el pelo recogido que vestía unos pantalones extremadamente anchos en la parte inferior, y otra muy rubia, con un tipo de su edad de cierta apostura. Se enteró que eran alemanes y residían en una casa de pueblo alquilada. Dudó antes de tomar el cigarro que querían compartir los recién llegados: su aroma era atrayente. Con desconfianza lo aspiró con poca fuerza.

Las chicas empezaron a aceptar las bebidas. Cuando acabó el disco de Jimi Hendrix, dieron la vuelta a la otra cara, y el andaluz se quitó la camisa.

«¡Momento de ponerse cómodo!». Debió ser el único en entender sus palabras, pero los demás se fijaron en sus gestos. La chica morena hizo lo propio. No llevaba sujetador. Se acercó al chico que las había traído y le empezó a tocar el torso y más tarde se besaron. La rubia tampoco tuvo dudas y en un momento se despojó de casi toda la ropa.

—Deja que fluya con naturalidad, sin prisas. ¿Nunca has hecho…?

No le iba a contar su vida. Temió parecer un pazguato, un ingenuo o un muchacho inocente. Pero aquello era más de lo que había imaginado. Cuando se levantó a cambiar el disco para poner una música de fondo de jazz que a nadie debía importar a quien correspondía, se fijó en una chica que intentaba poner su cabeza en la entrepierna del alemán. La otra se acercó y le besó en los labios, mientras se dejaba tocar y él respondió pasando las manos por su espalda. Para su sorpresa, a los pies de ellos, los cuerpos del andaluz y el holandés aparecían entrelazados mientras se empezaban a besar con la lengua.

Le produjo incomodidad pero no supo qué hacer. Ellos siguieron bebiendo y fumando; él se limitó a mojar los labios y cuando le tocó el turno del cigarro que olía tan bien sus nuevas caladas fueron vacilantes. Aquella muchacha le aflojó el cinturón del vaquero blanco hasta que le cayó hasta las rodillas y empezó a hurgar en su calzoncillo hasta bajárselo. Luego sintió la mano de ella, mientras se besaban en la oscuridad.

No sabía cómo ellas o el acompañante se llamaban. Si lo hubiera contado a su amigo puede que no le creyera; tampoco se lo diría al encargado del bar. Ni palabra a nadie.

Tanía sus ojos puestos en los de la alemana, que volvió a acercar su cuerpo al suyo, y le tocó los hombros, el pecho y el brazo. De pronto sintió el roce de una mano tras él, girando levemente la cabeza. Los dedos buscaban la parte trasera de su cuerpo. Era el andaluz que intentaba compartir a

Antonio con la chica morena. Le resultó desagradable el intento de toquetear su trasero con delectación. Se movió con tensión, hasta provocar una risita que los demás no percibieron, mientras ponía sus labios cerca de su oído.

—¿Nunca probaste…?

Se sintió mal. Pretextó que iba a vomitar. «No lo vayas a hacer encima». Se puso la ropa y pidió que le abrieran el candado para devolver fuera, en el exterior, en pleno campo, sin manchar a ninguno… El andaluz a duras penas, desnudo, excepto con unas zapatillas blancas de tenis y muy a regañadientes, le franqueó la puerta, para cerrarla al salir con un portazo, no fuera que se colara algún intruso.

No miró atrás. A duras penas trató de encontrar la ruta guiándose por luces lejanas, entre ladridos de perros. Se arrastró como pudo hasta ver a lo lejos las luces de la ciudad, andando como un poseso o un estúpido. Tardó horas en hacer el camino, hasta el centro y el callejón de la pensión, sudaba y cuando pudo ver sus pies a la luz de una farola comprobó que estaban sucios de barro. Su aspecto debía ser lamentable. Temió encontrarse con una patrulla de la guardia civil, y tener que dar explicaciones sobre algo que apenas conocía.

Una vez que se echó en la cama, el cansancio de las piernas y el cuerpo le pidió dormir sin despertador. Debía combatir con sus pensamientos: las dudas le comieron antes de caer como un péndulo inerme. Ignoraba cuál iba a ser su lugar en el mundo.

Las demandas de formación/información sobre contenidos que afectaban a la sexualidad no eran fáciles de conseguir por vías normalizadas. Veamos tipos de inquietudes-preguntas que en condiciones normales no siempre eran respondidas por la madre, la hermana mayor o la tía. En primera instancia canalizadas hacia el confesor:

- «Mi marido quiere mantener sexo conmigo pese a saber que estoy embarazada, ¿qué debo hacer? ¿Afectará al feto?».

- «Tenemos ya cuatro hijos y mi esposo no desea tener más, me propone que nos masturbemos mutuamente ¿debo aceptarlo?».
- «He cumplido los sesenta, tenemos tres nietos, mi esposo me saca ocho años de edad. Él desea seguir teniendo sexo, ¿he de acceder por mandato del débito conyugal?».
- «¿Hay riesgo de que quede otra vez embarazada si mi marido se retira a tiempo eyaculando fuera?».

Aparecían circunstancias dignas de reseñar:

a. El reducido número de mujeres dentro de ciertas disciplinas.
b. La mujer era quien solía acudir a la consulta, incluso en casos de fertilidad. Raramente lo hacía un hombre; apenas era contemplada la infertilidad masculina.
c. Con profesionales formados en centros universitarios donde en caso de conflicto los criterios morales-religiosos desplazaban a los científicos.

El problema habría de surgir cuando mediados los sesenta aparecía una intensa revisión de conceptos, y el debate se trasladaba a la Iglesia postconciliar. Hasta principios del XX el anticonceptivo más conocido era el preservativo, con orígenes en la noche de los tiempos. Pero seguía prohibido por la Iglesia, que solo admitía el método Ogino, aceptado por Pío XII. En el periodo de entreguerras se habían realizado investigaciones en torno al bloqueo hormonal que en los treinta daban lugar de forma experimental a primeros trabajos en laboratorio sobre andrógenos, estrógenos o progesterona capaces de inhibir la ovulación. Eran costosos y socialmente había un clima contrario a su investigación. Entre 1939 y 1944 un químico de la Universidad de Pensilvania experimentó para sintetizar sustancias vegetales que pudieran dar lugar a esos efectos, pero tampoco se logró el interés comercial de compañías farmacéuticas, universidades y gobiernos.

Su utilidad estaba entonces asociada a tratamientos en los que se producían menstruaciones que causaran gran dolor. El papa Pacelli en principio no había condenado el empleo de fármacos para regular la concepción en casos estrictamente terapéuticos; nunca como métodos anticonceptivos regulares.

El debate estalló con fuerza en la mitad de los sesenta con el lanzamiento de la «píldora» que generó discusión en Occidente. En España alcanzaron enorme eco las condenas a su uso. Sin embargo, el Concilio Vaticano II había favorecido el pluralismo dentro de la institución y este debate caló también en sectores eclesiales cada vez más enfrentados. De esas tensiones fue expresión la comunicación del Arzobispado de Madrid de 17 de enero de 1968 en la que se salía al paso de opiniones y filtraciones de expertos: «[Trabajos] encomendados por el papa a una comisión internacional de expertos, de los que cuatro autores acaban de traducirlos y divulgarlos en lengua castellana sin autorización de la jerarquía eclesiástica competente». La advertencia del ordinario recordaba:

> A fin de que la conciencia de nuestros fieles no padezca desorientación alguna por esas campañas, este Arzobispado se ve en la necesidad de recordar una vez más que el romano Pontífice consciente de las gravísimas secuelas de orden personal y social que entraña el uso de los referidos métodos, se ha reservado para sí, el juicio definitivo sobre su moralidad. No ha escatimado ningún esfuerzo por escuchar a cuantos por su sabiduría y experiencia podían aconsejarle en tan difícil materia antes de pronunciar su dictamen. Pero, mientras este no se produzca y haga público, todos los hijos de la Iglesia siguen obligados a prescindir de dichos métodos, de conformidad con las normas vigentes, dadas por su Santidad, Pio XII.

Faltaban pocos meses para que el 25 de julio Pablo VI publicara la carta-encíclica *Humane vitae*:

> [...] Hay que excluir [...] como el Magisterio de la Iglesia ha declarado muchas veces, la esterilización directa, perpetua o temporal, tanto del hombre como de la mujer; queda además

> excluida toda acción, que o en previsión del acto conyugal, o en su realización o en el desarrollo de sus consecuencias naturales, se proponga como fin o como medio, hacer imposible la procreación [...].
>
> Tampoco se puede invocar con razones válidas, para justificar los actos conyugales intencionadamente infecundos, el mal menor o el hecho de que tales actos constituirán un todo con los actos fecundos anteriores o que seguirán después, y que por tanto compartirán la única bondad moral [...] No es lícito, ni aún por razones gravísimas, hacer el mal para conseguir e bien [...].

Grupos de cristianos progresistas sostuvieron que los anovulatorios reguladores de la menstruación quedaban al margen de la condena de la encíclica. Este debate tuvo pocas posibilidades de realizarse en España, y menos a la luz pública o en espacios de ámbito generalista. No parecía extraño que en 1973 la convocatoria de reunión en Granada de la Sociedad Española para el Estudio de la Esterilidad y la Sociedad de Ginecología Española en la que esperaba debatir un informe para pedir el control de la fertilidad y la educación sexual en las escuelas, fuera prohibida por el Ministerio de la Gobernación.

En ese momento, pese a su ilegalidad, los fármacos se podían conseguir:

a. En farmacias bajo el pretexto de medicamentos para evitar dolorosas menstruaciones.
b. Adquiridos en el extranjero.
c. A través del mercado clandestino.

Hubo que esperar meses después de la muerte de Franco para que se despenalizara la información sobre anticonceptivos, y el 7 de octubre de 1978 la venta de forma legal. La «píldora» se vendía en Francia desde 1967 y en Italia desde 1971. Su uso desplazaba al preservativo, pese no protegía contra enfermedades de transmisión sexual; ciclo que volvió a retomarse en la mitad de los ochenta con la preocupación por el VIH.

UNA MORAL DE SITUACIÓN

Al viejo esquema de la doble moral de antaño en la que se desenvolvían las élites con mayor poder económico, se unían en los setenta otras modalidades de tono diferente por parte de sectores más amplios. Con un discurso paralelo de aparente aceptación social de unas normas impuestas y que se decían inamovibles, especialmente en materia de moralidad.

Pero a la vez en la esfera privada se asumían contenidos entonces excluidos como venía a ocurrir con los anticonceptivos, en fase creciente de uso, aunque se consiguieran por vía clandestina.

De la misma manera, en los estilos de vida se adquirían hábitos denostados públicamente, pero sin embargo, adoptados bajo la influencia del grupo; en una época en la que se empezaba a poner de moda lo «prohibido»: consumir cannabis, practicar sexo o traer desde Andorra escondida en el maletero una muñeca hinchable. Esa fase de la *transgresión* llevaba en las salidas al exterior a buscar aquello que en España no se permitía. La evidencia fueron los cines de Biarritz y especialmente de Perpiñán, donde en buena parte de las sesiones se agolpaban personas procedentes de España, para ver películas prohibidas como *Viridiana*, *El gran dictador* o *La guerre est finie*, pero fundamentalmente *Emmanuelle* y *El último tango en París*. Chocante el dato de una ciudad con algo más de 100.000 habitantes como los que entonces tenía Perpiñán, donde la versión subtitulada en castellano de la película de Bertolucci vendió 120.000 entradas.

La supervivencia de una censura, y la pugna cada vez más evidente dentro del poder entre un sector inmovilista y otro abierto a reformas, bajo la presión de la oposición democrática, y la tierra de nadie que se abría a los pies con un Franco en permanente crisis de salud y una abrupta despedida entre penas de muerte y marchas verdes, en el lustro 1970-1975 hizo explotar las contradicciones.

Historia de la frivolidad (1967): Ibáñez Serrador alcanzó notoriedad por su especial, camuflado en torno al erotismo.

Los controles obligaron a generar un lenguaje de lo insinuado, a veces era más erótico que de haber sido explícito. Este tratamiento lo entendió a la perfección Narciso Ibáñez Serrador con *La residencia* (1969), enorme éxito en la época, donde se sugería erotismo, sexualidad, lesbianismo y sadismo, sin necesidad de ser representado; pero que producía un efecto turbador. La habilidad de «Chicho» por sortear los estrechos renglones de la censura le permitió criticarla a través de un vehículo festivo, histriónico y sarcástico concebido para la exportación, como fue *Historia de la frivolidad* (1967).

Indirectamente, su génesis retrataba las disputas y diferencias de matiz dentro del franquismo. El director general de RTVE, Aparicio Bernal, hizo suya la política de Fraga y García Escudero en el cine: buscar contenidos presentables en el exterior, sin renunciar a la censura en el interior. Desde ese criterio se pensó en una producción para el festival internacional de Montecarlo, que se titularía «Historia de la censura», sobre guion de Jaime de Armiñan, donde bajo un relato de simpática comedia festiva se hablara de los problemas que desde los orígenes de la humanidad había tenido el erotismo. Pero el contenido tropezó precisamente con la censura, el censor-jefe de TVE amenazó con dimitir si se rodaba y difundía. Tras un tira y afloja y distintos cambios, entre ellos el de su título que pasó a ser *Historia de la frivolidad* en vez de «Historia de la censura», se presentó oficialmente al Festival de Montecarlo.

Pero como parecía evidente el interés del Régimen por mostrar una imagen exterior de apertura y liberalidad, el certamen exigió que previamente se emitiera en España antes de admitirlo. Por peculiar que pueda parecer se ofreció de forma casi clandestina, tras acabar la programación del día, en un inusitado horario de madrugada, en tiempos en los que los programas de televisión acababan poco después de la medianoche, y se hizo después de un espacio religioso y de la emisión del himno nacional. La mano de Juan José Rosón a la sazón secretario general de TVE y años más tarde ministro de Interior con Adolfo Suarez, como habría de hacer en 1968 con el *La, la, la,* se movió en la promoción exterior del programa de cara a ese festival. Luego, cuando se llevó el más importante premio volvió a ofrecerse pero en un horario «normal»; hasta ser reconocido como título referencial para la televisión pública de la época.

Nudismo y escándalo público

«Nota de la Dirección General de Seguridad.

En el día de ayer, 22 de Julio de 1958 en el paraje situado junto a la playa de Los Pengales en la provincia de Tarragona, fueron sorprendidas en actitud indecorosa un grupo de individuos de diversas nacionalidades, también la española. Personas que residen en la localidad de San Miguel y en masías de los alrededores, avisaron al cuartel de la guardia civil para reclamar la urgente actuación de la Benemérita.

Tras las pesquisas correspondientes la autoridad gubernativa se personó en el citado paraje sorprendiendo a una veintena de sujetos de ambos sexos en desvergonzado desnudismo en los alrededores de la playa, lo que constituye un atentado a la moralidad pública y al buen gusto de los españoles. Los individuos extranjeros descubiertos en tan indecorosa actividad, de nacionalidad francesa, belga y alemana, fueron expulsados inmediatamente de territorio nacional. Mientras los de nacionalidad española serán sancionados por la autoridad correspondiente con penas de arresto y multa».

Publicamos esta circular con el natural sentido de la indignación ante tamaños hechos practicados con descaro amparándose en la llegada de turistas a nuestras tierras. Bienvenida sea la presencia de extranjeros; pero ello no les da derecho a intentar imponer el mal gusto, la inmoralidad y las decadentes e indecorosas prácticas de exhibicionismo.

Es necesario denunciar que la relajación de costumbres y la tolerancia ante modos y vestimentas extrañas a nuestro ser tradicional, no puede ser realizada con impunidad ni de forma pasiva en la defensa de las tradiciones y los valores de nuestra Patria.

En anteriores ediciones este periódico se ha hecho eco de las campañas frente a la adopción de modas atentatorias contra el buen gusto habitual entre los españoles. Recibir con brazos abiertos a quienes llegan para descubrir nuestros preciosos paisajes, disfrutar de la gastronomía, recorrer las catedrales y lugares de culto, pasear por los encantadores conjuntos, pueblos y villas, no debe llevarse a cabo atentando contra nuestra honestidad y costumbres. Todavía más el escándalo de quienes aún en lugares recónditos, playas escondidas, piscinas o urbanizaciones privadas practican el desnudismo, aunque sea en una intimidad que siempre acaba por ser compartida. Aún mayor gravedad alcanza la protagonizada por españoles que seducidos por el placer y la copia de modas extranjerizantes desacreditadas en sus países de origen, se aprovechan de la ligereza de costumbres, imitando conductas inapropiadas de individuos foráneos carentes de moralidad.

Puestos al habla con vecinos de las tierras de labor circundantes al paraje donde fueron sorprendidos dichos sujetos en exhibición desnudista expresaron su unánime apoyo y reconocimiento a la autoridad gubernativa, respaldando entusiásticamente la nota del Gobierno Civil donde se expresa la rotunda voluntad del poder público para atajar de raíz ese mal que nos acecha. Instamos al repudio social contra este tipo de actos que merecen por su impudor la descalificación de los respetuosos ciudadanos que consideran la protección de su moralidad una virtud irrenunciable.

A su vez, la parroquia organiza una catequesis de formación para prevenir los males del turismo. La actividad está preferentemente dirigida hacia jóvenes de ambos sexos, y a padres de familia, para advertirles sobre la necesidad de un mayor control sobre esas tendencias. Instando a la condena de las modas desnudistas atentatorias contra la dignidad de las mujeres.

Diario Regional. Sección de Noticias Provinciales

Imaginemos cómo podían ser Benidorm, Marbella, Torremolinos, Calpe, Matalascañas, Llanes, Salou, Peñíscola o Motril antes del fenómeno turístico, o La Manga del Mar Menor, sin una sola construcción ni carretera. También las islas de Ibiza o Formentera donde apenas llegaba la luz eléctrica.

En la posguerra, la playa o la piscina fueron puntos de obsesión por razones de moralidad, con un estricto control sobre la medida de la ropa de baño, así como de la movilidad dentro de un espacio considerado sospechoso, en el que la tentación anidaba. Una obligación de aquella época parece chocante: la de cambiarse y vestirse en la misma playa, aunque se llevara puesto el bañador previamente. Las casetas de baño eran imprescindibles. La fiscalización afectaba a su estricto control: estaba prohibido que pudieran ser utilizadas por dos personas aunque se tratara de un matrimonio. Bajo el temor a que con el cambio de ropa acechara lo pecaminoso.

Las órdenes de los gobiernos civiles no se recataban en mencionar la «moral cristiana» como eje de su acción. Lo que se denominaba *desnudismo* se quería enfrentar al cristianismo. Escribe Luis Araujo-Costa en 1944: «El desnudismo se opone al cristianismo y la civilización moral lo condena, y el buen sentido y la tradición se pronuncia en contra suya».[128]

Estrictas normas de moralidad rigieron en piscinas y playas. El perfil de usuarios no tenía que ver con el actual. Era raro encontrar en una piscina tanto a mujeres casadas como a hombres de cierta edad: el pudor impedía presentarse ante los demás en recatado traje de baño. La piscina era un espacio de uso veraniego para jóvenes, por cuanto no se conocían, o eran escasas y minoritarias las cubiertas, utilizadas en otras épocas del año, dependientes de ámbitos deportivos y sindicales, o pertenecientes a clubes privados.

La perspectiva empezó a cambiar alrededor de 1950 cuando volvían a restablecerse lazos con el mundo exterior, y gota

---

128 *ABC*, Madrid. 27-VIII-1944.

a gota llegaban militares americanos y el Régimen buscaba salir del aislamiento tras el boicot de la ONU de 1946. Ese mismo año, Santander acogía a un primer contingente de estudiantes extranjeros, principalmente europeos, en lo que constituyó el prólogo de la futura universidad de verano. La aparición de los visitantes creó inquietud ante la situación en la playa del Sardinero, pues bastantes muchachas se ponían el «dos piezas», prohibido en las playas españolas. La única solución: habilitar o acotar una playa en La Magdalena, exclusiva para estudiantes. En 1958 el Congreso Nacional de la Familia había impulsado la creación de playas bajo fórmulas de arriendo bien en una parte o en su integridad, para ser configuradas como espacios controlados por entidades apostólicas como Acción Católica o Padres de Familia para «tutelar y fomentar las sanas costumbres y la moralidad». Por fortuna, España ha mantenido que sus playas sean de uso público, pese a los intentos de delimitar espacios de carácter privado para preservar la moralidad.

Las peticiones de jerarquías católicas y sacerdotes a la par que la convocatoria de los Congresos Nacionales de la Decencia en Playas, Piscinas y Riberas de Ríos, dio lugar a un estricto código de vestimenta emitido por el Ministerio de la Gobernación en 1951 y que hasta finales de esa década cada verano era recordado por cada gobierno civil.

> Tales normas prohíben rigurosamente:
>
> 1. El uso de prendas de baño que resulten indecorosas, como las llamadas de «dos piezas» para las mujeres y los «slips» para hombres. Aquellas deberá llevar cubiertos el pecho y la espalda y usar faldillas, y estos pantalones de deporte.
> 2. La permanencia en la playa en traje de baño indecoroso y en clubs, bares, restaurantes y establecimientos análogos, bailes, excursiones, embarcaciones, y en general fuera de la playa en traje de baño, ya que este tiene el empleo adecuado dentro de ella y no puede consentirse más allá de su verdadero sentido.
> 3. Que hombres o mujeres se desnuden o vistan en la playa, fuera de la caseta cerrada para cambiar el traje de calle por el de baño y viceversa.

4. Cualquier manifestación de desnudismo o de incorrección en el mismo aspecto que pugne con la honestidad y el buen gusto tradicionales entre los españoles.
4. Los baños de sol fuera de los solarios. Estos habrán de estar tapados del exterior y con la debida separación de sexos, siendo imprescindible el uso dentro de ellos de las prendas de baño permitidas. Tanto a la entrada como a la salida del solario será necesario el uso de albornoz.
6. Y, en general, cualquier extralimitación que con motivo de baños o mal entendidas prácticas higiénicas puedan menoscabar el decoro público o atacar la raigambre moral del país.[129]

Vestir con prendas ajenas al estricto código representaba un quebradero de cabeza para las autoridades. Diversos documentos eclesiásticos denominaban «nudismo» o «desnudismo» a vestir ropas más ligeras que los bañadores y los largos albornoces que se exigían en las playas.

Comenta Ismael Rodrigo, presidente de ADN:[130]

> La «moral pública» era la herramienta por la que se articulaban las discriminaciones de índole moral de una forma legal. Así las circulares del Ministerio de la Gobernación prohibiendo «cualquier manifestación de desnudismo e incorrección en el mismo aspecto, que pugne con la honestidad y el buen juicio tradicionales de los españoles». Llegó a haber playas separadas para hombres y para mujeres, y había ocasiones en las que a ellas se las trasladaba hasta el borde del agua en un carro cerrado.
>
> Los primeros cambios habían llegado por la aparición del turismo extranjero en las playas- y aceleraron los contrastes con las famosas persecuciones a nudistas en playas de Galicia de los ochenta. Una nudista se atrevió a llegar al Supremo y perdió, ya que se mantenía el delito de "escándalo público".
>
> El Supremo en la Sala de lo Criminal se pronunció sobre el nudismo el 2 de mayo de 1984: «El Tribunal declara no haber el recurso de casación, por infracción de ley interpuesto por M.D.A. contra sentencia de la Audiencia que la condenó como autora de un delito consumado de "escándalo público" del artículo 431 del Código Penal a la pena de un mes de arresto mayor y multa de 20.000 pesetas.

129 *La Vanguardia*, Barcelona, 5-VIII-1959. Pág. 15.

130 Asociación de Desarrollo Naturista de España, integrada en la en la correspondiente Federación Internacional.

> Aquella sentencia del Tribunal Supremo mostró la necesidad de reformar el Código Penal aboliendo el delito de «escándalo público». Presentándose finalmente una proposición de ley en marzo de 1987, en la que se calificaba de «radicalmente incompatible» con un orden democrático y pluralista como el que la Constitución consagra como mandato del legislador. Incluso en el Boletín de las Cortes se habló del «escándalo de la sentencia del escándalo público», pero la responsabilidad última del mismo se encuentra en la propia ley [...]. El Código ha protegido desde entonces con la pena de un delito determinada concepción de la moral, que entre nosotros no ha aparecido más que como moral sexual [...].Las penas servían para el vivir pacífico de los españoles y la eficaz sanción de la ley para los que se aparten de las reglas de la moralidad y rectitud, que son norma de toda sociedad, iluminada en la marcha a través de la historia por los reparadores principios del cristianismo y el sentido católico de la vida». El mantenimiento como delito del «escándalo público» parecía incompatible con un orden democrático y pluralista como el que ofrecía la Constitución. La reforma fue aprobada por unanimidad.[131]

El miedo al cuerpo había llevado nada más terminada la guerra a que responsables políticos impusieran restricciones como la del gobierno civil de La Coruña recordando que los niños desde dos años estaban obligados a llevar albornoz en las playas. La conversión del cuerpo en tabú provocaba pasar de la naturalidad a una lectura en clave de morbosidad, bajo una sexualización inexistente en el origen. Un temor que forzaba a tapar el seno de las madres cuando amamantaban en público, oponer resistencia a descubrirse ante una consulta médica o al ser tallado para cumplir el servicio militar.

El repetido uso de la palabra «pudor» impuso códigos de vestir tan significados como los «pololos» imprescindibles en los coros y danzas de la Sección Femenina, para que no se adivinaran las piernas femeninas, al igual que las mallas debajo de las faldas de las bailarinas de espectáculos musicales.

Frente a la asociación cuerpo-erotismo y cuerpo-sexo en 1975 desde Estados Unidos, el escritor Ramón J. Sender publicaba un jocoso artículo titulado «Sobre la desnudez»:

---

131 Testimonio personal, 2020.

El bikini o «dos piezas», una de aquellas prendas ajenas al estricto código de vestimenta, que pudo verse en las playas del Benidorm de los años sesenta.

> [...] Cerca de donde yo vivo hay unas playas donde la gente se baña completamente desnudo. Las autoridades se limitan a poner indicaciones en las carreteras, de modo que los que no gusten del nudismo no sean desagradablemente sorprendidos. Yo no he ido por varias razones, la primera porque ya he estado más de una vez en campos nudistas —en Francia y en Alemania, accidentalmente, es decir, no a propósito. La primera en Francia, con otros amigos, huyendo de una tormenta y aguacero [...].

Buscando un refugio les advirtieron que era un «campo nudista». Sender cuenta que con ellos venían tres muchachas «a las que no les importaba, decían no tener prejuicios». Al entrar en el recinto encontraron a gentes de todos los perfiles y edades. Escribe el autor de *Crónica del alba*: «[...] Lo primero que me impresionó es que no me impresionaba el desnudo lo más mínimo [...] No se admitía la menor sombra de timidez en los adultos ni en los niños, ni el menor asomo de coquetería en las muchachas». Todo era natural y honesto [...]. Aunque reconoce que "en el desnudo humano, en todas las cosas de la naturaleza, la belleza no es lo más frecuente [...]».

> [...] Ya se sabe que el verdadero sentido de la palabra obsceno no se refiere al sexo, sino en general a cualquier clase de sorpresa escandalosa. Por ejemplo, el precio excesivo de algo, el calor sofocante o las alteraciones en la Bolsa de valores [...].[132]

El término fue utilizado repetidamente en otra época para referirse a situaciones, productos, obras o costumbres. Junto a otro como el de *inverecundo*, hoy muy poco usado en el lenguaje cotidiano o en los medios de comunicación. Antes se repetía de forma continua, especialmente en documentos, cartas y declaraciones de altos representantes de la Iglesia española, aplicado a conceptos como *modas, costumbres, obras, publicaciones...* a las que se les solía añadir el calificativo de *inverecundas*.

132 *ABC*, Madrid. 28-IX-1975.

La oculta pederastia

—Me permite, padre…

—Claro, hijo. ¿Te vas a confesar? Arrodíllate… Abro un poco más la mirilla para que puedas oírme mejor… Bien. En el nombre del Padre, del Hijo y del Espíritu Santo. ¿Cuánto tiempo llevas sin confesar?

—Dos semanas…más o menos.

—Dime de qué te arrepientes…

—Mis pecados… Copié en clase, y mentí cuando dije que había estado preparando el trabajo del colegio. En realidad fue mi tío quien lo realizó porque se lo pedí…

—No se debe mentir.

—También quiero arrepentirme que robé…

—Dinero…

—Si… Me dan quince pesetas a la semana para gastar en tebeos, en historietas o en cromos para el álbum…

—Una lectura muy banal…

—… Pero colgado en el kiosco tenían lo nuevo de *El Jabato*, y al llegar a la hora de comer vi sobre el aparador el monedero de mi madre. Cuando no estaba presente lo abrí: había billetes y monedas. Quité diez pesetas. A la vuelta al colegio las gasté en dos tebeos, y los guardé en la cartera para que nadie de la clase los viera.

—Está mal… ¿Es sincero tu arrepentimiento? Recuerda que el examen de conciencia es anterior al acto de contrición…

—Me consta.

—¿Algo más de lo que te arrepientas?

—Quizás... Acusé a mi hermano el mayor de robar las diez pesetas cuando nuestra madre las echó en falta...Le han castigado.

—Muy mal. ¿No volverás a hacerlo?

—No.

—¿No recuerdas otros pecados...?

—No sé qué decir, padre...

—A ver... ¿has cometido actos impuros?

—Perdone, apenas puedo escuchar su voz...

—Esto es un secreto que queda entre Dios y nosotros, que nadie más debe saber... ¿te tocas?

—Es que no se...

— Se puede pecar de palabra o de obra, pero también de pensamiento... ¿tuviste deseos impuros...?

—Quizás, padre...

—Pensaste en cuerpos de mujeres... En las fotos que ponen en las carteleras de los cines, incitando al pecado...

—Es posible.

—¿Has deseado a alguien...?

—No sé qué quiere decir...

—No me has dicho si te tocas...

—Si.

—¿Cómo te tocas...? ¿te aumenta de tamaño...?

—A veces...

—Puede ser pecado... ¿Se pone grande...?

—Si.

—Se ve que lo has hecho... ¿Cómo tienes tus partes?... ¿te ha crecido vello...? Como a los demás chicos... Los signos de la pubertad. No me dices nada... ¿Por qué callas?

—... Perdone...

—¿Te ha tocado alguien...? ¿Has frotado tu cuerpo con otra persona...? Recuerda la virtud de la castidad que nos protege contra las tentaciones y los peligros. Para ser virtuoso es preciso ser casto... Cumplir el mandamiento: «No cometerás actos impuros'»

—Sí, padre...

—Claro que te tocas...Lo estás diciendo con tu silencio...Y mucho peor si desperdicias esa semilla de la vida que la ofrece Dios para el momento oportuno... Ha ocurrido, ¿claro...?

—Es que...

—Sé sincero, y cuenta cómo te tocas... porque sé que te tocas. Dime cómo lo haces... ¿Solo o con alguien? ¿En el lavabo o en la cama...? ¿En quién piensas...? ¿miras revistas o fotos tan perniciosas para la moral...?

—No sé...

—Tu silencio significa un reconocimiento. ¿Ando acertado?... Debes hacer acto de contrición... ¿Dispuesto?

—Claro...

—Piénsalo bien, y la próxima que vengas a confesarte dime con detalles en qué cosas has pensado...Por si el demonio vuelve a asaltarte de nuevo y te tocas más veces... Ahora en penitencia rezas un rosario y dices una jaculatoria, pensando: «No cometeré actos impuros».

— Por supuesto.

—Tenlo presente por si te vuelve la necesidad de darte gusto... Porque te das gusto, claro...

—A veces.

—Cuidado con esas manos...Hay cosas que debes esperar para cuando te cases...Aunque no siempre es fácil resistir la tentación de tocarte haciendo que despierte la tentación y el mal...

—¿Qué le pasa, padre?

—No es nada.

—¿Se encuentra usted bien...?

—Anda, y cumple con la penitencia. En el nombre de Dios yo te absuelvo del pecado.

El Régimen había creado Auxilio Social como obra dedicada a atender a respuestas inmediatas ante el desamparo de capas de población. Entre ellas la infancia. El concepto general de atención a ese grupo tenía en sus objetivos poco que ver con los de una sociedad democrática. En aquella época contemplaba prioritariamente la «formación en el ideario nacional sindicalista». Una parte de esa custodia se otorgó, como en el Patronato de Protección de la Mujer, a órdenes religiosas que aplicaban un componente redentor-misioneista, con el inconveniente de que, en su mayoría, carecían de plan, objetivo pedagógico y educativo para favorecer su futura inserción. Muchos internos aparecían como «hijos del pecado», pertenecientes a familias pobres o desestructuradas. En algunos casos explotados en lo que podría constituir, en términos actuales, un uso de mano de obra infantil, en un tiempo en el que los menores llegaban a trabajar legalmente. En ciertas situaciones podía anidar el maltrato, el abuso sexual o la pederastia. El problema para las víctimas menores era la casi imposibilidad de denuncia de los hechos. En una sociedad en la que el abuso e incluso la violación se podían volver contra quienes las sufrían.

A lo que habría que añadir colegios e internados, sacristías y actividades confesionales y de ocio encomendadas a personas con votos de castidad. La denuncia era más difícil ante la existencia de un profundo muro de silencio que cobijaba al abusador o al depredador sexual en el tupido tejido de la institución. La palabra del niño o de la niña tendría poco recorrido ante su acusación, que podría hacerle todavía más vulnerable y señalarlo. El causante, el agresor sexual o el corruptor —aún conocida su tendencia— sería traslado de un centro a otro, sin ser denunciado el caso como delito, lo que realmente constituía. El pecado del pederasta podía ser perdonado al agresor en confesión aunque se trataba de un verdadero delito; pero de nada le valdría a una víctima condenada a asumir durante el resto de su vida un abuso o una violación incapaz de prescribir en su mente.

Aunque hubo muchas situaciones en las que las víctimas eran niñas, también fueron frecuentes con niños y adolescentes. Es difícil cuantificar el número de quienes pudieron sufrir abusos en esas décadas,[133] algunas opiniones lo evalúan en cerca de 100.000 víctimas. Describamos situaciones que se repetían con variantes:

133 Según un informe del Sindic de Catalunya de 2020 «solo un 10 % de los casos de pederastia en instituciones religiosas han llegado a ser denunciados».

A.- Muchacha de quince años residente en un pueblo de Castilla, que desde niña ha venido asistiendo a las labores de sacristía y catequesis, con presencia constante en oficios y celebraciones. Una tarde de verano, al regresar de un encuentro parroquial en un pueblo a unos siete quilómetros de distancia junto a tres compañeras, estas son finalmente recogidas en el pequeño camión del padre de una de las niñas. A. y el padre L. prefieren recorrer el camino andando al atardecer, pues este último quiere contarle cómo van a organizar los cursillos de cristiandad dedicados a jóvenes.

En un recodo del camino antes de cruzar un pequeño puente sobre un vado, el sacerdote se precipita sobre ella, la toca y manosea con intención de besarla. Ella se asusta por lo inesperado del súbito ataque, trata de defenderse después de la sorpresa inicial, pero al tratar de correr se cae y hace una herida en una rodilla. Cuando vuelve a su casa tendrá que explicar que cuando aceleraba el paso para llegar antes de caer el sol el pie le fallo y se hizo daño, siendo acompañada por el padre L. que por ayudarla se manchó de tierra la sotana.

En adelante se negará a ir a la catequesis, sentirá miedo de ir a los oficios religiosos y no volverá a confesarse, pese al estupor que su repentina actitud provoca en su familia. A quien le hubiera gustado poder contar lo ocurrido; pero de haber tenido el valor suficiente le habrían echado la culpa y acusado de lo peor. Años más tarde, confesará a una amiga, que «ya no cree en la palabra de ningún cura». Mientras el padre L. durante los tres años más que está al frente de la parroquia antes de que lo trasladen a otro pueblo, sigue oficiando misa cada domingo y organizando la catequesis y los ejercicios espirituales. A los que A. hace meses que no ha vuelto, pese al malestar que la decisión provoca en sus padres.

G.- Estudia en un colegio de una orden religiosa, y juega al fútbol. Va a pasar a cuarto de Bachillerato con buenas notas. Todavía le quedan años para el Preuniversitario, pero le gustaría ser médico, porque su padre trabaja de celador en el hospital maternal y por eso conoce ese trabajo. El Hermano I. es muy comunicativo, tendrá cerca de los cuarenta, es bajito y lleva gafas de muchas dioptrías. Aunque tienen un profesor de gimnasia que les enseña a jugar al fútbol en el patio, el Hermano está siempre cerca y les apoya cada vez que juegan.

Un domingo, G. choca con un rival de campo y cae al suelo. Tiene un esguince que motiva su retirada al cuarto del botiquín. El Hermano I. pide la llave al bedel que se queda en días de fiesta. Abre el apartado recinto y extrae de un armario un frasco de alcohol y unos algodones que extiende sobre la pierna del muchacho. Cuando han transcurrido unos minutos le deja sobre la camilla y vuelve a asomarse al campo de juego del colegio, ve que los jugadores han acabado y la partida quedó en un 7-3 para las huestes propias. Ya casi se han ido todos los muchachos. Entonces regresa al sombrío recinto del botiquín.

G. tiene todavía dificultades para ponerse de pie. El Hermano I. le dice que le dará nuevas friegas para que en pocos minutos pueda andar por sí mismo. Le obliga a quitarse el pantalón de deporte con cierta reticencia por parte del chico, pasando su mano impregnada de alcohol por su pierna y muslo, tratando suavemente de acariciar sus genitales lo que consigue después de un leve rechazo del alumno. Después le tapa la boca para que no diga nada y se calme, acercando su cabeza para besarlo, con la natural molestia de G. A la vez que el Hermano se levanta las faldas para dejar al descubierto su miembro viril. Mientras susurra: «No es pecado si se hace con cariño».

G. se acordará toda su vida de esa escena, que solo se atreverá a contar a su mujer cuando llevan varios meses de casados. Aún siente asco hacia el sexo y pese a que quiere mucho a su esposa M. es incapaz de disfrutar de forma placentera. Cuando está nervioso o sufre tensiones por cualquier causa siempre vuelve a brotar aquella turbia peripecia que le martiriza desde que era adolescente. Desde la lejanía del tiempo presupone que él pudo ser uno más, no el único, viviendo escenas, que en su momento le generaron nauseas, malestar, insomnio, tensiones con sus padres y dificultad para estudiar. Que en su momento fue incapaz de contar a nadie, ni siquiera a su madre. Le habrían acusado de «marica», nadie le hubiera creído, y si así hubiera sido se preferiría taparlo para no dar lugar a escándalo alguno.

En honor a la verdad situaciones que podríamos calificar de pederastia podían producirse en los más variados espacios sociales, y no solo en los colegios o en los centros religiosos, sino también en los de ocio administrados por seglares. Y especialmente en el ámbito de la familia, provocados por familiares más o menos próximos a las víctimas. El problema, acentuado en aquella época donde cualquier contenido vinculado a la sexualidad aparecía cubierto por capa de misterio y tabú, era la dificilísima denuncia por los menores, con el riesgo de que las víctimas sufrieran marginación y estigmatización.

LOS MENORES RECOGIDOS

Consideración singular en aquella época tenían los llamados Centros de Menores, donde como ocurría en el caso de las mujeres bajo control o tutela, las condiciones no eran las ideales, y bajo planteamientos que no se parecen a las de hoy.

Así lo analiza la catedrática Esperanza Ochaíta:

> Se partía de una tremenda confusión, entre «niños protegidos» y «menores de reforma». Los primeros podían llegar a los centros por haber sufrido malos tratos, ser huérfanos, hijos de padres que no podían mantenerlos por razones económicas, descendientes de madres solteras o de relaciones extraconyugales, con padre desconocido, abandonados...Es decir, verdaderas víctimas que necesitaban ser tuteladas y protegidas. Sin embargo, se les mezclaba con otros que habían llegado a estos establecimientos por coquetear con el delito o ya haber participado en alguno, es decir se trataba de menores de reforma. En instituciones de gran dureza, y métodos de coerción muy fuertes

No había posibilidades de separarlos para ofrecer un tratamiento individualizado en cada caso, porque tampoco existía un plan educativo para facilitar su integración o su inserción social. Era lo mismo que en los antiguos hospicios con niños a los que se otorgaban muy pocos cuidados, y a los que les faltaba algo tan importante como el afecto y la relación afectiva. Con niños maltratados o que habían sufrido grandes rechazos en los centros. Hay imágenes de esa época con pequeños a los que les habían rapado el pelo para evitar el contagio de piojos, pero eso ya suponía una separación y una estigmatización social. Ahora, en cambio, se busca todo lo contrario que entonces, acceder a una familia de acogida separando protección de reforma".

En ese tiempo funcionaba un sistema de acogida de niños y niñas que tenía mucho que ver con las antiguas inclusas. El modelo tenía un prólogo muy consecuente con esa filosofía que empezaba con las solteras embarazadas, de por sí sospechosas. En buena parte de esas situaciones los padres de la embarazada presionaban para que diera su hijo nada más nacer. El mecanismo se regía por un envoltorio aparentemente moral, en una época en la que monjas y sacerdotes tenían constante presencia en las maternidades.

Describamos algunos supuestos:

Fina vive en Alicante y ha quedado embarazada de un joven de su edad, diecisiete años, que no tiene ningún medio de vida. Los padres consiguen antes de que el embarazo pueda ser percibido, trasladar a su hija a Madrid con una tía que ha quedado viuda, quien la acogerá en los meses de residencia en la capital. Cuando va a dar a luz, un médico y una monja intervienen. Sin que la madre tenga capacidad para opinar han encontrado un matrimonio que no puede tener hijos que adoptará al recién nacido. Fina volverá a su casa familiar en Alicante como si aparentemente nada hubiera ocurrido; pese a que con el tiempo será cada vez más consciente de la pérdida de ese hijo...

Inés ha sido engañada por su novio. Al quedarse embarazada él ha desaparecido: se entera que está casado y tiene otros hijos. Cuando se lo cuenta a su madre, esta apoya su decisión de abortar de manera clandestina. Cerca de Barcelona hay una comadrona que los practica. Pero han pasado los meses, y la intervención representa un enorme riesgo para la vida de la madre. Tendrá el hijo, pero nada más ver la luz será entregado, por mediación de una religiosa, a otra familia. Ella no quiere, pero un sacerdote le convencerá de que esa es la mejor alternativa para ella y para su hijo, puesto que carece de recursos para criarlo. Según van pasando los años Inés dedicará su vida a intentar buscar la huella de ese hijo...

Consuelo sufrió una violación de la que ha resultado un embarazo. Su familia no ve otra salida que culminar el proceso del embarazo, y con la ayuda de un médico del hospital desde antes de dar a luz sabe que nunca verá a su hijo, que tras el nacimiento será entregado a otra familia. Sin apenas haberse repuesto del parto ha de firmar un documento que ni siquiera lee en su totalidad donde cede «de forma voluntaria» su hijo para ser adoptado. El médico y la monja-enfermera se congratulan de la «solución» formalmente impecable.

La vulnerabilidad de las madres solteras o que se enfrentaban a embarazos no deseados, bajo el peso de una moral no solo institucional y social sino asumida por el entorno familiar, bajo el miedo al «qué dirán», forzaba a situaciones de desamparo que se traducían en niños adoptados en contra de la voluntad de las madres, y en momentos de especial debilidad física o emocional. En aquella época el hecho de quedar embarazada una joven perteneciente a un colegio o residencia religiosa equivalía de forma automática a su expulsión. En 2020 en España cerca de la mitad de los nacidos lo son fuera del matrimonio, sin que esa situación represente un desdoro desde el punto de vista moral o social; a diferencia de tiempos en que los recién nacidos eran registrados con unas categorías tan discriminatorias como «legítimos» (de matrimonio) o «naturales».

Conflictos dentro del sistema

El día que Arturo conoció a Paula no se trató de una ocasión cualquiera. Fue a la salida de la academia donde prepara la oposición a la Comisaria de Abastecimientos y Transportes. La clase de mecanografía es especialmente dura porque el profesor vestido siempre con bata oscura les hace manejar los dedos sin mirar el teclado, a velocidad de vértigo durante por lo menos una hora. Cuando acaba, toma aire y baja al bar de la vuelta: para compensar la tensión del principio de la tarde, se toma la libertad de esperar a que las dependientas del comercio de telas acaben a las ocho su jornada. Su amigo ocasional conoce a una que viene con otra compañera, Paula, una chica morena con el pelo cardado y que se parece a la Connie Francis de las portadas de sus discos. Los cuatro aprovechan hasta que dan las diez de una tarde de verano; ellas tienen que darse prisa hasta su casa, en un barrio de fachadas de ladrillo visto, donde cada una de las muchachas vive con su familia en una planta distinta.

Los últimos minutos son angustiosos: están fuera de hora; lo más que le permiten a Paula es llegar a las nueve y media. Pese al inconveniente, Arturo ha conseguido el teléfono de la muchacha; es decir del comercio de telas en el que trabajaba. No se lo ha dado ella: debió consultarlo en las páginas comerciales de la guía telefónica. Duda tantas veces antes de hacer la llamada, pero finalmente se decide, utilizando una mentira. La voz femenina que contesta, posiblemente la mujer del dueño del comercio, se cree que es el tío de Paula quien está casualmente por el barrio.

—¿Sabes quién soy? Te dije que mi academia queda cerca de donde trabajas. Puedo acompañarte a casa.

—Mejor es que no...

—Solo será un rato. A las nueve estás en tu casa. No beberemos nada en ningún sitio.

Apuesta porque no tiene nada que perder; el comercio no queda tan lejos de la clase de mecanografía y prueba suerte. La espera a cierta distancia de la tienda. Ve salir antes a otras dos jóvenes entre ellas la conocida de su compañero de clase. Pero evita ir a su encuentro y prefiere no saludarla: no es esta quien le interesa.

Paula se hace la sorprendida.

—¿A qué has venido? ¿Qué quieres?

—Te acompaño paseando hasta tu barrio.

—Eres atrevido. Mejor que no nos vean.

—¿Por qué?

—La gente se interesa si te ven con alguien.

A preguntas de ella, Arturo cuenta lo que hace cada día, sus esperanzas y sus sueños, la meta del puesto de trabajo para el que se viene preparando, y la ilusión de conseguirlo. Por sus propios méritos, y por una recomendación al tribunal de un pariente suyo. Está convencido de que no hace falta dar un toque a nadie, que la plaza será suya y su horizonte despejado. Además ha sido declarado exento del servicio por hijo de viuda sin ningún hermano y no tiene más obligación que cumplir. Ella le habla de sus gustos, las amigas y los novios de sus amigas, del agotador trabajo en la tienda al principio de cada temporada cuando hay que bajar el género al sótano y dejar sitio a las novedades... Eso a Arturo le interesa menos.

Imagina cómo será con zapatos finos y altos no con esos de planta baja que la hacen más pequeña, vestida como un maniquí de los buenos escaparates de moda, y no de la tienda de ropa para señoras mayores en la que trabaja. Sin saber dónde queda la casa de la chica, ella se hace detenerse calles antes.

—Ha sido agradable. Pero se hace tarde.

Le tiende su mano, y él hace lo propio.

—Me gustaría verte, quedar en domingo… Ahora que es verano…

— Mis padres son muy buenos pero exigentes. Deja que nos conozcamos más…

—Para hacerlo posible antes tendríamos que vernos…

Pese a las reticencias, Arturo la sigue encontrando de manera intermitente. Con las naturales cautelas: evitar los parques, no permitir ser vistos de la mano, salir al paso de cualquier intento de sobrepasarse, impedir que le ponga la mano sobre el hombro, la espalda o el trasero… La chica le gusta y sus constantes negativas las afirma sin tensión; señal de que se ve obligada a hacerlas suyas por imposición.

A mediados del XIX habían empezado a expresarse perspectivas teóricas sobre un denominado *amor libre*; término absolutamente en desuso en época contemporánea. Aparecía impregnado de expresiones libertarias bajo la idea de que las instituciones públicas como el estado debían dejar fuera de su ámbito de competencia todo aquello que tuviera que ver con los contenidos sexuales, tales como el matrimonio, el adulterio o el control de la natalidad. Con diferentes derivaciones y recorridos —de la acracia al liberalismo ultra—, la idea tuvo cierta presencia cultural en las primeras décadas del XX.

El concepto emerge en los cincuenta en el mundo occidental con la generación de los *beatniks* y algo más tarde con los *hippies* y el «haz el amor y no la guerra», cuyas lecturas podían dar a complejas interpretaciones y formas derivadas. El último tramo de los sesenta acentuó una distorsión social. Se mantenía el control sobre la moralidad pública de tiempos precedentes, pero se ponían de moda estilos que ofrecían nuevas utopías. Su proyección sobre la sociedad española, y especialmente los más jóvenes de sectores urbanos y la clase media y media-baja fue contradictoria. Por una parte se filtraba un aparente cosmopolitismo, que llamaba a la puerta de escenarios españoles al hilo de la llegada del turismo. Mientras el discurso vertical de la dictadura aunque se hubieran transformado relativamente las formas, se mantenía. A la vez que una parte trataba de implicar al cuerpo social en la acción para acabar con la dictadura, otro mensaje blandía el hedonismo y la *no acción*. Cualquiera de las respuestas hubiera chocado con la ortodoxia del sistema, ya fuera por razones políticas o de moralidad.

Mediados los sesenta, primero como curiosidad esnob y luego como elemento de focalización en torno a un referente de aparente modernidad vinculado a una rebeldía, brotaban noticias y reflejos sobre los *hippies* y la contracultura, vinculados a un hecho que aunque lejano interesaba cada vez más a jóvenes urbanos, como la guerra de Vietnam. A la vez que se deslizaba una moda aparentemente desenfada y colorista y un mensaje de paz universal y de amor libre, también llegaban nuevas formas de consumo de drogas. De la misma manera que desde una perspectiva diferente, el Mayo del 68 francés, y sus réplicas paralelas en Alemania o Italia, parecían vincular la liberación en el plano de la lucha antiautoritaria a la igualdad entre hombres y mujeres, a la vez que al uso de drogas, y una desinhibición en torno al sexo.

En los primeros setenta aparecieron nuevas identidades vinculadas a la sexualidad bajo una etiqueta *anti-represiva*. Sin que apenas llegara a tomar cuerpo el mito de «sexo, drogas y *rock and roll*», más retórico que real. En España la peculiaridad de este proceso surgido en el mundo occidental fue que los temas vinculados a la sexualidad aparecieron por el momento relegados o ninguneados desde la oposición política, cuyas urgencias eran bien distintas. Las clandestinas fuerzas de oposición democrática, inicialmente contemplaron de reojo y con cierta desconfianza estos contenidos, como simples «vicios burgueses».

De esta forma lo ve el sociólogo, escritor y periodista Rafael Fraguas:

> Existía un riesgo muy grave, de sublimar en la energía antifranquista asuntos que entonces se consideraba que pertenecían a la esfera personal; lo cual generó así mismo muchos traumas no resueltos, hasta que ambos asuntos, sexo e introspección, pasaron a ser considerados reivindicaciones sociales.

> El tema de la homosexualidad, a grandes rasgos, se admitía como evidente, se explicaba y se conocía; pero incluso, desde círculos progresistas, no se comprendía en toda su profundidad, sobre todo por falta de información. Quizás por ello, no figuraba entre las preocupaciones políticas más acuciantes. Existía una inercia que impedía socializar la homosexualidad, pues la ignorancia llevaba a situarlo en la esfera de la profunda individualidad, y esta se veía, en muchas ocasiones, entonces, como adscrita a la alta burguesía.
>
> La percepción y el anhelo de libertad se respiraba en aquel ambiente pero nos resultaba prioritario acabar con el cerrojo político, la dictadura, que asfixiaba toda posibilidad de emancipación sexual o vital. Lo primero era acabar con la represión policial y política, lo demás vendría luego, pensábamos a la sazón, tarea ineludiblemente previa.[134]

En aquella época se contemplaba la homosexualidad como una expresión de «respuesta no convencional» al sistema:

> El proceso «socializador» vino de la mano de considerar la homosexualidad como una forma suprema de rebeldía, auténticamente revolucionaria, que se enfrentaba a la imposición secular de una identidad indeseada. Esa percepción de rebeldía ínsita en la homosexualidad, tal como se percibía entonces, era el elemento mediante el cual desde la militancia política de izquierda se tendía el puente de simpatía y de solidaridad hasta incorporar su causa a la lucha general anti dictatorial y anti represiva. La homosexualidad como exclusión nunca la presencié.[135]

El control de la moralidad sufrió constantes altibajos en los últimos años del franquismo, cuando por parte del sector más inmovilista se utilizaban las imágenes en la prensa o la forma de vestir de los jóvenes y sus estilos de vida como una secuela del «deterioro moral» que amenazaba a la sociedad española. La preocupación no se centraba tanto en los libros, el cine y el teatro como en los cincuenta, sino especialmente en la televisión; porque desde la mitad de los sesenta era un medio interclasista, clave en la penetración de imágenes, e imprescindible para el discurso del franquismo.

---

134 Testimonio personal, 2020.

135 Id.

«HOMBRES Y NO MARICONES»

En esa época volvían a mezclarse los términos *pornografía* y *política* aplicados a la oposición. Carrero Blanco había explicado el cese de Fraga en Información y Turismo, no solo por el impacto del caso Matesa que provocó un gran cambio de gobierno, sino por «no ser capaz de acabar con la pornografía y el maoísmo». En años anteriores a su asesinato en los últimos días de diciembre de 1973 el presidente del gobierno se había quejado repetidamente de la «relajación de costumbres» en la sociedad española o la «liberalidad de los espectáculos».

Se conserva un curioso documento firmado por su puño y letra pocos días antes de su muerte, un texto de unas catorce páginas a mano a modo de notas al Consejo de Ministros donde además de demandar una «represión dura» y una «legislación penal dura», instaba a la «moralización de la calle, las salas de fiesta y los espectáculos»: «Hay que impedir el tráfico y el uso de drogas» y «la venta y circulación de libros de ideología contraria e inmorales», además de pedir una «formación premilitar a los muchachos».

Uno de los más sabrosos párrafos del documento era el relativo a TVE:

> Hay que criticar también en la televisión que ven millones de espectadores, exhibiciones con tendencia a la inmoralidad, y baile y músicas decadentes. Se trata de formar hombres, no maricones, y esos melenudos trepidantes que algunas veces se ven, no enfríen ni un punto ese fin.[136]

---

136 Texto autógrafo reproducido fotográficamente en Pilar Urbano (2011) *El precio del trono.* Barcelona: Planeta. Pág. 766-767.

Los años del pre-destape

Aparca su Simca en la calle ajardinada sin problema porque esta poco frecuentada. Camina unos cuantos pasos y llama al timbre ante una verja. Desde el interior le franquean la entrada a un gran vestíbulo donde todavía se percibe el olor a lejía y a detergente. Los bordes de la escalera están tan brillantes como los pomos de las puertas. A la izquierda, entreabierta está la capilla, con algunas luces interiores, entre ellas las de lamparillas que permanecen encendidas hasta agotarse. Le recibe una mujer que lleva gafas, de unos cuarenta años vestida de gris y con el pelo recogido. Le llama de usted.

—Cuánto me alegra verlo por aquí, Don Marino.

— Y yo también de conoceros.

—¿Le costó encontrar el sitio…?

—Algo. Estos son barrios construidos en época reciente, y esta zona tampoco suelo frecuentarla…

—No somos tan nuevos. El edificio se levantó en 1962. Llevamos más de diez años en este sitio. Antes estábamos dispersas en distintos lugares, más incomodos… Tampoco tenemos lujos, pero si mucha limpieza y, como ve por el entorno, abundante aire y ventilación.

—¿Llegó alguno?

—Le esperan. Han sido puntuales…

Le invita a pasar a un cuarto que sirve de biblioteca y sala de estudio, sin que se escuche ruido de conversaciones hasta que Marino abre la puerta.

—Supongo que ustedes se conocen... Voy a avisar a la directora que usted ha venido.

Se abraza a un hombre mayor que él y de abundante pelo canoso.

—También tenía ganas de verte, Herminio, y esta es una oportunidad muy buena. Porque quiero que firmes esta carta colectiva... Perdón, no os presenté...

Se ha dado cuenta que Mariano no conoce al otro hombre.

—No sé si os pusisteis cara. Severiano Hinojosa... Marino Riquelme.

—Padre... ¿cómo está?

—Bien. Mejor que me llames Marino a secas...

—De paso, profesor Hinojosa, si también quieres firmar el comunicado. Saldrá publicado en *Le Monde* y en periódicos de Francia e Italia.

La puerta se abre para dar paso a una señora de unos cincuenta, vestida de traje corto de religiosa, y el tocado en la cabeza que permite divisar una parte de cabello entreverado de canas. Detrás de ella, la mujer que franqueó la entrada a Marino.

—Deben conocer a la madre Mercedes, nuestra superiora.

Hinojosa nunca le ha puesto cara. Se tienden suavemente la mano. La religiosa utiliza el tuteo.

—No sé si queréis un café o un refresco... Lo pedimos.

«No perdamos tiempo y vamos al grano», dice el padre Marino, «el programa del acto es más que tolerable, y no creo que el obispo auxiliar ponga pegas. Me preocupa más, hermana Mercedes, que se pongan en boca de esta residencia cosas que no se han dicho, como el día de aquella asamblea, que ya sabemos cómo acabó. Con la policía esperando en la puerta para identificar a los reunidos. ¡Y las multas fueron más que cuantiosas...! Pero ya estoy acostumbrado, y lo sabemos tu y yo perfectamente, Herminio, por las reuniones de tu asociación de vecinos en el salón parroquial, a las que la policía se ha presentado».

—Por mi parte —dice la religiosa— no habrá obstáculo en ceder nuestro salón para esa jornada de convivencia y reflexión. Solo les pido discreción, que no haya escándalos que molesten al obispo auxiliar...aunque nos apoye. Él no quiere indisponerse con ninguna autoridad.

—Pues entonces vamos al programa de la sesión —dice Herminio— la ponencia-marco la hace el profesor Severiano Riquelme...

Se coloca las gafas para leer la cuartilla escrita a mano.

—... En las jornadas sobre «La sexualidad a la luz de los cambios sociales». Espero, Marino, que no tengas nada en contra de cómo presentaremos al profesor si él está de acuerdo: diremos que ha dado clases en La Sorbona y en Maguncia, que publicó un libro en francés sobre *Diálogos de marxistas y cristianos*, muy comentado...

El profesor hace un gesto con la mano para interrumpir y eleva suavemente su tono de voz para cortar el discurso.

—No vine a escuchar mi curriculum sino a concretar los contenidos y los límites de mi intervención. No quisiera causarles un problema. Conocen lo que pienso, lo habrán leído en mis trabajos: que no puede haber oposición entre ciencia y religión, que la Iglesia tiene que rescatar nombres de pensadores condenados por pensar libremente, que la sexualidad no es un castigo sino un hecho natural y no debe merecer una condena por principio, que los temas sexuales son solo una parte de la moralidad. Que los cristianos no debemos tener miedo a la libertad...

«Lo comparto», corrobora Marino «y espero que pueda haber un buen debate posterior a tu conferencia».

«¿Qué tipo de gente esperan que acuda?», pregunta la hermana Mercedes: «Lo digo por el aforo del salón...».

—¿Cuántos caben?

—Unos sesenta o setenta. No más para que no nos llaman la atención. Aunque el edificio está protegido por el Concordato. Otra cosa es lo que les pueda pasar en la salida de la calle pues les esperarán...

—¿La Social?

—Habrá que tener cuidado con la difusión del acto; estas cosas corren de boca en boca y luego... Vendrán de la asociación de vecinos, unos profesores, algún médico y un par de enfermeras, un filósofo amigo, compañeros sindicalistas, mujeres de un grupo que pide derechos, algunas abogadas, y estudiantes, muchos estudiantes. Tan solo eliminamos una cosa del primer boceto: la actuación al final de Ignacio Moreno, el poeta y cantautor: no habrá tiempo, y ya sabemos que ha sido multado varias ocasiones en los últimos tiempos por sus letras, y debemos evitar cualquier provocación, ¿verdad Madre Mercedes?

—Lo agradezco. Hay que tener cuidado y evitar conflictos.

El profesor Riquelme tercia.

—... Estamos de acuerdo, y debemos acabar esta reunión cuanto antes porque todos tenemos algo de prisa...

—Al final no habéis aceptado los refrescos...

Sonríen.

—... Espero que mi intervención sirva de algo, especialmente pensando en sus... mejor, vuestros, compañeros. Que no todos piensan igual.

El representante de la asociación de vecinos mira al cura:

—Anda, cuéntales lo de aquella vez... Lo de la comunión...

Marino toma aire, y de forma pausada apunta:

—Apareció en la parroquia una pareja que tiene hijos sin haberse casado. Un vendedor que tuvo descendencia con la mujer con la que se casó hace años: sus chicos son ya mayores de edad. Se separaron, y él conoció a una muchacha más joven con la que vive ahora, que trabaja de asistenta: tuvieron gemelos. Ella ha venido llorando: en su parroquia les pusieron pegas. Los niños van a hacer la comunión y la madre tiene ilusión por comulgar junto a ellos. Al ir a confesarse le han exigido arrepentimiento y dejar de vivir en pecado. Arrepentirse implica su separación y que él vuelva con su mujer...

—¿Le diste la comunión?

—Claro.

—¿Exigiendo que abandone al padre de sus hijos?

—No. ¿Acaso soy Dios para juzgar las vidas ajenas?

Con el paso a la década de los setenta se ponían en evidencia los choques crecientes entre una sociedad cada vez más inquieta, con un perceptible cambio de valores, contra otra parte aferrada a unas identidades que venían del pasado y que todavía tenían gran presencia social, conformadas alrededor de la estructura política. Por ejemplo, se seguía considerando intocable cualquier cambio que afectara al matrimonio. Ningún político reformista se habría atrevido en la pre-Transición a plantear la necesidad de una futura instauración del divorcio porque el hecho de ponerlo sobre el tapete se consideraría un atentado contra principios morales vigentes.

El Ministerio de Información había abierto un expediente a la revista *Bolero Film* de 26 de agosto de 1967 por «fotografías y textos contra la moral». La sanción fue recurrida en el Tribunal Supremo, cuya sentencia era explícita:

> Los razonamientos que se ofrecen en el citado escrito de demanda a la reflexión de esta Sala son precisamente argumentables «ad hominen» cuando al tratarse de entender el concepto actual que de la moral puedan tener los países anglosajones y escandinavos pretenden confrontarlo con las costumbres españolas que permanecen, no precisamente anquilosadas, sino con vigencia tradicional orientada por un sentido de pudor sincero y ajeno a aquellas prácticas, tanto de manera general, como si se desciende a la especificidad del uso de dispositivos citados en el repetido escrito y a desviaciones sexuales, contrarias al derecho natural y que aún dentro del orden político no han merecido sino parciales promociones dentro de un periodo constituyente, lejos, por tanto, de constitución política alguna, y meramente toleradas en un ámbito estrictamente íntimo y nunca con la exteriorización que la publicidad otorga.[137]

No era sorprendente que una sentencia del Supremo en esta época utilizara a Santo Tomás de Aquino como referencia, o que se comparara la moralidad de otros países occidentales con la española, para reafirmar la local. Los conflictos fueron constantes especialmente con medios y no solo por los contenidos vinculados al terreno sociopolítico sino por cuestiones de moralidad.

Uno de los más sonoros afectó a la revista *Triunfo,* punto de referencia en materia crítica hasta donde era posible con la Ley de Prensa en la mano, que junto al diario *Madrid* (que acabó suspendido en 1971), y otros medios, acumuló sanciones y secuestros. *Triunfo* publicaba el 24 de abril

---

137 Pedro Crespo de Lara (1975) *El artículo dos. La prensa ante el Tribunal Supremo.* Prensa Española. Pág. 109.

de 1971 un número especial sobre el matrimonio, cuya portada reproducía un cuadro de Durero, *Adán y Eva*, expuesto en el Museo de El Prado. En su introducción, la revista reconocía su intención de «poner en manos del lector un acopio de opiniones actuales y españolas acerca de ese tema». El número fue objeto de un expediente por los artículos «Nuevos códigos para el amor» redactado por Carmen Alcalde, «Ley, unión, divorcio» escrito por la entonces abogada, más tarde jueza y posteriormente alcaldesa de Madrid, Manuela Carmena, «Un derecho de propiedad en cinco axiomas» por Lidia Falcón, «Crisis de sociedad y crisis de matrimonio» firmado por Juan Albedarán,[138] por suponer infracción «al acatamiento de la Ley de Principios del Movimiento y demás Leyes Fundamentales se refiere, como en cuanto al debido respeto a la moral».

Según el relato posterior de su entonces director José Ángel Ezcurra, la revista se dirigió al catedrático Eduardo García de Enterría para la correspondiente alegación y en su caso recurso, buscando textos donde hubiera críticas al matrimonio por autores que no resultaran sospechosos para el Régimen. Entre ellos Wenceslao Fernández Flórez, Manuel Halcón, incluso José María Pemán, Joaquín Calvo Sotelo y Jose Luis Martín Vigil; así como de clásicos: Arcipreste de Hita, Quevedo o Shakeaspeare. En paralelo se recababa la opinión de personajes pertenecientes a la órbita católica, algo muy habitual en esta época, para rebatir las tesis oficiales. En este caso de monseñor Antonio Palenzuela, obispo de Segovia, teólogos como Federico Sopeña, y Jesús Aguirre.[139] en calidad de Doctor en Teología por Munich, además de Enrique Miret Magdalena, cristiano progresista y firma en la publicación. En las conclusiones del escrito se decía, entre otras cosas:

> De lo expuesto se desprende que los textos objetos del expediente no son contrarios a la propia doctrina de la Iglesia, ni consecuentemente, a las Leyes Fundamentales que la acogen

138 Uno de los pseudónimos utilizados por Manuel Vázquez Montalbán.

139 Futuro duque consorte de Alba.

> [...] que su contenido no es una excitación de las pasiones ni una publicidad de conductas viciosas, ni una ofuscación de la inteligencia por la sensualidad, etc. Que, lejos de ello, no son sino una serie de opiniones de especialistas, incluido un conjunto de carácter dispar, buscado ex profeso para evitar toda deformación o inclinación unilateral, dirigido además a un público selecto de carácter intelectual, con la intención exclusiva de ofrecer información de elevado nivel sobre un problema serio y actual [...].[140]

En aquellos años se incoaron expedientes a publicaciones carentes de color político, algunas de la emergente prensa del corazón, por publicar informaciones y reportajes que se salían de los estrechos terrenos de la moralidad estrictamente reglada. El 28 de octubre de 1970 *Garbo* había ofrecido un reportaje con amplias fotos titulado «El largo y cálido verano de Dominguín y Mariví» referido al torero y a su prima Mariví, donde aparecían en la finca del toreo en Andújar (Jaén), ella en bikini y él en bañador, con abrazos de por medio. Objeto de un expediente por «infracción muy grave contra el pudor y las buenas costumbres». Recurrido al Tribunal Supremo, este ofrecía una muy amplia y expresiva sentencia:

> [...] Es precisamente esta proyección de una determinada conducta privada hacia el exterior, a través de un medio de difusión tan poderoso como es la Prensa, la que ha motivado la actitud rigurosa del acuerdo recurrido, en cuando esa conducta lo menos que requería era un esfuerzo de ocultación de la misma frente a los demás, y no, como ha ocurrido, una actitud de propagación y divulgación, exteriorizándola espectacularmente, con profusión de fotografías, comentarios insinuantes, posturas provocativas, desfasadas [...], lúbricas [...] ofensivas al pudor [...], de provocación erótica [...] ante lo cual la autoridad civil está obligada a vigilar los medios de difusión sin que se pueda limitarse tal vigilancia a la defensa de los intereses políticos, por tener el grave deber de salvaguardar la moralidad pública, cuyas primeras y fundamentales formulaciones son normas de ley natural, puesto que la comunicación social no puede ni debe intoxicar, disgregar ni desmoralizar

140 José Ángel Ezcurra (1992) «Crónica de un empeño dificultoso». En VV.AA., *Triunfo en su época*, pág. 558. Jornadas Organizadas en la Casa de Velázquez de Madrid los días 26 y 27 de octubre de 1992. Edición de Alicia Alted y Paul Albert. Madrid: Casa de Velázquez-Ediciones Pléyades.

> al pueblo que la recibe, y, así, en cuando al modo, la información ha de ser honesta y conveniente, es decir, debe respetar escrupulosamente las leyes morales y los legítimos derechos y dignidad del hombre [...].[141]

En el convulso ambiente de los últimos meses de vida de Franco los conflictos vinculados a estéticas ligadas a elementos relacionados con la moralidad estuvieron a la orden del día. Mientras los contenidos sociopolíticos seguían igual de fiscalizados, los relacionados con la moral mantuvieron constante tensión, especialmente en espacios de visibilidad como la televisión, donde en paralelo al censor político estaba presente la censura moral. Los problemas fueron muchos, porque ya no había la posibilidad como en las épocas anteriores de tapar escotes, hombros y brazos con chales, pasados de moda, y las minifaldas, los pantalones de tallas ajustadas y las melenas masculinas, no eran fáciles de disimular. Algunas apariciones dieron que hablar. Rocío Jurado lo hizo con un vestido con transparencias en la parte superior que se juzgó atrevido para la televisión en blanco y negro, obligando a colocar en la parte delantera una especie de floripondio; con una realización en la que no aparecían planos cortos, sino generales. Las imágenes provocaron diversas opiniones, mereciendo un comentario de *Arriba* donde se las consideraba «vulgares». De la misma manera que lo había sido la presencia de la cantante Rosa Morena en un programa grabado en directo en la Brigada Paracaidista pero emitido en diferido, que se consideró «de poco buen gusto» por razones de moralidad.

CANCIONES ¿ERÓTICAS?

Desde sus orígenes el Régimen fue riguroso en el control de los contenidos audiovisuales, empezando por los radiofónicos, donde se implantó una censura de contenidos. La

141 Pedro Crespo de Lara (1975) *El artículo dos. La prensa ante el Tribunal Supremo.* Prensa Española. Pág. 103-106.

fiscalización afectó a las letras de las canciones que debían pasar censura previa antes de ser grabadas y después al obtener el registro legal para su publicación y venta. En la época de Arias-Salgado se prohibieron canciones por considerarse «inmorales» e «indecentes». Otras lo fueron en la época de Fraga, donde alcanzó protagonismo otra categoría de canciones *no radiables*, que se vendían en las tiendas, pero se prohibía su difusión en nombre de la moralidad.

Algunos versos alcanzaron resonancia por su pintoresquismo. En 1969 Serge Gainsbourg con su entonces pareja Jane Birkin lanzaban un tema candidato a convertirse en clásico del hilo musical, *Je t'aime, moi non plus*, que en España salió a la venta en las tiendas, pero que se prohibió en las emisoras por su carácter erótico. Gainsbourg (1928-1991), músico de origen judío ucraniano vivió en las esencias de la cultura francesa de posguerra, pasando por los más variados trabajos, de músico de *jazz* a acompañante de estrellas, y más adelante autor y director de cine. A lo largo de su existencia llegaría a hacer más de 500 canciones en los más variados géneros, ganando el festival de Eurovisión de 1965 con *Poupé de cire, poupé de song* (France Galle).

Je t'aime... fue grabada como dúo entre el autor y Brigitte Bardot, desgranando una letra amorosa, una música sensual y envolvente, con fondo de jadeos, suspiros y expresiones de orgasmo. Pese a la creciente permisibilidad de las censuras en el año 1968, B.B. debió tener miedo al escándalo e impuso que la canción no se publicara,[142] buscando una nueva voz, la de Jane Birkin, cuyas condiciones vocales eran tan limitadas como la de la estrella. La publicación de la canción en febrero de 1969 provocó reacciones en Europa o la propia Francia donde a la edición discográfica se le añadió el aviso de que se trataba de una canción «para mayores de dieciocho», prohibiéndose su emisión en la radio excepto en el horario de madrugada, siendo silenciada en la RAI lo que impidió referirse a ella en las listas de ventas donde aparecía el

---

142 Se editó esta versión años más tarde, bien avanzados los años ochenta.

número y el nombre en blanco, mientras *L'Observatore Romano* le dedicó un artículo donde era calificada de «obscena».

En la España de la época se presentaban a la censura las letras de los discos que se aspiraban a publicar; cuando eran en otro idioma, se acompañaba al texto original su traducción castellana; buena parte de las veces acompañadas del disco o la grabación magnetofónica. El censor leyó como de costumbre unas estrofas que no parecían ir más allá que cualquier otra convencional canción de amor, donde se repetía muchas veces «Te amo», y al no escuchar la grabación dio vía libre a su edición en España. Durante horas *Je t'aime moi, non plus* sonó en emisoras de radio, con la natural sorpresa de los oyentes. Hasta que el Ministerio se apercibió y al hilo del escándalo europeo la declaró *no radiable* debiéndose retirar el disco de las tiendas; aunque algo más tarde salió en versiones instrumentales sin expresiones de placer.

La precipitada caída de la censura... sexual

—El argumento llegó hace cuatro meses; tiene que disculparme por no haberlo leído antes. Pero el tiempo corre deprisa. Y las circunstancias ya no son las mismas.

—Claro que no.

—Hace años que no nos vemos. Recuerdo que apareció por mi antigua productora...

—Sí, cuando era estudiante. De Filosofía y Letras. Estaba soltero y tenía todas las ilusiones del mundo. No sabe cuánto me ayudó poder trabajar con los otros dos guionistas.

—¿Pudo cobrar sin problemas?

—En esto no tengo queja. Y me vino muy bien para preparar la oposición.

—¡Le gustó la película?

—... No siempre es igual un argumento a lo que se ve en una pantalla. Usted como productor y director lo debe saber mejor que yo.

— Todos dicen lo mismo, es verdad. Pero la película tuvo buena acogida, fue allá...

—Por 1960 ó 61. No se me olvida.

—Aunque no tuvimos el éxito de *Molokai* se defendió bien en los cines.

— El guion en principio se llamaba «El calvario»: contaba la odisea del Padre Escolano en las misiones en África. La pena es que no se pudiera rodar en la Guinea Española...

—Pero se reconstruyó muy bien en los estudios de la Cea. Al final, por imposición de la distribuidora debimos titularlo *La epopeya de un santo*; también era un buen título. Por cierto, ¿qué ha hecho en este tiempo sin saber nada de usted?

—Como creo que sabrá, preparé para la oposición, cumplí el servicio militar y obtuve la plaza. Ahora soy funcionario. Me casé y tengo dos hijos, la mayor cumplió los dieciséis, y el menor catorce. No me han dado disgustos, al contrario. Y mi mujer es estupenda. Pero me faltó algo, y no supe qué. Durante largos años escribí en secreto, horas y horas en mi despacho sin compartir notas con nadie ni siquiera con la esposa. Hasta que un día ella abrió el cajón de un archivador y se puso a leer sin permiso. Fue quien me animó, dando el aire que le falta a mi vida. Me puse a escribir a cara descubierta, pensé de nuevo en otra historia para la pantalla.

—Cada día llegan nuevos proyectos...

—Lo entiendo...Entonces, ¿qué le ha parecido?

—Pues...¡qué quiere que le diga! Han variado las circunstancias.

—Hay historias por las que el tiempo no pasa; siempre parecerán interesantes aunque cambien las situaciones... Esta lo es; no porque yo se lo diga. El relato de esa monja obligada a entrar a un convento por su familia en contra de su voluntad pero que finalmente se va a encontrar con el milagro de la fe... Puede ser apasionante.

—Sí. Pero el público ya no es el mismo. Sería necesaria una importante adaptación de su historia...

—Tiene buena textura dramática.

—No lo niego, pero hay cosas que varían. Y ahora son otros tiempos, lo estará viendo...

—Si. Dígame qué cambios sugiere y los estudio. Si además la protagonista la hace alguna de esas grandes actrices de ahora...

—Habrá que rehacer la historia. Bien que la intransigente familia la fuerce a entrar en un convento...pero la época.

— Sucede en la España del XVII, podría haber ocurrido en cualquier otro país de Europa.

—Me consta. Pero a lo mejor hay que crear otras escenas, pensadas para otro tipo de sensibilidad actual, ya me entiende...

—No le comprendo.

—Pues eso. Podemos pensar, no sé si se le ocurre, que la monja tenga sueños, ya me entiende...

—¿Eróticos...?

—Si los quiere llamar así... Podría ser una ensoñación o una tentación del diablo en forma de un apuesto pretendiente, que la obliga a yacer en el lecho...

—Desvirtúa el argumento, pero si es imprescindible...

—Hay que introducir otros cambios. No sé qué le parece, una escena en la que las monjas se duchen, abriendo el grifo de una tinaja, en un oscuro cuarto, aunque se tenga que ver con una luz tenue...

—Demasiado exhibicionismo...

—Y quizás, después la monja, acompañada por otra enclaustrada más, se sube al tejado, donde nadie más que el espectador de cine puede verla, y toma el sol para secarse...

—¿Ligera de ropa?

—Desnuda, si lo prefiere. Ya sabe, «si lo exige el guion...».

—Pero ¿qué dirán mis hijos, mis amigos y mi familia, si ven mi nombre en los títulos de crédito? Que tengo una hija adolescente y no quiero que se sonroje el día del estreno.

—¿Cree que hay algo inmoral en una película como esta? Lo que vamos a contar al espectador será una cosa perfectamente natural...

—Pero y el título. Ya no valdrá «La esclava...».

—No, claro, Pero podemos conservarlo si le añadimos un complemento. ¿Qué le parece «Esclava de la tentación» o «Tentada por el diablo». A no ser que le guste más «Intimidades en un convento de monjas». Está en línea con títulos que la gente ha ido a ver a Perpiñán o a París, y que ahora se pueden hacer en España. Le parece.

—Estoy confundido.

—Pues decídase. Empezamos a rodar dentro de dos semanas. Así que ya puede encerrarse en casa, aunque no duerma en unos días. Es su oportunidad. La suerte no pasa tantas veces.

El conflicto entre posiciones formalmente más tolerantes respecto a las expresiones públicas, y los resistentes en las instituciones cuyo poder era muy grande, estuvieron a la orden del día, bajo el ojo fiscalizador de una censura que no perdió nervio, pero que, estaba sometida a los vaivenes, las dudas y contradicciones del poder. Varios censores de esta época hacían su trabajo con cierta incomodidad y casi «pidiendo perdón», pues ya fuera por su vinculación a medios de comunicación o por sus relaciones personales, se cuestionaba su labor.

En 1972 y a cargo de una compañía portuguesa con un montaje autorizado a una sola representación en España aparecía un fugaz desnudo femenino que no tuvo apenas repercusión por tratarse de una función minoritaria y selectiva. En 1975 el panorama alcanzaba nuevas especificidades, con una fuerte presión de empresarios y productores contra la rigidez de una censura que estaba lejos de las europeas. Aunque se sabía que todavía libros, obras y películas debían seguir en la nada porque su contenido político era incompatible, se intentó conseguir un tono más permisivo en materia de moral sexual Se carecía de unas normas sobre la censura en teatro, por lo que la referencia se tuvo que fijar en las de cine de 1963, que entre otras cosas prohibían las «relaciones sexuales ilícitas», es decir todas las de fuera del matrimonio.

La expectación alcanzó su punto máximo con la representación de *Equus*. Una obra de Peter Shaffer estrenada en el Old Vic de Londres, y cuya versión en castellano veía la luz en octubre de 1975,[143] pocos días antes de la muerte de Franco. En las observaciones previas de la Dirección General de Teatros y Espectáculos se exigía:

a. Los actores deben ceñirse al libreto aprobado.
b. Los decorados, el vestuario, la interpretación y las situaciones deberán ser las mismas del ensayo general.
c. Los actores deberán permanecer desnudos el menor tiempo posible y con la «limpieza» del día del ensayo,

143 Dirigida por Manuel Collado, interpretada, entre otros, por Juan Ribó, María José Goyanes y Jose Luis López Vázquez.

mientras el actor protagonista debe mostrar fugazmente el sexo masculino.

Así lo vivió el actor Manuel Sierra incluido en el cartel de esa producción:

> Hicimos muchos ensayos de *Equus* porque era una obra difícil y teníamos mucha responsabilidad encima, siempre a puerta cerrada y sin testigo de ninguna clase. El director nos propuso a Juan Ribó y a mi hacer ese desnudo que carecía de cualquier elemento erótico. Quien pretendiera haber visto algo moralmente pernicioso se habría equivocado. Sin embargo, no sabemos cómo en el ensayo general entró gente que se colocó en la parte superior del Teatro de la Comedia144, en el «gallinero» y rodaron imágenes con un tomavistas. El día previo al estreno lanzaron una bomba de humo en el patio de butacas. Pasamos mucho miedo. La policía llegó a desalojar el teatro y algunos miembros de la compañía se encontraron con las ruedas de sus coches pinchadas; en estas condiciones sufrimos grandes tensiones. La verdad es que María José Goyanes no llegaba a enseñar más que el pecho un momento; pero eso era algo nunca visto en el franquismo. La gente abarrotó el teatro, y llegaron a fletarse autobuses desde provincias.[145]

Hubo que esperar a la muerte de Franco para que en el montaje de *Equus* se introdujeran desnudos, frente al estreno donde todavía aparecían con ropa interior.

CANTUDO Y EL PRIMER DESNUDO

En el cine se produjo una situación parecida. En 1974 Jaime de Armiñán rodaba *El amor del capitán Brando*, donde se veía una secuencia en la que Ana Belén mostraba el pecho de-

---

144 A finales de 2022 en el mismo Teatro de la Comedia, sede de la Compañía Nacional de Teatro Clásico, se representó *El burlador de Sevilla*, atribuida a Tirso de Molina, en la versión y dirección de Xavier Albertí, donde al principio y final de la función aparecía un desnudo integral masculino en el personaje de Don Juan interpretado por el actor Mikel Aróstegui Tolivar. En la mayor parte de sus funciones con la asistencia de grupos de estudiantes con sus profesores, sin que se escuchara el menor murmullo o expresión ante esas escenas.

145 Testimonio personal, 2011.

lante de un espejo, mientras en *El chulo* (1974, Pedro Lazaga) se divisa brevemente y muy lejos de la cámara a Barbara Rey en imagen parecida. También Concha Velasco mostraba algo de anatomía en *Yo soy fulana de tal* (1975, Lazaga). En ningún caso esos desnudos eran totales. Faltando muy poco para la desaparición física de Franco el Ministerio a través de las normas de censura de febrero de 1975 aceptaba el desnudo no pornográfico «cuando lo justificara necesariamente el guion», aunque la censura seguía con idéntico control previo y posterior al rodaje o puesta en escena de cualquier película o espectáculo. El primer desnudo total, fue el de *La trastienda* (1975, Jorge/Jordi Grau) a cargo de María José Cantudo. Concebido y producido antes de la muerte de Franco aunque estrenado unos meses después. Su géneris fue peculiar. El autor de la película Jordi Grau se revolvía cuando se pretendía vincular su trabajo al llamado «cine del destape».

> La historia surgió de forma curiosa. Dirigí para el productor José Frade *El secreto inconfesable de un chico bien*; al salir del laboratorio fuimos a tomar un café. Me contó que la noche anterior estuvieron en una cena con varias personas acompañadas de sus respectivas esposas, y en el local se habían cruzado con Augusto Algueró, que no iba con su mujer: saludándose correctamente, pero hubo quien le hizo el vacío por ir con otra. Aquello me pareció hipócrita, por cuanto podían ser muchos los que podían tenían amantes y externamente aparentaban constituir perfectos matrimonios. La idea me dio vueltas en la cabeza.
>
> Cuando le conté la idea a Frade le gustó. Como en *El secreto inconfesable...* él quiso que como protagonista la hiciera María José Cantudo junto a José Sacristán, me dio a elegir a quien yo eligiera, y quise volver a contar con ella. También en la vida real Cantudo era una chica que luchaba por triunfar, y se esforzaba...La idea del desnudo fue mía. Siendo muy joven en mi primer viaje al extranjero, en Roma había entrado por curiosidad a ver un *striptease*. A mí no me generó excitación sino otra idea: la de una persona que se comunica con los demás quitándose la ropa para quedarse con su esencia, sin nada que pueda interferir, sin otros datos externos sobre ese ser humano, sin ataduras... Pensaba en algo que muchos hemos hecho en verano, cuando llegamos a la propia casa y nos sobra la ropa, para quedarnos con nosotros mismos y nuestra identidad.

Cantudo quiso que se rodara sin nadie más que el equipo imprescindible, sin testigos... Fueron cuatro los planos. No había más. Tras montarse la película, el productor Frade se la hizo llegar a Marciano de la Fuente, director general de Cinematografía. Cuando la vio llamó corriendo: «Me has metido un gol. Una mujer desnuda». Frade le respondió: «No es un desnudo erótico». «Pero, se le ve todo —replicó— ¿cuánto dura ese plano? Durará medio minuto».

Tras colgar Frade se dirigió a mí: «¿Qué duración tiene?». Y le dije: «Exactamente cinco segundos». Cuando se estrenó en 1976, estaba Arias en la presidencia del Gobierno. En un periódico se publicó una foto de Cantudo, como si hubiera más desnudos. Se quería asociar esa imagen al cambio. Cuando se exhibió a las cuatro de la tarde en un cine de Málaga estaba abarrotado, y así el resto de las sesiones en los demás cines [...].

La película se mantuvo en cartel en la capital de España durante nueve meses en la misma sala de estreno, recibiendo millones de espectadores en el país. Más allá de esa referencia al primer desnudo del cine español después de Franco, en la película se planteaban temas hasta entonces tabú: se hablaba del Opus, había adulterio y se planteaba el suicidio. Grau conocía bien la Obra, había trabajado para una productora vinculada al grupo y tenía personas muy cercanas que pertenecían a la institución:

No tuve presiones para hacer el guion o para rodar. Solo al principio algunas de las conocidas pertenecientes al Opus que oyeron que estaba escribiendo ese texto y me llamaron pidiendo que se lo enseñara. Y les dije claramente, que no estaba atacando a nadie, sino criticando la doble moral.[146]

146 Testimonio personal. 2011.

A vueltas con la educación sexual

—Estamos de acuerdo en que esos dibujos tienen elegancia y sinuosidad; Carlos Medina, habitualmente ilustrador de los libros de cuentos que editamos es un buen artista... La cuestión es otra.

—Algún problema.

—Empezando por el título.

—Nos pusimos de acuerdo en buscar uno que pasara la censura...

—Esa es la cuestión. Remitimos el diseño de portada y las galeradas ya compuestas. El libro no puede llamarse: *Lecciones educativas para una sexualidad saludable...* No. Atraería a un público... Aunque publiquemos libros infantiles, este no es para niños...

—¿Entonces...? Me pidió un manual básico para hablar de sexualidad sin asustar a nadie, que lo pudiera leer tanto el menor como su madre o su abuela. Que fuera capaz de estar en la biblioteca de cualquier colegio y sirviera como texto básico de consulta. Sólo ochenta páginas con ilustraciones, muchos gráficos, y textos muy cortos, para no aburrir. Nada de teoría. Tampoco citas de autores... Bueno, alguno si: frases de una encíclica papal, y de...

— San Agustín.

— Buscamos la que fuera a favor del contenido del libro...

—Eso es. Pero hay capítulos que nos pueden traer problemas...

—Pero estamos en 1970, y no en el 50...

—Lo sé, pero no debemos indisponernos con el ministerio. Ni cerrarnos puertas porque entonces el libro lo vetarán en todas partes...

—Pero con la nueva ley de educación...

—Es posible, pero no podemos arriesgarnos. Hay cosas que chirrían, y usted como psicólogo y escritor lo comprenderá. Empezando por esta frase que escribe: «La elección entre la castidad o la sexualidad debe ser siempre una opción voluntaria. No se puede decir que una sea superior a la otra. Siempre que sean maduras decisiones de la persona».

—...A nadie creo que escandalice.

—Estoy de acuerdo...pero según creen personas de la editorial que conocen bien el tema, el censor pondrá obstáculos a su opinión. Ya tuvimos problema con otro libro sobre *Cómo contar a los niños el nacimiento de sus hermanos pequeños.*

—Pues no lo entiendo...

—A propósito de eso, hay algo más espinoso. En el libro dice que ha preguntado a medio centenar de mujeres que llevan años casadas y con hijos, si sienten placer en el ejercicio de su sexualidad con sus maridos. Y la respuesta es que más de un sesenta por ciento dice que no siente nada, y que si fuera por ellas renunciaran para siempre a hacerlo con él.

—Es verdad. Muchas casadas son frígidas...

—Pero vamos a decirlo con otro lenguaje menos crudo. Quizás proclamando que cuando la esposa ha empezado a tener hijos su máxima dicha es poderlos cuidar y educar; aunque atienda a las necesidades fisiológicas del esposo.

—No vamos a estas alturas a negar a la mujer el placer sexual, sea casada o...

—Se lo que está pensando. Pero no hablemos de las solteras, sino de la sana vida sexual de los cónyuges... Para que el libro pueda ser autorizado sin problemas; porque ya no estamos en aquellos tiempos del pasado, la gente es más moderna...Aunque nos jugamos que el libro solo tenga entrada en un mercado reducido.

—Pero, ¿no era un manual para ofrecer unas ideas a menores y mayores, y especialmente a familias, sobre el aprendizaje en el tema de la sexualidad?

—Ese es el inconveniente que puede tener el libro. Llevo años trabajando en este sector y tuve los mismos problemas. Ya me dijeron que hablar a los menores de sexualidad es incentivarlos en el sexo, aumentar su temprana capacidad de deseo… Que cuanto menos se hable de estos temas mejor, ya lo aprenderán de la vida. Además es poco lo que deben saber, y los hombres lo hacen enseguida.

—No acabo de entenderle. Ahora se habla de sexualidad en periódicos y revistas, también en España…y no le digo en los de otros países. Es un tema que, guste o no está, de moda. Y hay que ofrecer armas a los menores, afrontar situaciones en familia, para resolver dudas y hacer más fácil la vida a jóvenes. Si yo le dijera lo que escucho a menudo en la clínica, las consultas que se plantean…

—Las mismas que se hacen a los directores espirituales. Con la diferencia de que ellos no cobran y ustedes si…

—Es que son planos distintos…A mí no me importa si mis pacientes son mejores o peores religiosos, tampoco si son cristianos; es un tema personal, exclusivamente suyo. Lo que me interesa es que puedan ser felices… ¿Lo comprende?

—Claro que lo entiendo. Estoy con usted, no tiene que convencerme de nada. Pero ya sabe el país en que vivimos. Puede que lo que dice convenza a la censura para dar vía libre a su trabajo cambiando poco o nada. Aunque podemos encontrarnos que otros colegios lo rechacen y algunos padres lo hagan desaparecer como se pongan a leer ese contenido. Es necesario suavizarlo y eliminar varias cosas. Apelo a su comprensión y capacidad de diálogo; eso que tanto necesita España. Pero no me coloque en esa tesitura moral de tener que aceptar un contenido con el que estoy de acuerdo, a sabiendas de que como editor me tiro piedras conmigo mismo, porque sé que tendrá menor difusión.

—Pues yo creía que era precisamente al contrario. Hoy en día la gente quiere cosas nuevas, saber más, mejor información…Salen libros que provocan comentarios, se compran y se leen, aunque levanten polvareda y sacudan conciencias porque las cosas cambian, y también nosotros…Un libro como el nuestro deberá tener de principio buena aceptación por lo novedoso…

—No tiene que añadirme más: también estoy por la apertura. El problema es que su libro va destinado en primera instancia a menores, que siempre dependen de un padre, un profesor, un sacerdote, un director de colegio...Es el problema de los libros de moral.

— ¿Un libro de moral? ¿Quiere que se lo pase a un par de curas que son amigos y le hagan un informe por el que no cobrarán una peseta? Su contenido qué duda cabe que les va a parecer adecuado...

—Lo sé, hay muchos curas modernos. Pero otros, no le digo...

—¿No pretenderá que lo pasemos a la censura eclesiástica, como antes con el *nihil obstat*?

—Desde luego que no, pero hay que ser realista y saber a quién nos dirigimos, a qué públicos, las cosas que se pueden decir y las que no... ¿No me va a dejar en la estacada...? Con esas galeradas que debe llevarse a casa y repasar sin precipitaciones, quitando cosas que puedan evitar producir escozor, aunque estos sean otros tiempos...

En 1955 contenidos de carácter afectivo-sexual aparecían por primera vez en temarios curriculares de Suecia. Una década más tarde, y en buena medida por los cambios culturales de los sesenta y las nuevas sensibilidades respecto a la sexualidad y a la sociedad lo hicieron en varios países europeos. En la España de mediados de esa década empezaban a llegar a cuentagotas informaciones sobre las investigaciones norteamericanas en torno a la sexualidad humana. También las relativas al Woman Lib y las formas de feminismo y sexo.

Un anuncio de *Hoja del Lunes* de Santa Cruz de Tenerife, correspondiente a 8-I-1968 sobre el libro *Vida conyugal y sexual* del «Dr. Corominas, presidente de la Academia de Medicina» (sic) y V. Moragas Roger, que se acompañaba de la frase: «La obra de la vida sexual para la regulación de los nacimientos». Después de describir distintos apartados del contenido —entre ellos «nacimiento», «virginidad», «pureza», «matriarcado», «poligamia», «pubertad juvenil», «frecuencia», «fatiga», «impotencia masculina y femenina», «frigidez», «enfermedades», «tablas de días fértiles», «manías sexuale»s o «el parto sin dolor»— se destacaba la frase: «La única obra que trata con diáfana claridad, bajo revisión religiosa, todos los problemas sexuales». Subrayando el titular: «[con] las tablas de Ogino para la regulación de nacimientos». El libro se vendía por correspondencia, sirviéndose en discretos envoltorios, como si se tratara de pornografía. Con un regalo tan llamativo de «cuatro novelas atrayentes y sugestivas» y el libro *Tráfico de mujeres (La Trata).* El anuncio no tenía desperdicio: una demanda de información sobre temas relacionados con la sexualidad derivaba en morbosidad, como si la sexualidad estuviera obligada a ser un asunto oculto, sucio o de sección de sucesos.

Pese a que la sociedad de los sesenta incorporaba algunos elementos de secularización todavía el dominio de una moralidad permanecía como en la posguerra circunscrita a la aversión y el ocultamiento de lo relativo a la sexualidad. Aunque aparecían demandas a las que no siempre se respondía. Fruto de ellas sería el goteo de libros de contenido divulgativo, a menudo moralizante, sobre la »«preparación para el matrimonio y la vida sexual sana» donde se describían conocimientos básicos, sin hacer referencia a métodos anticonceptivos cuya divulgación seguía estando penalmente tipificada.

LOS «NEGROS» DE LÓPEZ IBOR

La publicación de más impacto en aquella época, y no solo en el ámbito de la psicología o de la divulgación, sino en el mercado editorial general, iba a serlo *El libro de la vida sexual* del Doctor López Ibor, editado por Danae, que durante meses y años figuró entre los libros más vendidos. Su aparición respondía a una creciente demanda de preguntas sin respuesta. No tuvo problema para publicarse porque Juan José López Ibor (1906-1991) era uno de los referentes más importantes de la ciencia del franquismo. Psiquiatra, doctorado en 1930, tras empezar la guerra pasó a la «zona nacional» ingresando en Falange, de donde en 1939 llegó a consejero nacional del Movimiento. A la par, también era monárquico cercano a posiciones «juanistas». Próximo al Opus Dei su carrera y prestigio crecieron dentro de la dictadura, ingresando en 1950 en la Real Academia de Medicina. Padre de doce hijos, asesoró al Vaticano sobre temas de sexualidad y matrimonio: en torno a los anticonceptivos admitió que la decisión sobre su licitud o ilicitud no era posible abordarla desde la ciencia, sino desde las enseñanzas de la Iglesia.

El Doctor López Ibor —partidario de «curar la homosexualidad» y en cuyas clínicas se practicaron «tratamientos»— contó con supuestos colaboradores para la elaboración de su famoso manual. Nada menos que Lidia Falcón y el periodista-escritor Eliseo Bayo. Así era descrito, años después por la feminista que se atribuye la función de «negra»/ autora de la exitosa publicación del psiquiatra:

> [...] Nos salió un libro desenfadado, progresista, rompedor de tabúes, prejuicios y estúpidos bulos como aquel que aseguraba que la masturbación producía impotencias varias, ceguera y locura, que tan difundido era entonces entre los jóvenes educados en colegios religiosos. Un libro que recopilaba historias y leyendas de pueblos primitivos donde los adolescentes se educaban alegremente a la coyunda sin limitaciones, prohibiciones ni castigos; que reivindicaba el amor libre, el divorcio, la separación de la reproducción de la sexualidad, y en consecuencia el control de natalidad, y que estoy segura de que poco de acuerdo se hallaba con los principios defendidos por López Ibor.[147]

En 1972 el trabajo *Sexualidad y Educación Sexual*[148] recogía artículos sobre un tema que emergía en la sociedad española. En los contenidos se hacía balance de una realidad cambiante en la que se presentaba una situación caracteri-

147 Lidia Falcón (2001) «El libro sexual de dos "negros"». Crónica de *El Mundo*. Madrid, 6-V-2001.

148 J. M. López-Cepero, Alfonso Álvarez Villar, Marciano Vidal García, Manuel Martínez Llópis, Alfonso Ferrer Guillén, Manuel Fernández Pellitero, A. Baen y Dr. Mauricio Knobel (1972) *Sexualidad y Educación Sexual*. Madrid: Instituto de la Juventud del Instituto de Estudios Políticos.

zada por «1. De una excesiva represión a una liberalización sexual masiva. 2. De un silencio medio a una apertura en el tratamiento del tema sexual, 2. Del monolitismo axiológico al pluralismo de interpretación de los sexos».[149] Aunque una parte importante de los contenidos se planteaban bajo una fuerte perspectiva religiosa, el enfoque general de un tema hasta entonces tabú o encerrado en el más oscuro secretismo representaba un cierto paso adelante.

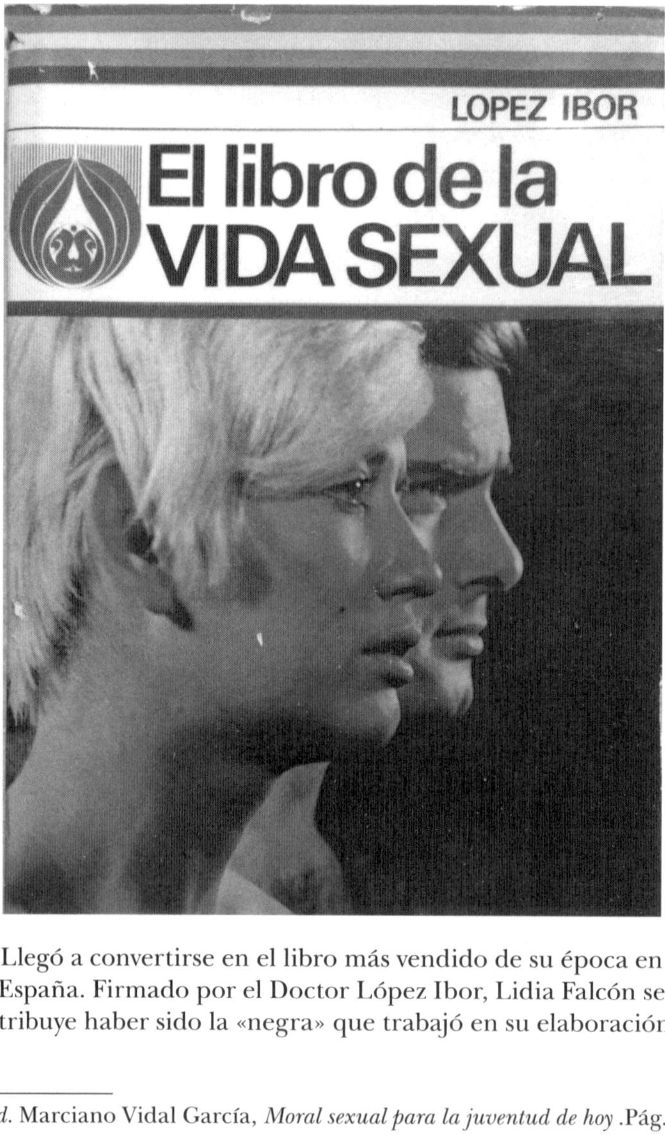

Llegó a convertirse en el libro más vendido de su época en España. Firmado por el Doctor López Ibor, Lidia Falcón se atribuye haber sido la «negra» que trabajó en su elaboración.

149 *Id.* Marciano Vidal García, *Moral sexual para la juventud de hoy* .Pág.48-52.

Pese a ese cambio simbólico en el que se asumía la necesidad de una «formación sexual positiva de los jóvenes» se destacaba que la misma debía iniciarse «por los padres (educadores natos de sus hijos) durante la infancia y continuarse con la colaboración de educadores, sacerdotes, médicos y cuantos incidan en la personalidad de los jóvenes». A la vez que se consideraba «de primordial necesidad la organización a escala nacional de cursillos de formación prematrimonial, como asimismo postmatrimonial en la que tomen parte educadores, médicos, sacerdotes, sociólogos y matrimonios».[150] No distaba mucho el planteamiento de los anteriores cursillos prematrimoniales porque se seguía pensando que la sexualidad debía corresponder al matrimonio. Pese a ello, el Informe recomendaba el comienzo de la coeducación «al principio del Bachillerato Superior y enseñanzas similares», lejos de la implantación del mismo en la totalidad del sistema educativo.

Medio siglo después la valoración que puede hacerse de la educación sexual en una sociedad donde los enfoques son plurales, las discrepancias y matices afectan a los contenidos y las temáticas.

Lo considera así la catedrática Esperanza Ochaíta.

> Es fundamental una educación afectiva-sexual que contemple diferentes aspectos buscando el equilibrio personal y la plena satisfacción en un factor tan importante para los seres humanos. Sin caer en los tabúes del pasado, en las ignorancias o en los silencios deliberados. Sin embargo la crítica en nuestros días debería ser otra: apenas se hace educación sexual. Lo que hay son contenidos relacionados con la prevención de embarazos no deseados, pero esto no es suficiente. Deberían trabajarse otros contenidos, los relacionados con la afectividad, la relación personal, el mejor conocimiento del otro...para evitar que lo único que sepamos transmitirles sean unos conocimientos básicos sobre anticonceptivos. Es importantísimo el trabajo sobre valores, y dentro de ellos los relacionados con la vida sexual, para favorecer la tolerancia, el respeto a los demás, la convivencia y la igualdad.[151]

150 *Id.* Pág. 275.

151 Testimonio personal. 2020.

Epílogo: Moralidad en el paraiso

> El dilema de Pitágoras fue observar como los miembros de su hermandad se entregaban a pasiones de dioses. Tampoco se establecieron límites a ciertos placeres terrenales, al agua, la comida, el uso del cuerpo, la exhibición sin vestimenta como habían hecho los atletas del Olimpo entrenando para la excelencia filosófica, el pensamiento, la creación y la belleza... Bajo aquella exaltación de las proporciones de su anatomía corporal donde sin pudor se mostraban carentes de sentido del pecado... Observando el movimiento, la caída de los genitales, la belleza de los senos femeninos y el brillo de aceite de oliva sobre sus pieles enceradas...

—¿Qué te parece ese párrafo...? No puedo seguir leyendo.

Luisa de Gregorio deposita sobre la mesa las gafas de maestra y se reclina en el asiento de madera, mirando a su compañera Elisa Serrano.

—Sencillamente, asqueroso.

—Lo sé. Pero no respondiste a la pregunta del principio: ¿crees que un maestro nacional que escribe cosas tan repulsivas y las que antes leímos, debe dar clase en un colegio del Nuevo Estado?

—Aguardamos a que llegue el tercer vocal para escuchar su punto de vista.

—Ese señor tarda demasiado...A lo mejor empezamos demasiado temprano; teníamos que haber esperado su llegada… Aunque el texto lo tenemos visto y bien visto. ¿Qué dice el expediente sobre quien lo escribió?

—Se llama Florencio Lozano. Nació en Palencia en 1906, cumplirá treinta y cinco. Soltero. Con una ficha abierta por la comisaría de policía. Puedes verla al fondo de la carpeta.

Luisa respira profundamente. Anda cerca de los cincuenta y enviudó de guerra, sin tiempo a tener hijos. Se vanagloria de saber más que nadie sobre Balmes. Aunque el pensamiento que más le interesa, aparte de José Antonio, es el de Donoso Cortés. Los que la tratan dicen que es educada, sin que eso signifique que renuncie al pronto que a veces le sale y sea imposible llevarla la contraria. Su esposo murió en el frente, pero eso ya lo saben los que la conocen porque sigue vistiendo luto cuatro años más tarde, aunque lo aligera con tiras blancas en cuello y mangas, y desde esta temporada en los botones.

Ahora lleva zapatos y bolso en blanco combinado con negro, que alterna con los tonos dominantes del vestuario. Tampoco se atreve a ampliar tonalidades, como la crema pastel, porque no quiere que nadie la señale. Más allá de viuda le interesa ser reconocida por otros aspectos: ganó el Yugo de plata en el certamen de Poesía sobre Valores Místicos de 1940 y le ha permitido ser algo reconocida. La llaman para hacer colaboraciones en Radio Nacional e informar a las comisiones depuradoras que estos días deben decidir si ese tal Florencio Lozano, profesor de Aritmética es digno de dar clases en un grupo escolar, como venía haciendo antes del Movimiento Nacional.

— ¿Por qué no aplazamos la decisión definitiva hasta que le pase esos recortes al capellán de la regiduría de la Sección Femenina? Puesto que hay párrafos con olor hediondo…

Elisa es más joven, andará algo más arriba de los treinta, y a diferencia de su compañera, no hace ascos a una ropa más desenfadada, fuera del uniforme de las mujeres falangistas en cuyas filas trabaja. La guerra cortó en dos sus estudios de Filosofía, que acabará este mismo año, y tiene la plaza casi atada para dar clase, no en una escuela de niños sino en un instituto superior o en la universidad. Ha de ganarse la vida haciendo colaboraciones en revistas del Partido, cuentos en *Flechas y Pelayos*, artículos para *Siete fechas*, y está acabando su primera novela, un relato sentimental del que no quiere que se enteren sus camaradas. Piensa titularlo *El gran amor de Blanca* y firmará con el pseudónimo de Margarita de Castilla.

—Este Florencio Lozano, que se sepa no se afilió a ninguna organización enemiga de la patria, ni estuvo en UGT. Aunque el artículo salió publicado en su boletín de febrero de 1935.

—¿Por qué no se incorporó a filas?

—La guerra en Valladolid. Una operación de apendicitis, y una infección. La septicemia estuvo a punto de llevarlo al otro mundo.

—¿Juró acatamiento...?

—Hay una nota negativa de la comisaría. Dice que al individuo Lozano se le considera librepensador, aunque políticamente no se haya significado. Sus escritos no son dignos de leer por menores. Hay alusiones inmorales. Puedes echar un vistazo de este relato publicado en esta revista, *Castilla literaria*, en 1934, donde habla de...prefiero que lo leas sola, da asco en voz alta.

Luisa de Gregorio le da el recorte a su compañera Elisa.

> En el colorista decorado de la jungla del paraíso, Adán y Eva sin conciencia de su desnudez, pasean sus cuerpos por los árboles llenos de frutos, compartiendo la exultante explosión de su hermosura, acariciando con su seno la fruta que entrega a su compañero hasta compartirla mordisco a mordisco. Entrelazando sus cuerpos se sumergen en las tibias aguas del arroyo, mientras él la rodea con sus brazos y acaricia suavemente sus pezones, acercando la boca a Eva para besarla con especial sabor. Ella se contrae con delicadeza y le mira a los ojos, mientras el miembro viril...

—Da asco que un maestro pueda haber sido capaz de expresar tanta lujuria...

—Aunque da clase de aritmética, y no creo que...

—No deja de ser una porquería. Hay cosas sobre las que no se debe escribir…

—Estoy de acuerdo. Una lectura puede caer en manos de cualquiera, también de un niño. ¿Por qué no ha venido el sacerdote…?

—Se fía de nuestro criterio…

La puerta se abre bruscamente y aparece el hombre al que esperan. Relativamente joven entrado en la treintena, moreno y de pelo engominado con fino bigotito. Luisa de Gregorio no lo dice, pero a primera vista le parece atractivo.

Elisa, que es más joven, le saluda cordialmente pues ya se conocen, y no se recata en recordarle su retraso. Presenta Ernesto a su compañera.

—Si llegas a venir más tarde, camarada…

Se ha despojado de su abrigo largo y bufanda. Luisa le contempla y asocia la figura del hombre a la de sus alumnos del Frente; cree contemplarlo con el uniforme, la gorra, la camisa azul, el pantalón corto, con media rodilla al descubierto…

Trata de borrar de su mente esa imagen.

—Veamos. Hemos de decidir sobre este maestro que escribió textos tan impúdicos y paganos como los que tienes ante tus ojos. Nosotras opinamos que no puede ser un ejemplo para los niños quien ha dicho cosas con tan poco decoro. ¿No es hediondo y vulgar?

El falangista se cala anteojos de cerca y pasa sus ojos por el texto con cierta prisa.

«Verdaderamente repulsivo», sugiere la ganadora de premios de poesía.

Ernesto está seguro y decidido. Sin mostrar fisuras.

—¿Qué queréis que os diga…?

—Será fácil redactar el escrito. Vamos a estar los tres de acuerdo.

Pero él tira la piedra a un estanque.

—… No veo nada incompatible con que pueda dar clase en un colegio... ¿Su informe político?

—No militó en sindicato ni partido desafecto. Ni tuvo cargos.

—Entonces yo no pediría que lo aparten del magisterio.

—... Es pecaminoso lo que escribe. Si alguno de sus alumnos llega a leerlo...

Se inquietan porque lleva la contraria.

—¿Pecado? No lo había en el paraíso terrenal antes de que mordiera la manzana... Y, aunque lo hubiera, ¿en qué se entretendría la primera pareja de la historia? ¿Es pecado imaginar a Eva como una hermosa mujer y a Adán...?

A Luisa de Gregorio se le altera el rostro marcándose sin disimulo las arrugas. Carece de la capacidad de Elisa, para aparentar una cierta calma, aunque está convencida que las dos piensan lo mismo. Este hombre es un vividor que juega a llevarlas la contraria. No puede ser que un camarada se comporte como si fuera un fresco.

Cuando cae la noche, Luisa de Gregorio es incapaz de conciliar el sueño. La doncella duerme al otro lado del piso y se molesta cuando la señora pide una tila. Luisa está incómoda, le devoran los pensamientos, sueños terribles revolviendo su conciencia, que será incapaz de contar a nadie, ni al confesor.

Al principio de la madrugada, a poco de cerrar los ojos, le asalta una imagen terrible. Eva se desliza entre la maleza sin sufrir arañazos. Pese a ir descalza sus pies no tienen rozadura ni marca, como si se arrastrara sinuosamente sobre el suelo y estuviera hecha de material invisible. Carece de cualquier tipo de ropa. Corre al lado de Adán que se sumerge en la base de una cascada y sale para secarse al sol tendiendo sus brazos hacia ella. Es un hombre de torso cimbreado y proporciones de escultura que exhibe su desnudez sin sentir vergüenza. Se entrelazan con sus cuerpos sin preocupación por que alguien los vea, carentes de pudor...

Cuando toma conciencia Eva se fija en la cara de él. Tiene el pelo negro engominado, el fino bigote y las facciones de su camarada falangista. Intenta zafarse y avergonzada corre hacia la base de la cascada, mojando su cabeza en un charco para intentar limpiar la mancha que ensombrece su imaginación. Al primer vistazo se reconoce en sus propias facciones, las de Luisa de Gregorio.

Pero, no, no puede ser ella. Manotea inconscientemente hasta arañarse con sus dedos. Se levanta con espanto y corre hacia el espejo donde verifica su rostro maltrecho, las arrugas y los restos de la crispación, el pasado eco del alboroto, una situación de suciedad, de asco con todo y con ella misma, atrapada en un fugaz deseo como si por segundos el maligno se hubiera apoderado de su alma.

Sentada y algo reconfortada toma la taza de tila caliente que le prepara la doncella, toca sus sienes sudorosas, el largo camisón empapado, invadida por una sensación de mareo y confusión a punto de ser superada. Deja pasar unos instantes antes de apurar la última gota del vaso de cristal.

Respira. Cuando le vienen imágenes de Adán y Eva paseando por el paraíso sin temor ni sentido de la vergüenza, da un giro de cabeza y respira hondo, con la sensación de que nunca se volverá a dejar tentar por Satanás.

Ahora puede pensar en Adán y Eva; los rasgos de sus rostros son inciertos y no los identifica con nadie conocido. Llevan un sayo a modo de guante que los cubre desde el cuello hasta las muñecas y los tobillos. Sus formas son equiparables a las de un árbol carente de perfil y definición.

Ya no tendrá miedo a pecar de pensamiento.

Bibliografía

Abellán, M. L. (1982) *Censura y autocensura en la producción literaria española.* Madrid: Nuevo Hispanismo.

Aleixandre y Merlo, Vicente (2020) *Visitar todos los cielos. Cartas a Gregorio Prieto (1924-1981).* Madrid: Fundación Banco Santander.

Aparicio Bernal, Jesús (2018) *No te lo creas.* Pamplona: Laetoli Editorial.

Azorín, Martínez Ruiz, José (2007) *El político.* Madrid: Biblioteca Nueva.

Brihuega Moreno, Urbano (2017) *La hija del general Beigbeder. Vida cotidiana durante la guerra civil y el régimen católico.* Móstoles: Queimada.

Caballé, Anna (2004) *Francisco Umbral. El frío de una vida.* Madrid: Espasa.

Calderón, Emilio (2016) *Vicente Aleixandre. La memoria de un hombre está en sus besos.* Barcelona: Stella Maris.

Crespo de Lara, Pedro (1975) *El artículo dos. La prensa ante el Tribunal Supremo'.* Madrid: Prensa Española.

Díaz, Emeterio (2008) «La censura teatral bajo el franquismo. La vicesecretaría de Educación Popular (1941-1945)». *Revista de Estudios Culturales.* Madrid.

Díaz Guisasola, Carmen y Silva, José Antonio (1981) *Mi vida con Ramón Franco.* Barcelona: Planeta.

Franco Salgado-Araujo, Francisco (1976) *Mis conversaciones privadas con Franco.* Barcelona: Planeta.

Fraga Iribarne, Manuel (1981) *Memoria breve de la vida pública.* Barcelona: Planeta, Barcelona.

Fornica, Mercedes (1984) *Escucho el silencio.* Barcelona: Planeta.

García Escudero, José María (1987) *La España de la conciliación.* Madrid: Espasa.

Garriga, Ramón (1976) *Testimonios de la España de nuestro tiempo: Juan March y su tiempo.* Barcelona: Planeta.

González Ballestero (1981) *Aspectos jurídicos de la censura cinematográfica en España. Con especial referencia al periodo 1939-1977.* Madrid: Editorial De la Universidad Complutense.

González Ruano, César (1949) *Siluetas de escritores contemporáneos.* Madrid: Editora Nacional.

Herrero, Nieves (2013) *Lo que escondían sus ojos.* Madrid: La Esfera de los Libros.

Jiménez Asenjo, Enrique (1963) *Abolicionismo y prostitución. Justificación y defensa del Decreto Ley de 3 de Marzo de 1956'*. Madrid: Reus.

López Ibor, Juan José (1968) *El libro de la vida sexual*. Barcelona: Danae.

Marañón, Gregorio (1931) *Tres ensayos sobre la vida sexual*. Madrid: Biblioteca Nueva.

Martínez Velasco, Julio (2007) *Teatro en Sevilla. Crónica de sus años más críticos. 1929-1953*. Sevilla: Centro de Documentación de las Artes Escénicas de Andalucía.

Montseny, Federica (1987) *Mis primeros cuarenta años*. Barcelona: Plaza & Janés.

Ortega y Gasset, José (1985) *Estudios sobre el amor*. Barcelona: Salvat.

Redondo, Onésimo (1954) *Obras Completas*. Madrid: Publicaciones Españolas.

Regás, Oriol (2010) *Los años divinos*. Barcelona: Destino.

Ros, Carlos (2006) *Pedro Segura y Sáenz. Semblanza de un cardenal selvático*. Madrid: Letras de Autor.

Sevillano Calero, Francisco (1998) *Propaganda y medios de comunicación en el franquismo*. Alicante: Universidad de Alicante.

Valiño, Xavier (2016) *Veneno en dosis camuflada*. Lleida: Milenio.

Vargas Llosa, Mario (1993) *El pez en el agua. Memorias*. Barcelona: Seix & Barral, Biblioteca Breve.

López-Cepero, J.M.; Álvarez Villar, Alfonso; Vidal García, Marciano; Martínez Llópis, Manuel; Ferrer Guillén, Alfonso; Fernandez Pellicero, Manuel; Baen, A; Knobel y Dr. Mauricio (1972) *Sexualidad y educación sexual.* Madrid: Instituto de la Juventud del Instituto de Estudios Políticos.

Zabala, José María (2009) *Franco, el republicano.* Barcelona: Altéra.

CONCLUYÓ LA EDICIÓN DE ESTE LIBRO, POR ENCOMIENDA DE ALMUZARA, EN ENERO DE 2025, TAL MES DE 1978, TRAS AÑOS DE LUCHA, EL ADULTERIO FUE ELIMINADO DEL CÓDIGO PENAL Y NO QUEDABA TIPIFICADO COMO DELITO